Schnapspralinen

Sabine Trinkaus wuchs im hohen Norden hinter einem Deich auf. Zum Studium verschlug es sie ins Rheinland, wo sie nach internationalen Lehr- und Wanderjahren sesshaft und heimisch wurde. Heute lebt sie mit Schaf und Familie in Alfter bei Bonn. »Schnapspralinen« ist nach »Schnapsleiche« (2012) und »Schnapsdrosseln« (2013) der dritte Fall für ihre Privatermittlerinnen Britta Brandner und Margot Pütz. Außerdem erschien von ihr im Emons-Verlag »Der Zorn der Kommissarin« (2014).

Dieses Buch ist ein Roman. Handlungen und Personen sind frei erfunden. Ähnlichkeiten mit lebenden oder toten Personen sind nicht gewollt und rein zufällig.

SABINE TRINKAUS

Schnapspralinen

KRIMINALROMAN

emons:

Bibliografische Information der Deutschen Nationalbibliothek
Die Deutsche Nationalbibliothek verzeichnet diese Publikation
in der Deutschen Nationalbibliografie; detaillierte bibliografische
Daten sind im Internet über http://dnb.d-nb.de abrufbar.

© Emons Verlag GmbH
Alle Rechte vorbehalten
Umschlagmotiv: © mauritius images/Alamy
Umschlaggestaltung: Tobias Doetsch
Gestaltung Innenteil: César Satz & Grafik GmbH, Köln
Lektorat: Lothar Strüh
Druck und Bindung: CPI – Clausen & Bosse, Leck
Printed in Germany 2015
ISBN 978-3-95451-487-8
Originalausgabe

Unser Newsletter informiert Sie
regelmäßig über Neues von emons:
Kostenlos bestellen unter
www.emons-verlag.de

Dieser Roman wurde vermittelt durch die
AVA international GmbH Autoren- und Verlagsagentur.
www.ava-international.de

Für Marc-Uwe und das Känguru:
danke für die Pralinen.

Für Jenny:
danke für den Friedhof.

Für Manfred und Laura:
danke für den ganzen Rest.

Prolog

Wie ein Sturzbach fiel der Regen. Die ausgedörrte Erde sog sich gierig voll, konnte die Wassermassen aber nicht schnell genug fassen, sodass die prasselnden Tropfen kleine schwarze Schlammfontänen über seine Schuhe und den Saum seiner Hose spritzten.

Der Donner krachte ohrenbetäubend, und Blitze zuckten grell.

Der Friedhof, der sich sonst so malerisch und harmlos an den Hang schmiegte, wirkte wie das Szenario eines Horrorfilms. Das gefiel ihm. Das gefiel ihm gut.

Er ließ den Blick wandern. Hinunter zu den Häusern, die am Rand des Friedhofs lagen. Dunkelheit hinter allen Fenstern. Die Welt schlief den festen Schlaf der Heuchler, und das war ausnahmsweise gut so. Obwohl ein Teil von ihm bedauerte, dass niemand ihn jetzt sah. In dem schwarzen Sweatshirt mit der Kapuze, die sein Gesicht verbarg. Wie er den Spaten hob, ihn über den Kopf hielt, während ein weiterer Blitz die Szene erhellte. Ein Urbild von Macht, als er zuschlug, als der Schädel hässlich knirschte. Laut genug, um das Prasseln des Regens für eine Sekunde zu übertönen. Er atmete tief durch. Horchte in sich hinein. Er suchte. Nach Zufriedenheit, nach Freude. So oft hatte er sich ausgemalt, wie es sich anfühlen würde. Die Erleichterung, die Genugtuung. Doch da war nichts.

Abermals hob er die Arme. Abermals schlug er zu. Immer wieder, immer schneller ließ er das Gewicht auf den Kopf des Mannes niederfahren. Vergeblich. Wut begann, die Leere, die sich so hartnäckig im ihm ausbreitete, zu füllen. Ohnmächtiger Zorn. Auch das, dachte er, sogar das enthält er mir vor.

Seine Arme schmerzten. Er gab auf. Es reicht, dachte er, es reicht schon längst.

Er blickte hinunter auf den toten Körper, den zerschmetterten Schädel. Der Regen wusch Blut fort, ließ es in Schlieren im schwarzen Boden des Grabes versickern.

»Ich habe gewonnen«, sagte er leise, trotzig wie ein kleines Kind. »Ich habe trotzdem gewonnen!« Er umklammerte den Spaten, wandte sich ab und ging davon, ohne einen Blick zurückzuwerfen.

1

»Das ist ja ekelhaft.« Christian Wörner schloss das Küchenfenster. Britta sah ihn verständnislos an. »Das ist Lakritz«, bemerkte sie vorsichtig.

Er setzte sich zurück an den Küchentisch, schenkte Kaffee nach und nickte. »Ekelhaft«, wiederholte er und griff nach seiner Tasse.

»Lakritz ist nicht ekelhaft«, widersprach Britta. Das war sie sich schuldig. Sich und irgendwie auch der renommierten Fertigungsstätte von Süßwaren in Bonn-Kessenich, die aller Wahrscheinlichkeit nach für den Duft verantwortlich war. Den Menschen, die dort Tag für Tag schwer arbeiteten, um Köstlichkeiten zu produzieren – »… *macht Kinder froh*«, sang es in ihrem Kopf, »*und Erwachsene ebenso …*«

Aber offenbar nicht Christian Wörner, der sich nun wieder in den Generalanzeiger vertiefte, als sei das Thema völlig irrelevant.

Louis, die englische Bulldogge, die unter dem Tisch lag und selig schlummerte, gab ein leises Traumbellen von sich und stieß dann den kummervollen Seufzer aus. Vielleicht fühlte er mit dem untrüglichen Instinkt des Tieres die leisen Zweifel, die Britta anflogen. Da saß er nun, der Mann, den sie zu kennen glaubte. Den sie liebte, ganz sicher, natürlich. Mit dem sie darum seit nunmehr einer Woche ihr Schlaf- und Wohn- und Arbeitszimmer teilte, Küche, Bad, Leben. Sie hatten gemeinsam Kisten ausgepackt, Regale und Schränke gefüllt, sie hatten Fakten geschaffen. Und alles in allem lief es wunderbar. Kein Grund zur Klage.

Bis jetzt, hauchte das Stimmchen des Misstrauens in ihrem Kopf, das hartnäckige und alberne Stimmchen, das sie dringend loswerden musste. Das Stimmchen, das ihr permanent in Erinnerung rief, wie leicht man sich täuschte. Wie schnell man sich blenden ließ von dem durchaus erfreulichen Anblick, den Christian bot, wie er dasaß und Kaffee schlürfte. Die dunklen Haare noch nass von der Dusche, das kantige Gesicht frisch rasiert.

Es war eine Frage der Zeit, bis er Falten bekam, Tränensäcke und Geheimratsecken. Bis das Bäuchlein, das schon jetzt zu ahnen war, sich zu einer Wampe wölben würde.

Mit derlei Äußerlichkeiten konnte Britta natürlich leben. Zumal sie unlängst erste graue Strähnen in den Locken entdeckt hatte. Und dringend mal wieder ein paar Pfund abnehmen musste. Darum ging es nicht. Sondern vielmehr darum, dass es möglicherweise eine Frage der Zeit war, bis dieser Mann seine Maske fallen ließ. Sein wahres und garstiges inneres Gesicht zeigte, den Macho herauskehrte, der sich bedienen ließ, am Essen herummäkelte und nicht einmal mehr so tat, als würde er sich zum Pinkeln hinsetzen.

Natürlich war es irrelevant, ob er Lakritz mochte oder nicht. Und doch möglicherweise ein alarmierendes Indiz, ein Zeichen dafür, wie wenig sie eigentlich von ihm wusste.

»Du magst kein Lakritz?« Sie musste das klären. Sie machte das gut, fand sie, beiläufiger Plauderton, völlig harmlose Frage nach etwas, was überhaupt keine Rolle spielte.

Wörner sah von der Zeitung hoch. »Ich hasse Lakritz«, sagte er. »Lakritz ist aus Pferdeblut.«

»Das ist doch Quatsch! Das ist ein Mythos, eine Stadtsage, das glauben höchstens kleine Kinder. Es war noch nie Blut in Lakritz. Und außerdem isst du Fleisch. In Fleisch ist garantiert mehr Blut als in Lakritz!«

Wörner zuckte die Schultern. »Mag sein. Ist mir aber eh egal, was drin ist, ich mag das Zeug einfach nicht. Ist das ein Problem?« Er sah sie an. Mit diesem Wörner-Blick. Fragend mit einem leichten Hauch von Zweifel.

»Natürlich nicht«, sagte Britta. »Ich dachte nur … ich dachte einfach …« Sie sann nach einem Weg, den Satz zu Ende zu führen, ohne sich komplett lächerlich zu machen. Und war froh, dass sie in diesem Moment ihr Handy mit seinem Klingeln von dieser Verpflichtung entband. Sie warf einen Blick aufs Display, erst dann nahm sie das Gespräch an.

»Störe ich?«

Die Stimme von Margot, ihrer ehemaligen Mitbewohnerin, drang ein wenig zu laut an ihr Ohr. Britta hatte gern mit Margot zusammengewohnt. Ihre laute Munterkeit am Morgen vermisste sie allerdings nicht wirklich.

»Aber nein«, sagte sie. »Wir frühstücken gerade.«

»Frühstücken wie: Brötchen essen und Kaffee trinken? Oder ist das so ein geheimer Code für irgendeine heiße Sache, die Paare in ihrer gemeinsamen Wohnung so machen? Seid ihr nackt?«

»Frühstücken wie Brötchen und Kaffee. Käse. Marmelade. Vollständig angezogen. Tut mir leid, dich enttäuschen zu müssen.«

»Das enttäuscht mich nicht. Es überrascht mich nicht mal. War klar, dass ihr zwei noch langweiliger werdet, wenn ihr dieses spießige Paar-Ding durchzieht. Aber gut, jeder, wie er kann. Und sonst? Macht er dich langsam wahnsinnig? Dreckige Socken auf dem Boden, falsch gedrückte Zahnpastatube?«

»Nichts dergleichen, nein. Er benimmt sich ziemlich gut.«

Wörner knickte eine Ecke der Zeitung und sah sie an. »Ziemlich gut? Ich benehme mich ausgezeichnet. Ich trage dich auf Händen. Ich putze das Klo. Bringe den Müll runter. Ich hole Brötchen zum Frühstück. Das ist nicht gut, das ist phantastisch!«

»Er benimmt sich phantastisch«, korrigierte Britta brav in ihr Telefon. »Er mag allerdings kein Lakritz«, fügte sie dann an, denn sie wollte kein falsches Bild der Harmonie vermitteln.

»Niemand mag Lakritz. Das Zeug ist ekelhaft. Wer isst schon freiwillig Sachen, die aus Pferdeblut gemacht sind?«

»Da ist kein Pferdeblut drin! Wie zum Henker kommt ihr bloß auf die Idee …?«

»Bist du da heute Vormittag?«, unterbrach Margot. »Mir ist zum Sterben langweilig, ich wollte vorbeikommen und mit dir Kaffee trinken.«

»Ja. Sicher. Warte … ich hab von halb elf bis zwölf einen Kurs. Danach hab ich zwei Stunden frei. Wir könnten mit Agathe essen …«

Im Flur klingelte der Festnetzanschluss. »Margot, das andere Telefon klingelt …«

Christian war schon aufgestanden, nahm das Gespräch an. Britta hörte ihn im Flur murmeln, dann stand er in der Tür. »Das war die Residenz«, sagte er. »Du sollst schnell kommen …«

Britta seufzte vernehmlich. »Margot, ich muss Schluss machen. Ich fürchte, sie tut es schon wieder …«

»Na, dann viel Spaß«, tönte es munter. »Wir sehen uns später.«

★★★

Sophie Lange saß an ihrem Schreibtisch und freute sich, dass Montag war.

Seit sie in Bonn wohnte, freute sie sich immer, wenn Montag war. Das sprach nicht unbedingt für ein erfülltes Privatleben. Aber da sie fest entschlossen war, positiv zu denken, war das egal. Alles in allem war das Wochenende schließlich gar nicht so übel gewesen. Sie hatte die Wohnung gründlich geputzt. Hatte im Gartencenter Blumen gekauft, die Balkonkästen bepflanzt. Sie war die große Brückenrunde gelaufen und im Fitnessstudio gewesen. Lauter sinnvolle und nutzbringende Dinge.

Den leisen Hauch Trübsinn, der sie am Sonntagabend angeflogen hatte, hatte sie mit einer Großpackung Pralinen und einer Flasche Wein bekämpft, die sie mit der Katze teilte.

Vom Wein hatte die Katze zwar nichts gewollt, trotzdem war die Flasche am Ende des Abends leer gewesen. Und Sophie voll, voll genug jedenfalls, um die Geräusche, die mitten in der Nacht verrieten, dass der Katze die Pralinen ähnlich schlecht bekamen wie ihr der Wein, zu ignorieren.

Voll genug, um mit leisem Kopfschmerz zu erwachen und so lange den Snooze-Alarm des Weckers zu drücken, bis die Zeit eben noch für eine Tasse Kaffee im Bad reichte, wo sie sich notdürftig säuberte und restaurierte. Sie hatte blind ein paar Kleider aus dem Schrank gezogen, hatte sich aufs Rad geschwungen und war eben noch pünktlich im Präsidium angekommen.

Da war ihr dann aufgefallen, dass sie ausgerechnet die Jeans erwischt hatte, die unangenehm kniff. Das T-Shirt, das nicht bequem, sondern einfach nur ausgeleiert war. Angesichts der für die Tageszeit schon sehr lauen Temperaturen war ihr außerdem klar geworden, dass es sinnvoll gewesen wäre, sich doch noch ein paar Minuten Zeit zu nehmen, um das Malheur der Katze zu beseitigen.

Lauter Gedanken, die eindeutig nicht in die Kategorie »positiv« fielen. Daher weit weg gehörten, denn es war Montag, und sie freute sich.

Sie sah auf die Uhr.

Er kam immer auf den letzten Drücker. Wenn man es genau betrachtete, kam er sogar immer zu spät. Er verließ sich darauf, dass Sophie pünktlich war. Die Stellung hielt, wie er das formulierte. Das war natürlich in Ordnung. So war das mit guten Kollegen, so war das im Team. Und Christian Wörner war ein netter Kollege. Im Grunde. Außerdem der Einzige, mit dem sie nach einem halben Jahr in dieser Stadt so etwas wie Freundschaft verband. In Bonn, das man ihr vor dem Umzug so angepriesen hatte. Das Rheinland mit seinen kommunikativen und geselligen Bewohnern, die es angeblich liebten, offen auf andere zuzugehen. Auf andere, ja, aber aus irgendwelchen Gründen offenbar nicht auf Sophie. Seit einem halben Jahr versuchte sie nun, ein halbwegs präsentables Sozialleben aufzubauen. Vergeblich.

Positiv, mahnte sie sich, immer hübsch positiv. Dinge brauchten ihre Zeit. Sie war jung, sie war attraktiv, sie hatte einen Beruf, der sie erfüllte und forderte. Sie hatte nette Kollegen, Kollegen wie Wörner. Der nach einer Woche Umzugsurlaub sicher gute Gründe hatte, sich ein wenig zu verspäten.

Am Anfang, als sie ganz neu hier gewesen war, hatte sie sich sogar ein winziges bisschen in Wörner verguckt. Aus Panik, wie ihr bald klar geworden war. Aus nackter Angst vor der Einsamkeit, die sie allabendlich in ihrer kleinen Wohnung in der Altstadt erwartete. Sie hatte schnell begriffen, dass er auf keinen Fall der Richtige war. Er war nett, wirklich sehr nett, sah auch leidlich gut aus. Aber er war nicht wirklich ihr Typ. Zu stoffelig, ein bisschen langsam, ziemlich stumpf zuweilen. Nett, das sicher, aber nicht auf diese Weise.

Abgesehen davon hatte er ja auch seine Britta. Eine ganz schöne Kneifzange, die Frau, aber das ging Sophie ja nichts an, das war ihr egal. Wichtig war nur, dass zwischen ihr und Wörner alles geklärt war. Alles in bester Ordnung. Sie waren Kollegen, sie mochten sich, konnten ab und zu mal ein Bier zusammen trinken gehen. So, wie es eben sein sollte.

Sophies Magen knurrte. Warum hatte sie sich eigentlich so gehetzt? Ein bisschen Zeit für ein kleines Frühstück hätte sie sich doch nehmen können. Zumal bisher niemand ihre Anwesenheit im Büro zur Kenntnis genommen hatte. Hatte sie sich vielleicht vertan? Kam er doch erst morgen aus dem Urlaub?

Sie dachte an die Katzenkotze. An das Aroma, das sich bis zum Abend in der Wohnung entfalten würde. Sie zerrte am Bund der Jeans, fuhr sich mit der Hand durch die ungeföhnten Haare, die wie welker Schnittlauch auf ihre Schultern hingen.

Egal, dachte sie, völlig egal.

Die Tür öffnete sich. »Morgen!« Christian Wörner betrat schwungvoll den Raum. »Hast du schon Kaffee gekocht?« Er sah sie erwartungsvoll an.

***

»Nimm meine Hände, Kind …« Die Stimme klang schwach, passte nicht zu dem eisernen Griff, mit dem die dürren Finger Brittas Hand jetzt packten und umklammerten. »Und weine nicht. Wir alle müssen gehen, irgendwann …«, röchelte Agathe und sah Britta mit tränenumflortem Blick an.

»Aua, das tut weh. Agathe, ich …«

»Nein«, krächzte sie. »Nein, sag nichts. Ich vergebe dir alles, Kind, sogar, dass du mich abgeschoben hast in dieses Heim. Immerhin bist du hier, hier an meiner Seite, statt irgendwo den Wanst in die Sonne zu halten und dir ein schönes Leben zu machen, jetzt, da es mit mir zu Ende geht.«

»Agathe, niemand hat dich abgeschoben. Du hättest ja mit umziehen können, dann würdest du jetzt auch in der Sonne sitzen. Du wolltest nicht, erinnerst du dich?« Britta war klar, dass diese Argumente nutzlos waren, wenn sie auch der Wahrheit entsprachen.

Als die Familie Hutschendorf ihren Entschluss, fürderhin im sonnigen Süden zu leben, bekannt gegeben hatte, war Agathe durchaus Teil dieses Plans gewesen. Sie hatte allerdings Zeter und Mordio geschrien. Nur über ihre Leiche, hatte sie erklärt, würde man sie dahin verfrachten, wo die Zitronen blühten, die

Menschen ausländisch redeten und das Klima mild und sonnig war.

Da Agathe bekannt war für etwas, was man vorsichtig als starken Willen bezeichnen konnte, hatte niemand ernsthaft versucht, sie umzustimmen. Stattdessen hatte ihr Sohn Walter, gemeinsam mit Britta und der restlichen Familie, nach einer anderen Lösung gesucht. Obwohl Agathe für ihr biblisches Alter in bemerkenswert guter Verfassung war, hatte man die Möglichkeit, dass Britta sie bei sich aufnahm, rasch verworfen. Sie war über neunzig, brauchte jemanden, der rund um die Uhr zur Verfügung stand, um sich um selbst erklärte oder reale Notfallbedürfnisse zu kümmern. Darum war man übereingekommen, dass die Seniorenresidenz eine gute Lösung war. Zumal es sich um eine Einrichtung handelte, die wirklich jedem noch so gehobenen Anspruch genügte.

Leider nicht dem von Agathe. Ihr ging es schließlich ums Prinzip. Und auch die Tatsache, dass Britta quasi um die Ecke wohnte, sie täglich besuchte und alles tat, um ihr das Einleben zu erleichtern, half bislang nicht, die Lage zu entspannen. Seit sie hier war, verfolgte Agathe mit großer Vehemenz zwei Ziele: Rausfliegen oder Sterben. Um Ersteres zu erreichen, benahm sie sich unmöglich und terrorisierte Personal und Mitbewohner nach Kräften. Wenn sie davon erschöpft war, legte sie sich einfach irgendwohin und tat, was sie konnte, um aus schierer böser Willenskraft ihr Ableben herbeizuführen.

Britta war froh, dass bislang kein Projekt Agathe zum gewünschten Erfolg geführt hatte. Allerdings wurde die Sache zunehmend anstrengend und kostete eine Menge Nerven.

»Nein, Kind, nein, nicht weinen ...«, krächzte Agathe jetzt.

»Ich weine nicht.«

»Ich bin alt. Ich kann verzeihen«, fuhr Agathe unbeirrt fort. »Dass du dich lieber um deine lächerliche Karriere kümmerst, als mir, deiner Großmutter, die letzten Tage und Wochen, die mir bleiben, so angenehm wie möglich zu machen. Für eine alte Frau wie mich ist halt kein Platz mehr in dieser Welt, in der kalten, der herzlosen ...«

»Agathe, du bist nicht meine Großmutter. Und ich kümmere mich um keine Karriere, ich verdiene einfach meinen Lebensunterhalt. Das muss man nämlich, damit man nicht verhungert, weißt du? Und abgesehen davon —«

»Nicht reden!«, unterbrach Agathe. »Halt einfach meine Hand, mein Kind. Oh, ich kann es sehen, oh, da ist es … Das Licht. Ich muss hineingehen, nicht wahr, ich muss ins Licht gehen, aber ich fürchte mich …«

Britta warf einen sehnsüchtigen Blick zur Tür, durch die der Arzt und der junge Pfleger vor wenigen Minuten verschwunden waren. Sehr eilig, eilig auf eine erleichterte Weise. Britta hatte sie kichern hören auf dem Flur. Für eine Sekunde hatte sie das wütend gemacht. Dann allerdings hatte sie sich daran erinnert, dass diese Menschen Agathe quasi Tag und Nacht ausgeliefert waren, und sie war zu dem Schluss gelangt, dass ihnen ein wenig Kichern unbedingt zu gönnen war.

»Ich muss jetzt los!« Sie versuchte, mit ihrer freien Hand Agathes Klammergriff zu lockern. »Gleich kommt meine Pilates-Gruppe, ich muss aufschließen und mich umziehen und …«

Agathe ließ ein Schnauben vernehmen. »Ich gehe ins Licht, und du willst zum Pilatus-Turnen?« Sie schnaubte erneut. »Ja, gut, bitte sehr. Der Mensch muss Prioritäten setzen, nicht wahr? Geh einfach, lass mich ruhig alleine sterben, hier im Heim, vergessen von allen …«

»Verdammt, Agathe!« Endlich gelang es Britta, sich aus Agathes Griff zu befreien. »Das ist kindisch, was du hier machst, wirklich kindisch!«

»Sterben ist nicht kindisch!«

»Du stirbst nicht!«

»Natürlich sterbe ich!«

»Aber nicht jetzt. Nicht heute!«

»Ach!« Agathe richtete sich im Bett auf, auf das sie sich voll bekleidet gelegt hatte, bevor sie den ersten Akt ihres Dramas mit dem Klingeln nach dem armen Pfleger begonnen hatte. »Und was macht dich da so sicher?«

»Der nette, sehr nette und kompetente Arzt, Agathe! Der, der eben zum vierten Mal eilig an dein angebliches Sterbebett geeilt ist, um dann festzustellen, dass alles in bester Ordnung ist. Du bist kerngesund! Du stirbst nicht!«

»Und woher will das Milchgesicht wissen, ob ich sterbe oder nicht?«

»Das Milchgesicht weiß das, weil das Milchgesicht studiert hat. Medizin nämlich. Das Milchgesicht hat eine Ausbildung, die es befähigt, zu unterscheiden, ob jemand tatsächlich ärztliche Hilfe braucht oder einfach nur Theater macht.« Britta erhob sich entschlossen vom Stuhl, bevor Agathe wieder nach ihr greifen konnte. »Ich gehe jetzt. Ich habe zu arbeiten. Margot kommt heute Mittag, wir kommen bei dir vorbei und essen zusammen, in Ordnung?«

»Heute Mittag bin ich längst tot.«

Britta rollte die Augen. »Bis dann«, sagte sie und floh aus dem Zimmer.

***

Irgendwo bellte ein Hund.

Edith Hecker, die eben die eiserne Pforte des Bergfriedhofs geöffnet hatte, schauderte unwillkürlich. Als begeisterte und langjährige Leserin einschlägiger Schauer- und Kriminalromane wusste sie, dass ein solches Geräusch nichts Gutes verhieß. Natürlich hörte man es in den Romanen vorzugsweise in unheilvoller Dämmerung, gerne dann, wenn kalter Nebel aus einsamen Hochmooren kroch, und nicht am hellen Vormittag auf dem Bergfriedhof in Kessenich. Der zudem an den Wald grenzte, wo um diese Zeit Heerscharen von Herrchen und Frauchen ihre Köter spazieren führten. Jetzt und hier war ein Bellen kein Grund zur Beunruhigung. Und doch war es, als griffe eine kalte Hand nach ihrem Herzen. Dieselbe Hand, die ihr schon in der vergangenen Nacht zu schaffen gemacht hatte.

Sie schüttelte den Kopf. Albern, das war albern, Gedanken einer hysterischen alten Schachtel. Alt war sie, keine Frage, da machte sich Edith nichts vor. Aber nicht hysterisch! Das Gewitter war schuld gewesen. Dunkle Nacht und Blitze, die dramatisch zuckten, als sie aufgestanden war, um sich ein Glas Wasser zu holen. Sie hatte vor dem Einschlafen in einem recht blutrünstigen Werk gelesen, das ihre Phantasie möglicherweise angeregt hatte. Und die hatte ihr dann beim Blick durchs Küchenfenster einen gruseligen Streich gespielt. Es war ein Schatten gewesen, ein Busch, ein Ast. Eine optische Täuschung, die sie furchtbar erschreckt hatte. So sehr, dass sie einen Moment wie gelähmt in der dunklen Küche gestanden hatte, dann hastig zurück in ihr Bett geflohen war, wo sie sich die Decke über die Ohren gezogen hatte. Irgendwann war sie wieder eingeschlafen.

Am Morgen war sie dann erwacht, wissend, dass das Unbehagen, das sie noch immer empfand, keine realen Ursachen hatte. Loswerden musste sie es trotzdem, und darum war sie jetzt hier. Ein kleiner Spaziergang über den Friedhof. Einfach so, um sich zu vergewissern, dass alles in Ordnung war. Auch wenn irgendwo ein Hund bellte. *Gerade* wenn irgendwo ein Hund bellte.

Gott, sie konnte Hunde nicht ausstehen.

Sie sah sich um. Der Friedhof lag friedlich im Morgenlicht. Ab und zu sandte die Sonne warme Strahlen durch die noch frisch belaubten, durchlässigen Blätterkronen der hohen Bäume.

Sie schloss die Pforte hinter sich, schritt energisch den Weg zwischen den alten Grabsteinen entlang. Automatisch scannten die Augen den Boden und die Gräber – ordentlich und gepflegt. Keine Zigarettenkippen, keine Bierflaschen, keinerlei Hinterlassenschaften derer, denen nichts mehr heilig war. Alles war gut, dachte sie und bog rechts ab, um die mittlere Hauptachse nach oben zu nehmen.

Sekunden später wünschte sie, sie hätte es nicht getan. Denn nun sah sie es. Das, was sie hätte erstarren lassen müssen. Aber auf eine wundersame Weise schien ihr Körper wie abgekoppelt von Gedanken und Willen. Er bewegte sich einfach weiter, Schritt für Schritt, näherte sich dem, was sie eigentlich weder sehen noch begreifen wollte. Schritt für Schritt, näher und näher. Bis es nicht näher ging.

Irgendwo bellte ein Hund.

Und als wäre das nicht genug, stieß irgendjemand einen markerschütternden Schrei aus.

***

Louis zerrte an der Leine. Nachdem er sich in der Seniorenresidenz außerordentlich gut benommen hatte und brav schlafend neben Agathes vermeintlichem Totenbett ausgeharrt hatte, nachdem er gnädig die so verdienten lobenden Worte und Leckerli von Britta entgegengenommen hatte, schien es ihm jetzt mit dem guten Benehmen für den Tag zu genügen. Er schnüffelte hier und da, schien wild entschlossen, jedem zielstrebigen Schritt Einhalt zu gebieten.

Es war höchste Zeit, mal wieder in die Hundeschule zu gehen, dachte Britta. Ein Gedanke, der sie regelmäßig heimsuchte. Ebenso regelmäßig auf der langen Liste der Dinge landete, die sie tun würde, sobald sie ein bisschen mehr Zeit hatte. Auf einem der hinteren Ränge, denn da es zu Louis' herausragenden Eigenschaften gehörte, so viel Lebenszeit wie möglich schlafend zu verbringen, fiel das schlechte Benehmen der wachen Stunden eigentlich nicht so ins Gewicht. Auch in diesem Moment nahm Britta sein bockiges Zerren eher am Rande zur Kenntnis. Sie war noch immer damit beschäftigt, die unguten Gefühle in den Griff zu bekommen, die Agathes Auftritt einmal mehr ausgelöst hatten.

Es würde schon werden, dachte sie. Sie kannte Agathe lange genug. Wusste, dass auch ihre Bockigkeit Grenzen hatte. Irgendwann würde das Spielchen sie langweilen. Und dann würde sie diese kindische Verweigerungshaltung aufgeben. Sich vielleicht ein bisschen Mühe geben. Sich einleben, vielleicht würde sie sogar Freundschaften schließen.

Zweifellos war Agathe eine herrische, latent boshafte und anspruchsvolle Person. Nicht leicht kompatibel mit den freundlich lächelnden Senioren, denen Britta im Flur und im Foyer der Residenz begegnete. Aber sie hatte auch ihre guten Seiten. Wenn man sie zu nehmen wusste, war sie eine durchaus anregende Gesellschaft. Es würde sich schon fügen, alles würde sich finden, ganz ohne jeden Zweifel. Im Moment kam es einfach nur darauf an, die Nerven zu behalten.

Sie atmete durch, blieb einen Moment stehen, um Louis' Wunsch nach Setzen einer Duftmarke an einer Hecke Rechnung zu tragen. Der Lakritzgeruch hatte sich verzogen. Die

Wolkendecke zeigte erste Risse und ließ warme Sonnenstrahlen durch. Ein Hauch Frühling lag in der Luft. Das Leben war gut. Wie zur Bestätigung hob Louis den Kopf, sah sie an und bellte unmotiviert. Britta lächelte.

Dann hörte sie den Schrei.

Einen Schrei, dessen Klang ihr nicht gefallen wollte. Sie sah sich um. Der schrille Ton war von da oben gekommen, vom Friedhof. Da stand eine Gestalt, allein und starr, eine kleine Gestalt an einem Grab, die schrie.

Sie sah auf die Uhr. Verdammt! Der Kurs begann in einer Viertelstunde. Sie hatte keine Zeit. Sie hatte außerdem keine, aber auch gar keine Lust, sich mit etwas zu befassen, was Ursache für einen solchen Schrei sein konnte.

Sie fluchte leise und zerrte dann Louis hinter sich her zur Friedhofspforte.

2

Edith, der mittlerweile klar geworden war, dass sie selbst geschrien hatte, sah die Frau, die sich im Laufschritt näherte. Unwillkürlich verzog sie das Gesicht. Nicht nur, weil sie einen dicken kleinen Hund an einer Leine hinter sich herzog. Edith fand, dass Hunde auf Friedhöfen nichts verloren hatten. Aber das war in diesem Moment ihr geringstes Problem. Und deshalb hatte sie auch auf ein anderes Echo gehofft. Eine Hundertschaft Polizisten zum Beispiel. Nichts gegen diese Frau, Britta Irgendwas hieß sie, das war diese Sportlehrerin, die die Kurse gab, von denen Ediths Freundin so begeistert war. Edith selbst hielt derlei Turnerei ja für überschätzt, sie bewegte sich auch so genug, vielen Dank, aber darum, erinnerte sie sich nun, darum ging es ja im Moment überhaupt gar nicht.

Sie sah von Erklärungen ab. Zum einen traute sie ihrer Stimme nicht. Zum anderen schien ihr die Situation relativ selbsterklärend. Für eine nach Ediths Gefühl schrecklich lange Zeit standen sie einfach da, starrten gemeinsam auf das, was da lag. Dann begann der dicke kleine Hund, an der Leine zu zerren und zu winseln. »Aus, Louis«, sagte die Turnlehrerin und dann: »Ach du Scheiße.« Sie sah ein bisschen blass aus.

»Was ist hier los?«, mischte sich eine weitere Stimme ein. Edith unterdrückte ein Stöhnen. Die Markwart! Ausgerechnet. Diese penetrante Person, Küsterin, die glaubte, dass das Universum sich aufhören würde zu drehen ohne sie. Die hatte Edith gerade noch gefehlt, jetzt. Sie fühlte sich auch so der Hysterie bedenklich nahe.

»Einen Arzt«, kreischte die Markwart. »Wir brauchen sofort einen Arzt!«

»Wir brauchen keinen Arzt«, widersprach Edith. »Der Mann ist tot.«

»Das sehe ich auch«, versetzte die Markwart spitz. »Aber Sie … Sie sind ja ganz grün. Sie zittern ja, Frau Hecker!«

Edith hob eine Hand, um diesem Unsinn ein Ende zu machen.

Ohne Erfolg. »Sie haben einen Schock«, fuhr die Markwart nämlich einfach fort, »damit ist nicht zu spaßen in Ihrem Alter …«
Sie hielt inne, riss die Augen auf und wich einen Schritt zurück.
»Oder haben Sie etwa … ich meine … waren Sie das?« Sie deutete
auf die Leiche.

Eine Welle irrationalen Zorns brandete in Edith auf. Das
hatte weniger damit zu tun, dass diese Markwart ernsthaft
in Erwägung zu ziehen schien, dass sie womöglich für den
beklagenswerten Zustand des Körpers, der da auf dem Grab
lag, verantwortlich war, als vielmehr mit dem Umstand, dass
diese Person, die allerhöchstens ein paar Jahre jünger war als
sie selbst, sie als hinfällige alte Schachtel hinstellte. In Ihrem
Alter? Was bildete die sich denn ein? Sie atmete tief ein, aber
ehe sie ihrem Unmut Luft machen konnte, gaben ihre Beine
nach, und sie sank auf den Kiesweg. Das Letzte, was sie sah,
war, dass die Turnlehrerin ein Handy aus der großen schwarzen
Umhängetasche zog.

✦✦✦

Es hatte Sophie natürlich nichts ausgemacht, schnell zwei Cap-
puccino aus der Cafeteria zu holen. Schmeckte besser als das,
was die röchelnde Kaffeemaschine im Büro so produzierte. Und
Christian hatte sich natürlich gefreut. Er schien allerbester Laune
zu sein. Fast ein bisschen überdreht, dachte sie, während sie den
wortreichen Ausführungen lauschte. Die neue Wohnung war
wunderschön, so hell, Abendsonne im Wohnzimmer. Der Balkon
war winzig, aber sehr gemütlich. Die Küche groß und geräumig.
Und überhaupt – die Lage, also Kessenich, ein Traum, ein armer
Wicht, wer dort nicht wohnte, an diesem Ort, an dem man
alles hatte, alles, was man brauchte, dazu der Wald so nah, ein
Katzensprung, genau wie die Innenstadt.

Sophie lauschte brav, nickte, lächelte.

»Der Umzug war natürlich Stress«, fuhr er munter fort. »Man
glaubt ja nicht, wie viel Zeug zusammenkommt, wenn man
zusammenzieht. Echt ein Glück, dass wir so viele Helfer hatten.«

Sophie lächelte weiter, obwohl ihr Kiefer auf einmal schmerzte,

»Ach, ihr habt selbst …?«, sagte sie, räusperte sich. »Ich dachte, ihr habt ein Umzugsunternehmen. Du hättest mich gern fragen können, ob ich …« Das klang falsch. Verzweifelt klang das. Schlimmer noch, es fühlte sich auch verzweifelt an. Da ging es hin, das positive Denken. Gute Kollegen, ab und zu ein Bier trinken, zum Teufel, der Mann wollte nicht mal, dass sie seine Waschmaschine schleppte!

»Ach, wir hatten genug Leute, kein Problem«, sagte er.

Sophie schluckte. Sicher. Genug Leute. Genug Freunde. Kein Problem. Kein Bedarf.

Zeit für einen Themenwechsel. »Und was macht Britta so? Wie lässt sich das Leben als Selbstständige an?«

Sie meinte, ein winziges Zucken in seinem Gesicht zu sehen, bevor er schnell antwortete: »Alles wunderbar. Sie hat jede Menge Kurse jetzt, Yoga, Pilates, so Zeug …«

»Oh, schön«, sagte Sophie. Ärgerte sich, denn nun senkte sich Schweigen über die Schreibtische. »Pilates, das soll ja ziemlich gesund sein«, sagte sie, um dieses Gespräch zu beenden, bevor es unbehaglich wurde.

»Ja, total gesund. Für die Tiefenmuskulatur und so …«

»Vielleicht sollte ich mal einen Kurs machen, bei Britta.« Sophie rang sich ein weiteres Lächeln ab.

»Ja, ich … hm, ich kann sie ja mal fragen …« Er schaltete seinen Computer ein.

»Ja, das wäre super.« Sophie dachte an Katzenkotze.

Das Telefon klingelte. Sophie griff nach dem Hörer, meldete sich. Lauschte ungläubig der Stimme, die sie hörte. Im ersten Moment hielt sie die Sache für einen Witz. Im zweiten für krankhaft impertinent. Erst dann begriff sie, dass es sich weder um einen Schrei nach Aufmerksamkeit noch um ein gezieltes Störfeuer handelte.

»Bleib ganz ruhig, ja?« Zum ersten Mal ging ihr das Du, das sich ein wenig pflichtschuldig etabliert hatte, leicht über die Lippen. »Britta, du musst vor allem dafür sorgen, dass keiner was anrührt. Wir sind gleich da.« Sie legte den Hörer auf, biss sich auf die Unterlippe.

»Wo sind wir gleich?« Christian sah sie fragend an. »Und wollte sie mich nicht sprechen? Was ist los? Sophie, warum schaust du so?«

»Sie ist auf dem Friedhof. Da liegt ein Toter.«

»Haha«, sagte er. »Lustig. Ein Toter auf dem Friedhof, kommt vor, oder? Guter Witz.«

»Nein, kein Witz. Ich fürchte, es war ihr ernst. Britta steht auf dem Bergfriedhof vor einer Leiche.«

★★★

Britta entglitt die Situation zusehends. Nach dem Telefonat mit Sophie war sie eben im Begriff, einen Arzt anzurufen, als Edith Hecker das Bewusstsein wiedererlangte und sich das nachdrücklich verbat. Da Britta keine Lust hatte, sich zum zweiten Mal an diesem Tag mit einer entschlossenen alten Dame anzulegen, beugte sie sich diesem Wunsch, zumal Frau Hecker in der Tat einen leidlich stabilen Eindruck machte und sie selbst alle Hände voll zu tun hatte, Louis, der wie ein Wilder an seiner Leine zerrte, in den Griff zu bekommen.

Das immerhin half ihr, den Toten nicht anzusehen. Höchstens kurz zu dem Grabstein, vor dem er lag, zu blicken. »Franz Hofer«, stand da in schlichten Lettern, »1902–1998«. Kein Geburtstag, kein Todestag. Ein gesegnetes Alter, dachte sie, klammerte sich an den Gedanken. Vor ihrem inneren Auge sah sie ein Schlafzimmer, altmodisch und behaglich, ein breites Bett, darin der moribunde Herr Hofer im Kreise seiner Lieben. Kinder und Kindeskinder, die seine Hand hielten, trauriges Lächeln, tröstliche Nähe. Ein alter Mann, ein erfülltes Leben, ein guter Tod.

So, wie Agathe es sich vorstellte, theoretisch, wenngleich Agathe natürlich nicht starb, ganz im Gegenteil, Agathe machte nur Theater, anders als dieser Mann, der da lag und keinerlei Theater machte, sondern einfach mausetot war, ganz ohne gesegnetes Alter, kein guter Tod, denn er lag mit dem Gesicht nach unten, die große Wunde am Hinterkopf glänzte und schimmerte auf widerwärtige Weise im Sonnenlicht, das sich nun unpassenderweise wieder den Weg durch die Wolken und Baumkronen bahnte.

Das war nicht gut, das alles war ganz und gar nicht gut, dachte sie und fragte sich, wo Christian blieb. Warum dauerte das alles so lange? Sie schluckte. Versuchte, sich zusammenzunehmen. »Ich denke, wir sollten … wir sollten hier weggehen«, sagte sie. »Sophie … Ich meine, die Polizei … wir dürfen keine Spuren vernichten …«

»Ich hab ihn gesehen.« Frau Heckers Stimme klang sonderbar tonlos. »Ich habe heute Nacht den Mörder gesehen. Ich habe es für einen Alptraum gehalten. Ich habe … oh Gott, ich hätte das vielleicht verhindern können, ich …«

Britta legte eine Hand auf ihre Schulter. »Beruhigen Sie sich. Machen Sie sich keine Sorgen. Ich glaube nicht … ich meine, ich denke …« Sie brach ab. Sie hatte beim besten Willen keine Idee, wie sie den Satz zu Ende führen sollte.

»Sie sind eine Augenzeugin? Oh mein Gott, das ist ja furchtbar! Sie brauchen Schutz, Sie brauchen dringend Polizeischutz!« Frau Markwart sah sich hektisch um, als erwarte sie, dass der Mörder jeden Moment hinter einem Busch hervorspringen würde. »Wo bleibt denn die Polizei? Sie haben die Polizei doch gerufen?« Die letzten Worte richtete sie mit kaum verhohlenem Vorwurf an Britta.

Die nickte, dabei fühlte sie sich wie ein gescholtenes Schulmädchen, während ihr Gehirn noch die Information der Mördersichtung verarbeitete. Immerhin schien Louis sich mit seinem Schicksal abgefunden zu haben. Er hatte sich neben Brittas Füße gelegt und betrachtete mit halb geschlossenen Lidern die Aufregung um ihn herum.

Frau Markwart starrte wieder auf die Leiche. Sie gab einen erstickten Laut von sich. »Himmel«, ächzte sie, »oh Himmel, das ist ja …« Bevor Britta etwas tun konnte, war sie in die Hocke gegangen, packte den Toten an der Schulter und drehte ihn um. Edith Hecker stieß einen spitzen Schrei aus, Frau Markwart schnappte nach Luft. »Der Lebrecht«, ächzte sie. »Das ist ja Herr Lebrecht. Das ist ja furchtbar, das …«

Louis sprang auf, begann wieder, wie wild zu bellen, und zerrte dabei an der Leine. Weg von der Leiche, hin zu …

»Was zum Teufel tun Sie da?«

Christian! Endlich! Britta hatte sich selten so gefreut, seine

Stimme zu hören. Auch wenn die ziemlich wütend klang. »Finger weg! Verdammt, gehen Sie weg von der Leiche!« Er packte Frau Markwart am Arm und zerrte sie auf die Füße. »Hast du ihnen nicht gesagt, dass sie nichts anrühren sollen? Das ist ja unfassbar!«, brüllte er dann Britta an. Die ließ vor Schreck die Leine fallen. Louis stürzte sich halb verrückt vor Wiedersehensfreude auf Christian, sprang an seinen Beinen hoch und kläffte freudig. »Aus!«, brüllte der ihn an. »Verdammt, Louis, hau ab hier!«

Louis winselte und kniff sein Stummelschwänzchen zwischen die Hinterbeine. Er warf Christian einen verletzten Blick zu, kehrte zurück zu Britta und drückte sich an ihre Beine. »Du musst das arme Tier ja nicht so anbrüllen«, fauchte die. »Er freut sich, dich zu sehen, und außerdem kann er gar nichts dafür!« Sie starrte Christian wütend an. »Ich auch nicht, übrigens«, setzte sie nach und starrte wieder auf die Leiche, die nun ein Gesicht hatte. Augen, die leer gen Himmel starrten.

Der Mann schien weder jung noch alt zu sein, das Gesicht auf unheimliche Weise ausdruckslos. Britta fragte sich, ob das immer so war, bei Leichen. Leichen! Ihr Nacken verkrampfte sich. »Ich hab doch versucht …«, sagte sie, brach ab, weil sie fürchtete, in Tränen auszubrechen.

»Nichts anrühren, das habe ich doch gesagt!«, mischte sich nun auch noch Sophie Lange ein, das hübsche Köpfchen schnippisch gereckt. Verdammt, die blöde Kuh! Was bildete die sich denn ein? Der aufkommende Zorn half Britta, sich zu fassen.

»Und ich habe gesagt, dass ihr euch beeilen sollt! Weil es dringend ist. Ich kann nichts dafür, wenn ihr ewig braucht, um auf einen Notruf zu reagieren«, gab sie zurück. »Ich bin hier schließlich nicht die Hilfspolizei. Ich glaub, ich spinne!«

»Verfluchte Scheiße«, schimpfte Christian. »So eine verfluchte —«

»Jetzt reicht es aber«, ließ sich Frau Markwart vernehmen. »Das hier ist ein Friedhof! Geweihter Grund! Ich muss Sie sehr bitten, Ihren Ton zu mäßigen!«

»Und ich muss Sie bitten, nicht noch mehr Spuren zu ruinieren«, fuhr Christian sie an.

»Vielleicht sollten wir uns alle ein bisschen beruhigen«, schlug Sophie Lange vor.

»Danke, Sophie«, sagte Christian und lächelte ihr auf eine Art und Weise zu, die Britta überhaupt kein bisschen gefiel.

»Komm, Louis!« Britta zog an der Leine. »Komm, wir gehen!« Sie warf einen demonstrativen Blick auf die Uhr. »Ich wünsche ein frohes Beruhigen allerseits. Und frohes Schaffen natürlich. Ich muss leider los.«

»Du kannst jetzt nicht gehen«, sagte Christian. »Du bist eine Zeugin.«

»Ich habe zu tun«, sagte Britta. »Ich habe zu arbeiten. Du kannst mich mal. Zur Fahndung ausschreiben meinetwegen!« Damit wandte sie sich ab und stampfte mit Louis den Weg hinunter.

»Britta«, hörte sie Christian brüllen. »Komm sofort zurück …«

Sie hob die rechte Hand und streckte den Mittelfinger gen Himmel, während sie ihren Weg fortsetzte, ohne sich noch einmal umzudrehen.

★★★

Eine knappe Dreiviertelstunde später parkte Wörner den Dienstwagen vor einem Einfamilienhaus in der ruhigen Wohnstraße, die sich in sanfter Steigung erstreckte. Ein Bau aus den Siebzigern, eine offensichtlich gute Wohngegend, Hanglage, sicher nicht billig. Im Vergleich zur Nachbarschaft wirkte die Fassade des Hauses, das man über eine Treppe erreichte, abweisend. Verspiegelte Scheiben und hohe, ordentlich gestutzte Büsche hinderten neugierige Blicke am Eindringen. Das kleine Rasenstück, die Treppe und der kurze Plattenweg zur Haustür waren von beklemmender Akkuratesse.

»Bist du so weit?« Er sah Sophie an.

Die nickte stumm. Seit der kleinen Auseinandersetzung auf dem Friedhof schien es um seine gute Laune gründlich geschehen. Während die zuständigen Kollegen sich um den Tatort gekümmert und dabei versichert hatten, dass die voreilige Zeugin Markwart vermutlich weniger Spuren ruiniert hatte als das

Unwetter der vergangenen Nacht, hatte sie die Anwesenden vernommen. Ohne nennenswerten Erkenntnisgewinn, sah man davon ab, dass es möglicherweise eine Tatzeugin gab, eine, die den Täter gesehen hatte, wenngleich ihre Angaben eher wirr und vage wirkten. Frau Hecker wirkte nicht wirklich vernehmungsfähig. Sophie hatte sie nach Hause geschickt, damit sie sich ein wenig ausruhen und sammeln konnte.

Immerhin war die Identität des Toten zweifelsfrei geklärt. Alle Anwesenden waren sicher und einig gewesen, dass es sich um Wolfram Lebrecht handelte.

Und deswegen waren sie nun hier. Um den Teil der Arbeit zu erledigen, den niemand gern machte.

»Lass mich reden«, sagte Christian, bevor er die polierte Messingklingel drückte, unter der ein ebenso glänzendes Schild verriet, dass hier die Familie Lebrecht residierte. Geschäftige Schritte näherten sich der Tür, und eine Frau öffnete. Sie hatte die Haare mit einem Tuch aus dem Gesicht gebunden und trug eine Kittelschürze. »Ja bitte?« Sie sah die Besucher fragend an.

»Wörner mein Name. Ich bin von der Polizei. Frau Barbara Lebrecht?«

Die Frau nickte.

»Das ist meine Kollegin, Frau Lange«, erklärte Wörner. »Dürfen wir vielleicht kurz reinkommen?«

»Sicher. Entschuldigen Sie, ich war … ich habe nicht mit Besuch gerechnet. Kommen Sie nur …« Mit einer zögerlich einladenden Geste trat die Frau einen Schritt zurück. Sie folgten ihr in einen schmalen, kühlen Flur. Ein seifiger, leicht penetranter Geruch lag in der Luft.

»Wie es hier aussieht … entschuldigen Sie«, sagte Frau Lebrecht. »Ich putze gerade. Am besten, wir gehen in die Küche.«

Neben der Küchentür stand ein dampfender Eimer. Frau Lebrecht hob die Stühle, die auf dem Tisch standen, herunter. »Setzen Sie sich doch, bitte. Darf ich Ihnen einen Kaffee anbieten?«

Sophie musterte Frau Lebrecht heimlich. Sie war jünger, als sie auf den ersten Blick gewirkt hatte, höchstens vierzig, dachte sie, allerhöchstens. Sie schien nicht im Mindesten neugierig zu sein, was zwei Polizisten an einem Montagvormittag zu ihr führte. »Ich würde Sie ja ins Wohnzimmer bitten«, plapperte sie weiter. »Aber Elisabeth, das ist meine Tochter, sie liegt da auf dem Sofa und schläft. Sie hat Temperatur, deshalb ist sie nicht in der Schule. Ich mache dann mal Kaffee.«

»Danke, Frau Lebrecht, aber das ist nicht nötig. Bitte, setzen Sie sich doch einen Moment.« Christian schob sie sanft zu einem Küchenstuhl. »Es geht um Ihren Mann«, sagte er und drückte sie auf die Sitzfläche.

»Wolfram?« Sie rutschte unruhig auf dem Stuhl herum. »Wolfram ist nicht da. Er ist in der Schule, also, er arbeitet.« Ein panischer Unterton hatte sich in ihre Stimme geschlichen. »Er ist Lehrer, wissen Sie, er ist Oberstudienrat.«

Christian holte tief Luft. »Frau Lebrecht, auf dem Bergfriedhof wurde ein Toter gefunden. Und wir haben leider Grund zu der Annahme, dass es sich um Ihren Mann handelt. Er ist von mehreren Zeugen identifiziert worden. Es tut mir sehr leid!«

Frau Lebrecht sah ihn verständnislos an. »Identifiziert? Sie meinen … Sie wollen sagen, Wolfram ist tot?« Sie schwieg einen Moment. »Mein Gott.« Sie senkte den Blick. »Das ist ja … also, ich …« Abrupt erhob sie sich und ging zur Kaffeemaschine. Sie griff nach der weißen Isolierkanne, trat zum Waschbecken und füllte sie. »Ich mache mal einen Kaffee. Entschuldigen Sie, ich bin ganz durcheinander. Meine Güte!« Ihre Hand zitterte so heftig, dass das Wasser aus der Kanne schwappte. Sophie trat auf sie zu und nahm ihr die Kanne aus der Hand. »Ich mache das schon. Setzen Sie sich lieber noch etwas hin.«

»Nein, das kann ich doch … ich meine, das geht schon … ach Gott! Ja. Der Kaffee steht neben der Maschine. Bitte entschuldigen Sie, ich bin …«

»Sie müssen sich nicht entschuldigen.« Christian führte sie abermals zu einem Stuhl und setzte sich mit ihr an den Tisch. »Können Sie uns ein paar Fragen beantworten? Oder sollen wir lieber später wiederkommen?«

Sophie drückte den Knopf der Kaffeemaschine, die umgehend sanft zu gluckern begann. »Es geht schon«, sagte Frau Lebrecht. »Aber ich muss Ihnen leider sagen, dass es sich um einen Irrtum handelt. Es tut mir leid, dass Sie all diese Umstände hatten, aber mein Mann ist bei der Arbeit. In der Schule. Das hier ist ein Missverständnis.«

Sophie setzte sich auf einen freien Stuhl und warf Christian einen hilflosen Blick zu. Der nahm sie allerdings gar nicht zur Kenntnis, sondern konzentrierte sich auf Frau Lebrecht, die auf die Tischplatte starrte.

»Leider gibt es kaum einen Zweifel«, sagte er. »Ihr Mann ist tot. Allem Anschein nach ist er einem Verbrechen zum Opfer gefallen.«

»Ein Verbrechen? Auf dem Friedhof?« Frau Lebrecht schien einen Moment zu überlegen. »Auf dem Bergfriedhof, sagen Sie? Aber das ist ganz und gar unmöglich. Sie irren sich. Warum sollte Wolfram auf den Bergfriedhof gehen? Wir haben da niemanden. Er hätte da gar nichts verloren. Und ein Verbrechen, das ist … das ist ja vollkommen absurd. Ein Unfall, ja, vielleicht war es ein Unfall. Sicherlich war es ein Unfall.« Sie nickte nachdrücklich und begann umständlich, ihr Kopftuch aufzuknoten. »Entschuldigen Sie«, sagte sie dabei wieder. »Wie sehe ich denn aus? Mein Gott. Aber mit Besuch um diese Zeit, da rechnet man ja nicht. Ich putze gerade, wissen Sie. Ach du meine Güte!« Sie schaffte es, den Knoten zu lösen, und strich sich mit einer Hand abwesend durch das kurze blonde Haar, das von silbrigen Strähnen durchzogen war. Die andere Hand knüllte das Kopftuch zu einem kleinen Ball zusammen.

»Ist Ihnen etwas aufgefallen in letzter Zeit? Hatte Ihr Mann Streit mit jemandem? Hatte er Feinde? Hat er sich vielleicht bedroht gefühlt? Ist irgendetwas vorgefallen, was Ihnen merkwürdig vorkam?«

»Bedroht? Wolfram? Nein! Von wem denn? Er ist doch … Wolfram ist ein anständiger Mensch. Ich weiß gar nicht, was er auf diesem Friedhof gemacht haben soll. Ich verstehe das nicht.« Sie schwieg und wandte ihre Aufmerksamkeit dem Kopftuchball zu. In das Gluckern der Kaffeemaschine mischte sich ein leises Fauchen, als sie die letzten Tropfen in die Kanne spie.

»Wann haben Sie Ihren Mann das letzte Mal gesehen?«, fragte Christian.

»Gestern Abend. So gegen halb neun. Er ist noch mal weg. Ich war gerade beim Bügeln.«

»Wohin ist er gegangen?«

»Ich weiß es nicht«, sagte sie leise.

»Ihr Mann hat also gegen halb neun gestern Abend das Haus verlassen, ohne Ihnen zu sagen, wohin er wollte. Hat er das häufiger getan? Ist er vielleicht spazieren gegangen?«

»Nein.« Frau Lebrecht hob den Blick und sah ihn an. »Wolfram ist nicht spazieren gegangen. Er ist nie spazieren gegangen. Er hat immer wenig Zeit, viel zu tun.« Frau Lebrechts Blick wurde leer und wanderte orientierungslos durch die Küche, bevor er sich wieder an der Tischplatte festsaugte.

»Entschuldigen Sie. Ich weiß, dass das nicht leicht für Sie ist. Aber ich muss diese Fragen stellen. Hatten Sie vielleicht … haben Sie sich vielleicht gestritten? Ist er deshalb noch einmal weggegangen?«

»Nein!« Frau Lebrecht klang empört. »Alles war ganz normal. Ich habe gebügelt. Und er ist dann weggegangen. Wenn ich es richtig bedenke, haben Sie vermutlich recht. Er hat wohl einen Spaziergang gemacht. Er brauchte vielleicht frische Luft. Ich … ich war sehr müde, verstehen Sie? Ich schlafe nicht gut. Ich habe fertig gebügelt, und dann bin ich ins Bett gegangen. Ich hatte eine Tablette genommen. Weil ich nicht gut schlafe sonst.«

»Aber heute Morgen, da haben Sie sich doch sicher gewundert. Als er nicht da war.«

Sie hob den Blick und sah Wörner erstaunt an. »Ja. Nein. Ich meine, ich habe verschlafen. Wegen der Tablette, nehme ich an. Er muss ja früh raus, wissen Sie. Er steht um halb sechs auf. Ich auch, also, normalerweise, ich mache ja das Frühstück, und dann fährt er in die Schule. Ich bin erst um sieben wach geworden. Und da war er schon weg. Und ich musste schnell die Kinder wecken. Aber Elisabeth hatte Temperatur, sie fühlt sich gar nicht gut, und ich war in Sorge deshalb.« Sie sah verzweifelt aus.

Christian holte tief Luft. »Frau Lebrecht, Sie müssen doch aber gesehen haben, ob Ihr Mann in seinem Bett gelegen hat heute Nacht. Ob das Bett benutzt war.«

Frau Lebrecht sah ihn fragend an. Dann hellte sich ihre Miene auf. »Oh, ich verstehe. Ja, natürlich, das können Sie ja nicht wissen, aber er macht sein Bett. Wolfram macht immer gleich nach dem Aufstehen sein Bett. Er hat das bei der Bundeswehr gelernt, er ist da eigen, wissen Sie, ganz akkurat, Ecke auf Kante, das macht er selbst.«

Sie lächelte. Dann schien sie sich darauf zu besinnen, dass es ein Problem gab. »Es tut mir wirklich leid«, hauchte sie. »Ich habe mir keine Gedanken gemacht. Nur ein bisschen, ich … ich dachte, er hat sich sicher geärgert. Weil ich verschlafen habe und kein Frühstück gemacht. Aber dann musste ich mich doch um Elisabeth kümmern. Sie hat Fieber, sie ist krank, und ich musste Johannes in die Schule schicken.«

»Johannes ist Ihr Sohn?«

»Ja. Mein Sohn. Sie sind Zwillinge. Elisabeth und Johannes. Sie sind siebzehn. Elisabeth ist krank. Johannes ist in der Schule.« Es schien Frau Lebrecht zu freuen, eine so klare Tatsache aussprechen zu können.

»Möchten Sie, dass wir anrufen? In der Schule, meine ich?«

»Nein! Nein, auf keinen Fall! Das wäre doch Unsinn, ich meine, was für eine Aufregung. Er kommt ja sowieso bald nach Hause. Ich kümmere mich darum, ich kümmere mich lieber selbst darum.«

»Mama?« Die Küchentür hatte sich geöffnet, und ein Mädchen in rosa Jogginganzug stand im Rahmen. Die langen blonden Haare waren zerwühlt, und ihre Gesichtsfarbe erinnerte an Kalk.

»Mama, was ist denn los? Wer ist das?« Das Mädchen deutete auf Wörner und Sophie.

»Elisabeth!« Frau Lebrecht sprang auf. »Oh Gott. Elisabeth, sei doch nicht so unhöflich. Die Herrschaften sind von der Polizei.«

»Polizei?« Aus Elisabeths Gesicht schwand der letzte Hauch Farbe.

Frau Lebrecht machte keinerlei Anstalten, ihrer Tochter die näheren Umstände des Besuchs zu erklären. Sophie meinte, Christian leise seufzen zu hören, bevor er sich an das Mädchen wandte.

»Es geht um Ihren Vater«, sagte er. »Ich muss Ihnen leider mitteilen, dass Ihr Vater tot ist.«

Elisabeth begann zu schwanken. Christian sprang auf, eilte zu ihr und machte Anstalten, sie aufzufangen. Aber sie fiel nicht. Stattdessen begann sie zu kreischen.

»Elisabeth!«, schrie Frau Lebrecht entsetzt. »Elisabeth, bitte! Sei doch vernünftig!« Sie war aufgesprungen und stand nun stocksteif zwischen Stuhl und Küchentisch, ohne auch nur einen Muskel zu bewegen.

Christian und Sophie tauschten einen Blick. Er versuchte, sich dem schreienden Mädchen zu nähern. Das Kreischen wurde schriller.

»Sie ist krank«, hauchte Frau Lebrecht. »Sie ist doch krank!«, schrie sie dann unvermittelt und erstaunlich laut. Sophie kam es vor, als höre sie das erste Mal tatsächlich die Stimme dieser Frau. Bisher, so bemerkte sie, hatte sie jedes Wort mehr gehaucht als gesprochen.

»Sophie!« Nun brüllte auch Christian, der alle Hände voll zu tun hatte, denn das Mädchen schlug wild um sich. »Einen Arzt! Ruf einen Arzt an, verdammt, muss ich mich denn um alles selbst kümmern?«

3

»Eine Leiche, ach, wie aufregend!« Agathe strahlte übers ganze Gesicht. Die Nachricht vom Leichenfund hatte augenscheinlich ihre eigene Todessehnsucht gründlich erstickt. »Waren Fliegen dran?«

»Kscht!«, machte Britta, obwohl die Cafeteria der Seniorenresidenz, in der sie mit Margot und Agathe saß, menschenleer war. »Hör auf, das ist ja widerlich.«

»Jetzt tu nicht so empfindlich. Erzähl. Erzähl mehr.«

»Was soll ich denn erzählen?«

»Alles. Zier dich doch nicht so. Was weißt du? Wer ist der Mann? Was ist passiert? Lass dir doch nicht jedes Wort aus der Nase ziehen.«

»Ich weiß aber nichts«, gab Britta zurück. »Nicht viel jedenfalls. Er ist von hier, hat hier gewohnt, meine ich. Ein Lehrer, ein anständiger Mann, der nie jemandem etwas zuleide getan hat.«

»Sagt wer?«

»Sagen alle. Also die, mit denen ich mich unterhalten habe. Frau Gerdes aus dem Kurs, die sagt —«

»Oh, verschon mich! Das sind Pilatus-Turner. Yogiisten. Solche Leute kann man doch nicht ernst nehmen mit ihrem esoterischen rosa Chichi-Wellnesskram.«

»Agathe, hör endlich auf damit. Das sind ganz normale Leute. Vernünftige Leute, die auf ihren Körper achten. Glaub mir, du wärst heute besser dran, wenn du dich rechtzeitig um deine Beckenbodenmuskulatur gekümmert hättest.«

»Was soll das denn heißen? Willst du etwa andeuten, dass ich inkontinent bin? Mein Beckenboden ist in allerbester Ordnung, danke der Nachfrage.«

Britta stöhnte und rollte die Augen. Leider bremste das Agathe nicht. »Hast du mich deshalb ins Heim gesteckt? Weil du denkst, dass ich inkontinent bin?«

»Ich habe dich nicht —«, setzte Britta an, aber Margot unterbrach sie mit einer Handbewegung.

»Können wir die Diskussionen über widerwärtige Altersgebrechen und Heimunterbringung vielleicht vertagen? Ich will nichts wissen von euren Beckenböden. Es gibt weiß Gott interessantere Themen im Moment. Also, was sagt deine Yogaschwester, Britta?« Sie warf Louis, der neben ihrem Stuhl lag und sie mit bettelnden Blicken bedachte, ein Stück Käsekuchen zu.

»Sie ist nicht meine Yogaschwester. Das ist ein Pilates-Kurs. Und du sollst dem Hund nichts vom Tisch zu fressen geben, schon gar nicht so ein Zeug.«

»Er ist ein Scheidungshund«, sagte Margot. »Er ist traumatisiert, und er vermisst mich, und es ist mein gutes Recht, ihn ein bisschen zu verwöhnen.«

»Scheidungshund? Wir sind nicht geschieden, Margot, das ist doch —«

»Britta!« Margot schlug mit der Faust auf den Tisch. »Jetzt reiß dich zusammen! Erzähl jetzt, verdammt. Und wenn du fertig bist, können wir in aller Ruhe zanken, okay?«

Britta fügte sich. »Es gibt wirklich nicht viel zu erzählen.« Sie dachte an das lange Gespräch, das sie mit ihren Kursteilnehmern geführt hatte. Die sehr verständnisvoll auf ihre Verspätung reagiert hatten, als sie ihre Entschuldigung hörten. Sich äußerst interessiert gezeigt hatten. Sie dachte daran, wie empfindlich Christian war, wenn es um das ging, was er Weitergabe von Informationen in einer laufenden Mordermittlung nannte. Aber Christian war ein Idiot, und sie, Britta, hatte sich nichts vorzuwerfen. Sie hatte schließlich keine Staatsgeheimnisse verraten, sondern lediglich ihre Verspätung erklärt. Ein paar interessierte Fragen beantwortet. Sich angehört, was die Leute so zu erzählen hatten. Wie man das eben macht, wenn man weiß, was sich gehört.

Anders als ihr feiner Herr Lebensgefährte, der es für völlig normal zu halten schien, sie auf diese Art und Weise zusammenzutauchen. Vor allen Leuten. Vor dieser Sophie, ausgerechnet. Und das, obwohl sie getan hatte, was sie konnte. Obwohl sie unter Schock stand, Mitgefühl verdiente. Trost und Lob, weil sie so tapfer war. Die Art Zuspruch, mit denen die Pilates-Damen nicht geizten. Sie waren rührend besorgt um Britta, wollten jedes

Detail hören. Details, die sich ohnehin herumsprechen würden, ohne jeden Zweifel.

»Diese Frau Hecker«, sagte sie also, »die wohnt gegenüber vom Friedhof, unten in der Gregor-Mendel Straße. Sie hat etwas gesehen. Mitten in der Nacht. Sie war sehr aufgebracht natürlich, ganz außer sich.«

Sie griff nach ihrer Tasse, trank einen Schluck Milchkaffee.

»Eine Augenzeugin?« Agathe ruckelte mit der Zunge ihr Gebiss zurecht. »Das ist natürlich interessant. Was hat sie denn genau gesehen?«

»Keine Ahnung. Den Mörder, nehme ich an, aber ich weiß es nicht.«

»Und der Typ? Der Tote, meine ich. Was war das für einer?«

»Verheiratet, zwei Kinder im Teenageralter«, gab Britta brav Auskunft. »Mitglied im Kirchenvorstand, engagiert in der Gemeinde, politisch aktiv. Ein bisschen überkorrekt wohl, eher konservativ, streng«, fasste sie knapp zusammen. »Alles in allem das Muster des respektablen Menschen.«

»Und dann noch Lehrer. Das sind die Schlimmsten«, behauptete Agathe.

»Du musst es ja wissen«, murmelte Britta.

»Sie hat recht«, sagte Margot. »Also, wenn du mich fragst …«

»Ich frage dich aber nicht.«

»Aber ich frage mich. Und Agathe fragt mich. Und Agathe fragt sicherlich auch sich. So ist das nämlich, wenn man einen wachen Verstand hat. Ein scharfes Auge. Wenn man sich interessiert für die Welt.«

»Ganz sicher, wenn man im Heim hockt«, bestätigte Agathe. »Da hungert man nach dem echten Leben. Nach Aufregung, sogar nach Mord und Totschlag. Und das wüsstest du, wenn du manchmal über den Tellerrand deiner Duftkerzen-Pilatus-Kuscheldecken-Welt schauen würdest.«

»Wolltest du nicht sterben?«, erkundigte sich Britta ungnädig.

»Jedenfalls ist völlig klar, wo wir ansetzen«, tönte Margot. »Der Weg zum Täter führt immer über das Opfer.«

Britta rollte die Augen. »Bitte!«, sagte sie. »Bitte, Margot, nicht schon wieder. Du hast gesagt, du willst es dir jetzt mal richtig gut gehen lassen. Deine Abfindung verjuxen, dich orientieren, erholen, nichts tun. Kannst du nicht einfach mal erwachsen werden?«

»Das eilt nicht. Dafür habe ich später noch genug Zeit. So ein Fall kommt mir gerade recht, weißt du? Offiziell bin ich nämlich arbeitssuchend. Und ich glaube, ich habe gerade einen Job gefunden.« Margot lächelte zufrieden. »Und bevor du jetzt wieder loslegst – vergiss es einfach. Du kannst dir jedes Wort sparen. Eine Nummer zu groß, blabla, ernste Geschichte, weil Mord, blabla, Sache der Polizei, blabla, und Wörner wird sauer sein –«

»Wörner ist mir scheißegal!«, behauptete Britta. »Wörner kann mich mal!«

»Oh, schmeißt du ihn raus?« Agathe klang hoffnungsvoll. »Wenn du ihn rausschmeißt, dann zieh ich zu dir. Du kannst dir von deinem Turnlehrerinnengehalt die Wohnung allein nicht leisten. Und im Unterschied zu anderen Leuten habe ich Familiensinn.«

»Ich bin nicht deine Familie, wir sind nicht mal verwandt.«

»Unglücklicherweise nicht. Sonst hättest du vielleicht ein paar gute Gene und wärst nicht immer so kleinlich und pedantisch und herzlos und unpraktisch.«

»Es wäre total blöd, wenn sie ihn jetzt rausschmeißt«, mischte sich Margot ein. »Wir brauchen ihn doch, wir brauchen eine Quelle bei der Polizei.«

»So betrachtet hast du natürlich recht.« Agathe nickte langsam. »So betrachtet ergibt sogar mein verpfuschtes Schicksal plötzlich · Sinn. Die ganzen alten Sabbergesichter hier, die wissen vielleicht mehr, als Wörner in tausend Jahren rausfindet. Vielleicht erwisch ich mal eine von diesen Gutmenschinnen, die ständig hier rumlungern und mit mir Brettspiele spielen wollen. Wer seine Freizeit mit so einem Mist vergeudet, der hat garantiert ein leeres und ödes Leben. An solchen Leuten geht kein Tratsch und Klatsch vorbei.«

»Agathe, du bist wirklich derart undankbar«, begehrte Britta auf, aber Margot unterbrach sie rüde.

»Ich sehe, wir verstehen uns«, sagte sie zu Agathe und lächelte zufrieden.

Zu ihrer Überraschung fühlte sich Brittas Unmut angesichts der idiotischen Pläne ein bisschen bemüht an. Zu reizvoll war die Vorstellung, Agathe beschäftigt zu wissen. Ein paar Tage, Wochen womöglich, in denen keine Anrufe der Residenz sie erreichten und ihr Eingreifen forderten. Kein Totenbett-Terror. Vermutlich würde sich auch die Häufigkeit von Margots Anrufen ein wenig verringern. Und außerdem war der Gedanke, wie Christian das, was sich hier gerade anbahnte, finden würde, fast belebend. Abgesehen davon fühlte sie sich im Moment schlicht zu erschöpft, um sich über Dinge aufzuregen, die sie ohnehin nicht ändern konnte.

★★★

Barbara Lebrecht polierte das Fenster. Ab und zu hielt sie inne und lauschte in die Stille des Hauses. Elisabeth schien tief und fest zu schlafen. Dankbar dachte sie an Dr. Linger und die Spritze. Das arme Kind! Das war einfach zu viel für sie. Die Frage, was sie tun sollte, wenn ihre Tochter aufwachte, versuchte hartnäckig, sich in ihr Bewusstsein zu drängen. Barbara polierte sie eifrig beiseite. Man würde sehen. Alles würde sich finden.

Sie hörte einen Schlüssel im Schloss. Ihre Schultern verkrampften sich. Einige Minuten später betrat Johannes die Küche. Wie gewohnt trug er Schwarz, Jeans und ein labberiges Hemd, das schlampig über seine mageren Hüften hing. Sein Schädel schimmerte weißlich unter den dunklen Stoppeln auf seiner Kopfhaut. Nicht schön, aber besser als die Glatze, die er sich so gern rasierte.

Er warf ihr einen abschätzigen Blick zu.

»Was machst du denn schon hier?« Sie starrte ihn an. Seine Augen waren rot unterlaufen, und der schwarze Kajalstrich, den er aufgetragen hatte, verlieh seinem Blick etwas Unheimliches. Barbara fragte sich, ob ihr Sohn geschlafen hatte in der letzten Nacht. Langsam stieg sie von der Trittleiter, obwohl ihre Beine nicht recht wollten.

»Ich komme nach Hause, entschuldige bitte«, fauchte ihr Sohn. »Tut mir leid, wenn ich deinen Putzplan durcheinanderbringe! Was glotzt du mich so an? Ist was?«

»Du hast Montag bis vier Schule. Es ist erst zwei.«

»Na hoppla! Da habe ich mich wohl vertan.« Er grinste. »Aber du wirst dich ja sicher erinnern, dass ich ein vollkommen missratenes Kind bin. Wo ist Elisabeth?«

»Elisabeth ist … sie schläft …« Barbara wandte den Blick von ihrem Sohn ab und richtete ihn auf das Fenster. Sie blinzelte ins Sonnenlicht, das vom Garten in die Küche fiel, und erkannte Schlieren, die der Lappen hinterlassen hatte. Die starrte sie an, als hätte sie noch nie etwas Derartiges gesehen.

»Ist sie oben?« Johannes machte Anstalten, die Küche zu verlassen.

»Johannes, warte!« Barbaras Schultern schmerzten. Sie zwang sich, den Kopf zu drehen und ihren Sohn anzusehen.

»Was?«

»Du kannst jetzt nicht zu ihr. Sie schläft. Dr. Linger hat ihr eine Spritze gegeben.«

»Eine Spritze?« Er musterte sie, als warte er auf etwas. Sie verspürte den Drang, einfach wegzulaufen. Hinaus aus dieser Küche, hinaus aus diesem Haus. Irgendetwas war falsch, ganz entsetzlich falsch. Aber sie konnte nicht weg. Sie musste mit ihm reden. Mit ihrem Sohn.

»Es ist etwas passiert.« Sie war überrascht, dass ihre Stimme fest klang, obwohl die Kehle schmerzte. »Dein Vater, er …« Sie brach ab, schluckte. Johannes sah sie immer noch unverwandt an.

»Was ist mit meinem Vater?« Höhnisch.

Sie wünschte, sein Ton wäre nicht so höhnisch.

»Er ist tot.« Nun versagte die Stimme doch. Sie zwang sich, ihren Blick nicht von seinem Gesicht zu wenden. Wartete auf eine Regung. Vergeblich.

»Das ist wirklich eine Neuigkeit«, sagte er nach einigen Sekunden, die ihr wie eine Ewigkeit vorkamen.

Ihre Nerven ließen sie im Stich. »Johannes!«, kreischte sie. »Er ist dein Vater! Er ist nicht mehr! Tot, verstehst du? Er ist tot!«

»Ich habe dich gehört. Und? Was erwartest du von mir? Soll ich in Tränen ausbrechen?«

»Er ist doch dein Vater«, wiederholte sie. Zu ihrer Erleichterung bemerkte sie, dass etwas schimmerte in seinen Augen. Sie beschloss, es für Tränen zu halten.

»Verdammte Scheiße, wie könnte ich das wohl vergessen?« Er sprach leise, fixierte sie mit seinem Blick. »Mein Vater, meine Mutter, ja, ich hatte das irgendwo notiert. Dann haben wir das ja geklärt. Dann kannst du ja schön weiter deine Fenster putzen. Das ist sicher Trauerarbeit in seinem Sinne.«

Abermals überwältigte Barbara das Gefühl der Falschheit. »Johannes«, wimmerte sie und trat einen Schritt vor. Sie streckte die Arme nach ihm aus.

»Scheiße.« Er ignorierte die Geste. »Was ist mit Elisabeth? Was soll das mit der Spritze?« Da war wieder dieser lauernde Ton, den Barbara nicht verstand. Und den sie nicht verstehen wollte.

»Sie hat es furchtbar schwer genommen«, erwiderte sie mechanisch.

»Was hat sie gesagt?«

»Nichts, ich meine, sie ist völlig zusammengebrochen. Sie braucht Ruhe. Dr. Linger war da und hat ihr etwas gegeben, damit sie sich beruhigt. Damit sie schlafen kann, lass sie schlafen, hörst du, bitte lass sie einfach schlafen. Es kommt noch genug auf sie zu. Auf uns. Es sieht so aus, als hätte ihn jemand umgebracht. Verstehst du? Du musst dich zusammennehmen. Wir alle müssen das.«

Er lachte hässlich. »Natürlich. Sicher. Ja, Mama. Wir müssen uns alle sehr zusammennehmen. Die ordentlich trauernde Familie geben. Was sollen die Leute sonst denken?«

»Johannes, es geht um Mord! Die Polizisten werden wiederkommen. Sie werden mit dir reden. Und wenn du dich so aufführst, wenn du … Versteh doch, sie könnten denken —«

»Ja, sie könnten denken. Und weißt du was? Ich könnte kotzen.« Er drehte sich um und stürmte aus der Küche.

Barbara Lebrecht ging zurück zur Trittleiter. Sie setzte sich auf die unterste Sprosse und ließ ihr Gesicht in die Hände sinken. Zum ersten Mal an diesem Tag weinte sie.

***

»Da sind Sie ja endlich.« Frau Hecker wirkte erleichtert. »Kommen Sie, kommen Sie rein.«

Natürlich war Margot klar, dass es sich hier möglicherweise um ein Missverständnis handelte. Eines, das Wörner, der hinsichtlich der Befugnisse privater Ermittler ein wenig kleinlich war, möglicherweise dazu bringen würde, Gift und Galle zu spucken. Andererseits galt es beim Ermitteln immer, Gelegenheiten beim Schopfe zu packen. Offen für alles musste man sein, Dinge auf sich zukommen lassen. Und wissen, wann man besser den Mund hielt. Sie lächelte also freundlich und folgte Frau Heckers einladender Geste.

»Darf ich Ihnen etwas anbieten, Frau … äh …« Edith Hecker sah Margot fragend an.

»Pütz«, sagte sie. »Entschuldigen Sie, Margot Pütz ist mein Name.«

»Sehr schön, ja, also – Frau Pütz, Sie trinken doch gewiss einen Kaffee, nicht wahr? Der müsste gleich durch sein. Oder vielleicht etwas Stärkeres. Ein Schnäpschen vielleicht? Ach, nein, ach, entschuldigen Sie, Sie sind ja im Dienst, da dürfen Sie ja nicht …«

»Ein Kaffee wäre ganz wunderbar.« Margot lächelte sie an.

»Kommt sofort, ich bin gleich wieder bei Ihnen.«

Margot nutzte ihre Abwesenheit, um sich im Wohnzimmer umzusehen. Umhäkelte Kissen auf einem großen, mit altrosa Samt bezogenen Sofa. Eine mächtige Schrankwand, Regale mit Bücherreihen. Krimis überwiegend, kuschelige britische Landhaus-Kriminalität Seite an Seite mit harter Serienkiller-Kost. Davor standen gerahmte Fotografien, die Kinder verschiedenen Alters in verschiedenen Jahrzehnten zeigten, Schultüten und zahnlückiges Strahlen, erste Fahrräder und Sandeimer an Stränden. Auf der Fensterbank blühten prächtige Orchideen, die Gardinen waren blütenweiß.

»Ich hatte Sie eigentlich früher erwartet.« Frau Hecker kehrte mit einem Tablett zurück. Sie schenkte Kaffee ein.

»Es gibt eine Menge zu tun«, improvisierte Margot. »In einem Mordfall gehen wir natürlich äußerst gründlich und gewissenhaft vor.«

»Natürlich.« Frau Hecker nickte mit ernster Miene. Dann stahl sich ein Grinsen auf ihr Gesicht. »Die Markwart ist stinksauer, weil Ihre Kollegen ihr die Kleider abgenommen haben. Ich hab ihr einen Morgenmantel geborgt, für den Heimweg. Ich hätte ihr natürlich auch etwas anderes gegeben, aber sie ist leider zu dick, ihr hat sonst nichts gepasst.«

Obwohl Margot keine Ahnung hatte, von was oder wem sie da sprach, erwiderte sie das Grinsen. Der Kaffee duftete himmlisch. Sie trank einen Schluck.

»Was wollen Sie denn wissen?«, erkundigte sich Frau Hecker derweil.

»Alles«, sagte Margot. »Erzählen Sie einfach, was Sie beobachtet haben letzte Nacht.«

»Oh, ich kann Ihnen gar nicht sagen, wie unangenehm mir das ist.« Die alte Dame sah Margot unglücklich an. »Was ist nur in mich gefahren? Da mache ich eine Beobachtung, *so* eine Beobachtung, und rufe nicht die Polizei. Ich war einfach durcheinander. Ich habe meinen eigenen Sinnen nicht getraut.«

Sie verzog die Stirn in kummervolle Falten. »Da war jemand auf dem Friedhof.« Sie sprach langsam, ruhig, als konzentriere sie sich mit aller Macht. »Eine dunkle Gestalt, ja, ich kann es nicht anders sagen. Es hat geregnet, es war finster, da waren nur die Blitze. Es war unheimlich. Nicht, dass ich mich vor Gewitter fürchte, aber … ich wollte mir ein Glas Wasser holen. Die Küche liegt ja nach vorn raus. Ich hab zufällig aus dem Fenster gesehen, da war dieser Blitz, und da stand er. Er hatte eine Kapuze auf, hatte beide Hände zum Himmel gestreckt. Man sieht ja nicht so gut, die Bäume, die Blätter, und ohne die Blitze wäre mir sicher gar nichts aufgefallen. Und ich dachte … wissen Sie, ich lese gerade dieses Buch, ich hab vor dem Einschlafen gelesen, und ich dachte, jetzt geht die Phantasie mit mir durch. Ich habe nicht mal gründlich geschaut, ich hab mich einfach erschreckt und so schnell wie möglich im Bett verkrochen. Gott, das ist mir wirklich derart unangenehm.«

»Das muss es nicht, Frau Hecker, das muss es nicht«, tröstete Margot. »Für uns ist nur wichtig, dass Sie versuchen, sich genau an das zu erinnern, was Sie gesehen haben.«

»Es war ein Mann«, sagte Frau Hecker. »Ich bin ziemlich sicher, dass es ein Mann war. Er trug so einen Pullover, schwarz, wahrscheinlich schwarz, dunkel jedenfalls und viel zu groß, so lang und weit und mit einer Kapuze. Unheimlich sah das aus. Allerdings … wenn ich es recht überlege, jetzt, dann könnte es natürlich auch eine Frau gewesen sein. Wegen des Pullovers, in so einem Pullover sehen alle gleich aus. Oh, sehen Sie? Ich bin eine schreckliche alte Schachtel. Ich bin Ihnen überhaupt gar keine Hilfe.«

»Alles hilft«, sprach Margot geduldig. »Konnten Sie noch etwas erkennen? Außer dem Kapuzenpulli?«

»Er hatte etwas in der Hand. Wenn es ein Mann war, meine ich. Ich konnte nicht erkennen, was. Etwas Großes, das hat er hochgehoben, zum Himmel. Es war unheimlich. Aber es ist ja auch ein gutes Stück, es war ja relativ weit weg und nur ein kurzer Blitz, und es hat geregnet wie aus Eimern.«

»Und wissen Sie ungefähr, wann das war?«

Frau Heckers Gesicht hellte sich auf. »Drei Uhr zwei«, erklärte sie glücklich.

»Sind Sie sicher?«

»Ja. Ganz sicher. Ich habe so eine Funkuhr in der Küche, die hat mir meine Enkelin zum Geburtstag geschenkt. Kennen Sie diese Geräte? Sie gehen immer richtig, das ist ganz faszinierend. Sie stellen auch allein die Zeit um, Sommerzeit und Winterzeit. Es ist wirklich eine schöne Uhr, mit Leuchtziffern, und ich habe draufgeschaut, bevor ich aus dem Fenster gesehen habe. Ich mache kein Licht, wissen Sie, wenn ich nachts mal rausmuss. Ich wohne schon so lange hier, ich finde mich auch im Dunkeln zurecht.«

Sie schwieg einen Moment und lächelte, bevor sich ihre Miene erneut trübte. »Gott, das ist alles furchtbar. Ich bin eine so dumme alte Gans. Ich bin ins Bett wie gehetzt. Ich bin nicht mal auf die Idee gekommen, dass das real sein könnte, verstehen Sie? Hätte ich doch direkt die Polizei angerufen, statt mich wie eine hysterische alte Gans aufzuführen, hätte ich richtig reagiert, vielleicht wäre der arme Herr Lebrecht noch am Leben.«

»Das glaube ich nicht«, widersprach Margot eilig. »Machen

Sie sich darüber keine Gedanken. Kannten Sie ihn? Herrn Lebrecht?«

»Flüchtig. Ich habe ihn natürlich in der Kirche getroffen, ihn mit seiner Frau und der Tochter. Hübsches Mädchen, sehr wohlerzogen, die ist ganz aktiv bei den Messdienern, soweit ich weiß. Und beim Weihnachtsbasar helfen die auch immer mit. Eine nette Familie, grüßen immer sehr freundlich. Die Frau ist ein bisschen schüchtern, glaube ich, die sagt nicht so viel. Oh, es muss furchtbar für sie sein.«

Frau Hecker untermauerte diese Theorie mit einem tiefen Seufzer. »Soll ich uns noch einen Kaffee aufsetzen?«, besann sie sich dann auf ihre Gastgeberpflichten. »Trinken Sie noch eine Tasse?«

»Eigentlich gern, wirklich, aber ich fürchte, ich muss los.« Margot erhob sich. »Eine Frage hätte ich noch. Können Sie mir vielleicht sagen, wer etwas besser bekannt war mit Herrn Lebrecht? Ich würde gerne etwas mehr über ihn erfahren, ohne seine Frau zu belästigen.«

»Ja, die arme Frau«, seufzte Frau Hecker. »Ich weiß, wie das ist. Dabei ist mein Hermann ganz friedlich eingeschlafen ... aber das tut ja nichts zur Sache, entschuldigen Sie. Ich weiß gar nicht recht ... Vielleicht der Kaplan. Versuchen Sie es mal beim Kaplan. Herr Lebrecht war ja im Kirchenvorstand. Er kennt ihn sicher besser, auch die Familie, sie sind ja alle sehr engagiert, also, außer dem Jungen. Der Junge ist wohl ein bisschen schwierig. Ist ja so in diesem Alter bei Jungs, meiner hatte auch so seine Phasen ...«

Ihr Blick wanderte zu einem der Bilder, auf dem ein properer Bub strahlend eine Schultüte in die Kamera reckte. Sie lächelte versonnen, besann sich dann aber wieder aufs Thema. »Jedenfalls kann der Kaplan Ihnen sicher weiterhelfen. Er wohnt nicht weit von hier. Warten Sie, ich schreibe Ihnen seine Nummer auf.«

4

Niklas Birkner schloss die Haustür auf und betrat den Flur. Noch bevor er seine Schultasche wie gewohnt in die Ecke geknallt hatte, kam seine Mutter aus der Küche. In der Hand hielt sie das schnurlose Telefon. Ihr Gesichtsausdruck verhieß nichts Gutes.

Eilig ging er im Geiste die vergangenen Tage durch. Fand keine nennenswerten Sünden und Versäumnisse, von denen sie hätte wissen können.

Sie streckte die Arme nach ihm aus. »Komm her«, sagte sie. Ihre Stimme klang brüchig.

Er zögerte, tat dann aber wie ihm geheißen. Sie umarmte und drückte ihn. Sie roch nach Kreide und kleinen Kindern. Sie roch immer so. Auch wenn sie frisch geduscht war, auch mitten in den Ferien hatte sie diesen typischen Grundschullehrerinnenduft. Früher hatte Niklas den Geruch gemocht. Aber in letzter Zeit fand er ihn irgendwie unangenehm. Er wusste nicht, warum das so war. Er dachte nicht wirklich darüber nach.

Sie schien zu spüren, dass er sich unwohl fühlte, und ließ ihn los. »Alles in Ordnung mit dir?« Sie sah ihn an. »Jetzt komm erst mal, komm erst mal rein.«

Niklas spürte, wie eine leise Angst in ihm hochkroch. »Was ist denn los?« Sie war sonst nicht so. Zum Glück war sie sonst nicht so. »Ist was mit Oma?«

»Du weißt es noch nicht?« Sie seufzte. »Oh Gott. Komm … Das Essen ist fertig.«

Sie ging in die Küche, dicht gefolgt von Niklas. »Ich hab Hackbraten gemacht.«

»Was ist passiert? Mama, was ist los?«

»Ich dachte, du wüsstest es. Ich … ich wollte nicht …«

»Jetzt sag es doch einfach!« Niklas ließ sich auf einen der Barhocker fallen, die an dem hohen Küchentresen standen. Er versuchte, die Angst zu kontrollieren. »Ist was mit Papa?«

»Nein! Himmel, nein. Es ist … Johannes' Vater. Er ist tot.«

»Was?« Niklas' Gehirn brauchte einen Moment, um den Inhalt ihrer Worte zu verarbeiten.

»Sie haben ihn heute Morgen gefunden. Frau Hecker, meine ich, weißt du, diese eine Freundin von Oma … ach, egal, sie war auf dem Friedhof und … Jemand hat ihn erschlagen. Ich kann das gar nicht glauben. Ich dachte, du wüsstest es schon.«

»Woher sollte ich das wohl wissen?« Niklas' Ton war unfreundlich, unfreundlicher, als er wollte. Aber er konnte nichts dagegen tun. Das passierte immer, wenn er durcheinander war, wenn es arbeitete in seinem Kopf und ihn jemand beim Denken störte. Seine Mutter meistens.

»Ich dachte, in der Schule … Sie werden Johannes doch benachrichtigt haben.«

»Nein«, sagte Niklas. »Keine Ahnung. Er war irgendwann weg, Johannes, nach der Vierten. Aber ich dachte …«

»Du dachtest, er schwänzt wieder?« Seine Mutter seufzte tief.

»Ist doch egal, was ich dachte.« Niklas starrte auf das Blumenmuster des Tellers, den seine Mutter vor ihn gestellt hatte. Sie öffnete den Ofen und zog den Hackbraten heraus.

»Jemand hat ihn umgebracht?« Er hoffte, dass es helfen würde. Das auszusprechen. Es half nicht.

»Das sagen alle. Die Polizei war da, natürlich. Ich kann es gar nicht fassen.«

Sie hielt einen Moment inne. Die Form mit dem Hackbraten in den Händen, die in dicken Topfhandschuhen steckten, sah sie ihn an. Dann trat sie zur Anrichte und stürzte den Braten auf eine Platte, die bereitstand. »Die armen Kinder. Die arme Frau. So ein Schock, so ein Verlust … Willst du hier essen? Oder sollen wir rüber ins Esszimmer gehen?«

»Du kannst sie nicht ausstehen«, sagte er. »Mama, du kannst Frau Lebrecht nicht leiden. Und ihn mochtest du auch nicht. Und Johannes gleich gar nicht.«

»Das stimmt doch gar nicht«, protestierte sie. »Das ist doch nicht wahr!«

Niklas verstand, dass sie so reagierte. So war das, wenn etwas Furchtbares passierte. Es war nicht zugelassen, jemanden, dem so etwas zustieß, nicht zu mögen. Man heuchelte, alle taten das, es gehörte sich wohl so. Es kotzte ihn trotzdem an.

»Ich soll mich fernhalten von ihm«, sagte er, wusste nicht recht, warum er ausgerechnet jetzt darauf herumreiten musste. »Du und Papa – ihr habt gesagt, dass ich mich von Johannes fernhalten soll.« Ihm war klar, dass das keine Rolle spielte. Aber er konnte nicht anders.

Seine Mutter seufzte und stocherte mit dem Löffel in der Kartoffelschüssel herum. »Ja, sicher, aber das eine hat doch mit dem anderen nichts zu tun. Was erwartest du denn von uns? Johannes ist … es ist offensichtlich, dass er … es ist nun mal unsere Aufgabe … aber darum geht es doch jetzt wirklich nicht.«

»Er ist mein Freund.« Niklas sprang vom Hocker. »Seit dem Kindergarten ist er mein Freund. Und du konntest ihn noch nie leiden. Du hast schon immer versucht, uns auseinanderzubringen. Du musst jetzt nicht so tun, als täte er dir furchtbar leid.«

»Niklas, bitte, jetzt setz dich wieder. Das ist doch Unsinn. Ich bestreite ja gar nicht … er war immer ein merkwürdiges Kind. Aber das ist doch nicht wichtig, es ist jetzt wirklich nicht der richtige Zeitpunkt …«

»Woher weißt du bloß immer, wann der richtige Zeitpunkt für irgendwas ist?« Niklas spürte, wie ein Klumpen in seinem Hals wuchs.

»Hör auf, mein Schatz«, sagte sie. »Wir wollen nicht streiten, nicht jetzt. Ich kann doch verstehen, wie du dich fühlst.«

»Gar nichts verstehst du!«, brüllte Niklas. Er wollte streiten. Komischerweise wollte er in diesem Moment unbedingt mit seiner Mutter streiten. Sein Hals tat weh. »Ich gehe in mein Zimmer. Ich habe keinen Hunger.« Damit stürmte er aus dem Raum, die Treppe hinauf und schloss seine Zimmertür hinter sich ab. Er warf sich aufs Bett und versuchte vergeblich, die Tränen zurückzuhalten.

Unten hörte er seine Mutter aufgeregt reden. Sie telefonierte. Vermutlich mit seinem Vater, dachte Niklas. Sie ruft ihn an, und er versichert ihr, dass das eine Phase ist. Dass Jungs so sind in der Pubertät. Dann versichern sie sich gegenseitig, dass alles in Ordnung ist oder kommt, dass sie schon alles richtig machten mit ihrem widerlichen Verständnis, obwohl sie in Wirklichkeit gar nichts verstanden. Er griff nach seinem iPod, drehte die Lautstärke auf. Bis es nicht mehr ging.

★★★

Christian Wörner saß im »Kleinen Caféhaus« und ließ missmutig den Blick zwischen dem Milchkaffee, der in den großen Tassen immer kälter wurde, und Sophie Lange schweifen, die draußen vor dem Fenster stand, sich ein Ohr zuhielt und telefonierte. Was für ein Tag! Er griff nach dem belegten Brötchen, biss zornig hinein.

Es war nicht dieser Mord. Es gab Schöneres als einen Mord, natürlich, aber das war nun einmal sein Beruf. Das gehört zu seinem Leben, dem er sich grundsätzlich durchaus gewachsen fühlte. Er kam ausgezeichnet zurecht, alles in allem. Wäre da nicht dieser Faktor gewesen, der ihn zunehmend verwirrte und anstrengte.

Frauen! Christian hatte nichts gegen Frauen. Ganz im Gegenteil. Er mochte Frauen. Britta vor allem, aber auch andere Frauen. Sophie zum Beispiel, eigentlich mochte er Sophie. Eine umgängliche, eifrige und hilfsbereite Person war das, außerdem ausgesprochen hübsch anzusehen.

Aber auch Sophie schien diese Phasen zu haben. Auch sie trug heute dazu bei, dass Christian den Verdacht hatte, dass der liebe Herrgott Frauen allein zu dem Zweck geschaffen hatte, sein Leben kompliziert und unübersichtlich zu machen. Warum sonst hätte er sie mit so hochkomplexen inneren Schaltsätzen ausgestattet? Emotionalen Gemengelagen, denen man mit Logik und Gradlinigkeit nicht beikommen konnte?

Er dachte an Britta, die Szene auf dem Friedhof. Das war nicht schön gewesen. Und trotzdem fast wohltuend im Vergleich zum Morgen. Der Friedhof war eine klare Sache. Britta hatte Mist gebaut. Er hatte sie angemeckert. Weil sie das nicht mochte, war sie sauer geworden. Vielleicht hatte sie ein bisschen überreagiert, aber das war in Ordnung. Damit konnte er umgehen, das verstand er, denn Ursache und Wirkung waren logisch verknüpft.

Ganz anders als bei der Lakritz-Sache beim Frühstück. Bei der es natürlich nicht wirklich um Lakritz gegangen war, das begriff selbst ein Klotz wie er. Leider entzog sich seinem Verständnis, worum es eben sonst gegangen war. Und eigentlich hatte er nicht mal Lust, darüber nachzudenken.

Ihm war klar, dass Britta gestresst war. Diese neue Selbstständigkeit forderte sie zeitlich und nervlich, sie hatte zu viele Termine. Außerdem setzten ihr Agathe und Margot zu. Das war keine Überraschung, damit war zu rechnen gewesen. Die beiden verübelten ihr, dass sie mit ihm zusammengezogen war, die skurrile Lebensgemeinschaft der irren Weiber verlassen hatte. Er persönlich war froh, dass sie das getan hatte. Daher bereit, seinen Teil der Verantwortung zu tragen. Er unterstützte seine Partnerin nach Kräften, so wie es sich gehörte in einer reifen, erwachsenen Beziehung. Er gab sich wirklich Mühe. Und machte seine Sache gut, vorbildlich gar. Und dann kam sie mit so einem Lakritz-Kram. Herrgott!

Er seufzte leise. Erinnerte sich daran, dass er diese Frau liebte. Es war schön, mit ihr zusammenzuwohnen. Schön und manchmal ein bisschen anstrengend. Aber das war sicher normal in Langzeitbeziehungen. Wenn man eine Wohnung teilte.

Und darum hatte er sich ein bisschen aufs Büro gefreut heute Morgen. Auf Sophie. Auch eine Frau, ja. Eine, die sich aus nachvollziehbaren Gründen anfänglich auf die falsche Art für ihn interessiert hatte. Und hätte es da nicht schon Britta gegeben in seinem Leben, es wäre sogar möglicherweise etwas geworden aus Sophie und ihm. Aber es war, wie es war. Sie hatten darüber geredet. Er hatte die Sache geklärt, und Sophie hatte völlig vernünftig und einsichtig gewirkt. Freundschaftliche Kollegialität, da waren sie sich einig gewesen.

Als er sie heute Morgen da sitzen gesehen hatte, hatte ihn deshalb fast der Schlag getroffen. Fleischgewordener Vorwurf mit strähnigen Haaren, bleichem Gesicht und in Klamotten, die sie offenbar aus einem Altkleidercontainer gezogen hatte. Und dann dieses verkrampfte Gespräch! Wäre es nicht völlig absurd gewesen, Christian hätte schwören können, dass Sophie beleidigt war, dass er sie nicht gebeten hatte, beim Umzug zu helfen.

Dazu die komische Frage nach Britta, das aufgesetzte Interesse für etwas Lächerliches wie Pilates. Irritierend und befremdlich. Am schlimmsten war allerdings, dass all das im Grunde nur einen Schluss zuließ. Sie war, egal, was sie sagte, eben nicht über ihn hinweg, empfand eindeutig mehr als kollegiale Freundschaft.

In gewisser Hinsicht konnte er das ja verstehen. Natürlich schmeichelte es ihm auch ein bisschen. Aber unterm Strich ging das so nicht. Es reichte ihm, es reichte ihm wirklich mit den Weibern im Speziellen und im Allgemeinen. Mit diesem ständigen Gefühl, alles falsch zu machen und sich für irgendetwas entschuldigen zu müssen. Er war für so etwas nicht gemacht. Er war ein Kerl, verdammt. Das war doch kein Verbrechen!

Verbrechen, dachte er. Genau. Das war es, worauf er sich konzentrieren musste. Das auf dem Friedhof, das war ein Verbrechen. Und auch Britta musste einsehen, dass es sein Beruf war, die Sache aufzuklären. Dass es nicht half, wenn sie öffentlich seine Autorität auf diese Weise untergrub.

Gar nicht zu reden von Margot. Noch immer konnte er nicht fassen, was sie getan hatte. Dass sie wieder mit dem albernen Privatermittlerinnen-Ding kam, überraschte ihn ja nicht einmal. Aber der Besuch bei der Zeugin Hecker war kein Kavaliersdelikt. Das war Amtsanmaßung. Sie würde sich und möglicherweise auch Christian in Teufels Küche bringen. Eine Mordermittlung war schließlich kein Spielplatz für gelangweilte, arbeitslose Hauswirtschafterinnen.

»Alles in Ordnung?«

Er zuckte zusammen. Sophie, die ihr Telefonat wohl beendet hatte, setzte sich und griff nach der Tasse. Sie trank einen Schluck, verzog das Gesicht.

»Alles bestens. Wieso?«

»Du guckst so.«

Ah ja. Na toll. So typisch! Du guckst so. *So!* Was sollte das heißen? Durfte er nicht gucken, wie er wollte? Er biss die Zähne aufeinander, schluckte die Wut weit genug hinunter, um sich auf die Sache konzentrieren zu können.

»Was haben wir?«

»Nicht viel. Todeszeitpunkt ungefähr zwischen zehn am

Abend und zwei in der Nacht. Natürlich vorläufig und ohne Gewähr. Genaueres nach der Obduktion. Multiples Schädeltrauma, verursacht durch Schläge auf den Hinterkopf mit einem schweren, stumpfen Gegenstand. Die Kollegen haben einen Spaten im Gebüsch gefunden, das könnte die Tatwaffe sein. Wird auf Blutanhaftungen untersucht. Ansonsten haben wir eine miserable Spurenlage, der Regen hat nicht viel übrig gelassen.«

Wörner schluckte die letzten Bissen seines Brötchens. »Das passt nicht«, sagte er. »Zwischen zehn und zwei, das passt nicht zur Aussage der Augenzeugin. Die hat den Mörder um drei gesehen.«

Sophie stellte die Tasse mit dem kalten Kaffee ab und schob sie von sich. »Vielleicht hat sie das einfach verdreht«, sagte sie dann. »Drei Uhr zwei, zwei Uhr drei, das kann passieren. Sie ist eine alte Dame. Sie hat sich mächtig aufgeregt, da kann man sich mal vertun, oder?«

»Sie hat sonst alles angezweifelt. Alles, was sie gesehen hat oder zu wissen glaubt. Nur mit der Uhrzeit, da war sie absolut sicher!« Wörner schwieg einen Moment. »Was haben wir sonst?«

»Persönliche Eckdaten«, referierte Sophie brav. »Er war Lehrer am Gymnasium. War wohl politisch aktiv, er wollte für den Stadtrat kandidieren. Seit siebzehn Jahren verheiratet, seit siebzehn Jahren hier wohnhaft. Zwei Kinder, kein Arbeitsplatzwechsel seit ewigen Zeiten. Er war wohl kein großer Freund von Veränderungen. Keine Vorstrafen, keine Auffälligkeiten, nicht mal ein Punkt in Flensburg.«

Sie zögerte. »Aber da stimmt was nicht, oder? Mit seiner Frau stimmt was nicht. Da stehen die Bullen vor der Tür, und das Erste, was ihr einfällt, ist, höflich Kaffee anzubieten. Sie hat nicht mal gefragt, was los ist. Und dieser ganze Quatsch, dass sie keine Ahnung hatte, wo er hingegangen ist. Dass ihr nicht aufgefallen ist, dass er nicht nach Hause gekommen ist.«

Interessant, dachte Christian, dass Sophie offenbar bei anderen Frauen durchaus einen Blick für irrationales Verhalten hatte.

»Hältst du sie für verdächtig?«

»Du nicht?«, gab sie die Frage zurück.

»Sie ist die Ehefrau. Die macht schon die Statistik verdächtig.

Ich bin trotzdem skeptisch. Sie hat sich komisch benommen, ja, aber sie stand unter Schock. Sie hat uns nicht die Wahrheit gesagt, glaube ich. Aber es liegt auf der Hand, warum sie gelogen hat.«

»Ach ja?« Sophie sah ihn verständnislos an.

»Ja sicher. Jetzt stell dir mal vor, du hast richtig Krach mit deinem Mann ...«

»Ich habe keinen Mann«, unterbrach sie.

»Natürlich nicht ...« Christian unterdrückte ein Seufzen. Verdammt, das hatte jetzt falsch geklungen. »Rein hypothetisch jetzt«, erklärte er. »Altes Ehepaar. Und es gibt Krach. Einen Riesenkrach. So einen, der damit endet, dass der Mann aus dem Haus stürmt. Du weißt nicht, wo er hinwill. Interessiert dich ja auch nicht, ihr habt ja Krach, der kann bleiben, wo der Pfeffer wächst, denn du bist richtig sauer auf ihn. Und als Nächstes steht die Polizei vor der Tür und erzählt dir, dass er umgebracht wurde. Würdest du denen auf die Nase binden, was los war? Wo es doch nichts zur Sache tut? Du hast ihn ja nicht umgebracht, euer kleiner Streit hat ja nichts mit der Sache zu tun.«

Sophie schien zu überlegen. »Sie kommt mir nicht vor wie eine, die mal richtig ausrastet und so eine Szene macht. Aber es gibt noch eine andere Möglichkeit. Vielleicht war das normal. Vielleicht ist er regelmäßig abends weggegangen, hat die Nacht aushäusig verbracht. Es gibt Frauen, die mit so einer Situation leben. Hübsche Fassade, alles ordentlich, sie nimmt eine Schlaftablette und tut, als merke sie nichts. Ich meine – ich kenn mich da natürlich nicht aus. Ich habe ja keinen Mann.«

Sie warf Christian einen Blick zu, den er ignorierte. Er würde sich nicht paranoid machen lassen, nicht jetzt, nicht so.

»Interessante Theorie«, sagte er und sah auf die Uhr. »Wir sollten fahren. Wir haben eine Menge zu tun.«

»Und was machen wir wegen des anderen Problems?« Sophie verzog den Mund und sah ihn erwartungsvoll an.

»Welches andere Problem?«

»Christian, bei aller Liebe, diese Freundin von Britta, diese Margot Pütz, die kann hier nicht rumlaufen und sich so aufführen. Das weißt du genau.«

»Natürlich weiß ich das.«

Sophie presste die Lippen aufeinander.

»Ich werde mit ihr reden«, sagte Wörner. Und er meinte das. Ganz ernst.

***

Kaplan Wegener schwitzte, als er am Haus ankam. Er hatte sein gewohntes Outfit, das aus Jeans und T-Shirt bestand, gegen die dunkle Hose mit Jackett eingetauscht. Kleider, in denen er sich fremd und unbehaglich fühlte. In seinem Gesicht juckten imaginäre Bartstoppeln.

Nach dem Anruf hatte er einfach nur dagesessen. Er hatte die Katze, die auf seinen Schoß gesprungen war, gekrault und an die Wand gestarrt. Versucht, seine Gedanken zu sortieren. So lange, bis er sich imstande gefühlt hatte, sich endlich zu erheben. Sich umzuziehen, zu rasieren. Seine Pflicht zu tun.

Er hob die Hand und drückte auf die Klingel. Frau Lebrecht öffnete Sekunden später. Wenn man genauer hinsah, bemerkte man eine leicht grünliche Blässe und zarte Schatten unter ihren Augen. Ansonsten wirkte sie völlig normal. Wenn »normal« in diesem Zusammenhang ein angemessenes Wort war, dachte Wegener.

Sie lächelte ihn an. »Herr Kaplan, wie nett. Kommen Sie doch herein.«

Nett. Sie hatte tatsächlich »nett« gesagt. Wegener versuchte, das zu verdauen, während Frau Lebrecht ihn durch den Flur ins Wohnzimmer geleitete. Die mächtige Polstergarnitur und die staubfrei polierten Eichenmöbel lösten ein vages Gefühl der Beklommenheit aus. Über allem schwebte leise ein chemischer Duft nach Putzmittelzitrone. Die Fenster waren geschlossen. Er hatte das Gefühl, dass sich die feuchten Flecken unter seinen Armen rasant ausbreiteten.

»Nehmen Sie doch Platz. Ich mache uns einen Kaffee«, zwitscherte Frau Lebrecht. Wegener wollte widersprechen, unterließ es dann aber. Er konnte der Versuchung, kurz allein zu sein, nicht widerstehen. Zeit, um sich auf das Wesentliche zu konzentrieren.

Ein Mensch war tot. Und selbst wenn Frau Lebrecht sich nichts anmerken ließ, brauchte sie doch dringend seine Hilfe. Er hatte sich um die Hinterbliebenen zu kümmern, das gehörte zu seinem Beruf. Er tat das schließlich nicht zum ersten Mal.

Frau Lebrecht kehrte mit einem Tablett zurück. Unmöglich konnte sie in dieser kurzen Zeit Kaffee gekocht haben. Sie hatte auf ihn gewartet. Die Erkenntnis durchzuckte Wegener wie ein Blitz.

»Es tut mir leid, dass ich erst jetzt komme …«

»Aber das ist doch kein Problem«, erwiderte sie. »Ich weiß doch, dass Sie immer viel zu tun haben.«

Sie schenkte ein, setzte sich aufs Sofa und brach wie auf Kommando in Tränen aus. Wegener war klar, dass er etwas unternehmen musste. Aufstehen. Den Arm um sie legen. Irgendetwas. Er rührte sich nicht.

Als sei eine innere Eieruhr abgelaufen, hörte sie nach kurzer Zeit auf zu schluchzen. Sie zog ein Taschentuch aus der Hosentasche und schnäuzte sich dezent. »Entschuldigen Sie. Das ist alles etwas viel für mich. Wissen Sie, ich kann noch gar nicht richtig glauben, dass er tot ist. Die Polizei war hier. Ich bin ganz durcheinander. Ich verstehe das alles nicht.«

»Das ist doch normal.« Wegener räusperte sich. »Es wird eine Weile brauchen, bis Sie, bis wir alle wirklich begreifen können, was geschehen ist. Vor Ihnen liegt eine schwere Zeit. Aber Sie sind nicht allein …«

Hohl und leer hallten die Worte durch das Wohnzimmer. Wegener dachte daran, wie wenig er diese Frau doch kannte. Diese Frau, die er seit Jahren mindestens einmal in der Woche traf. Sie war überall. Sie backte Kuchen für den Altenkaffee, kümmerte sich um den Blumenschmuck in der Kirche, sie half beim Basar, bei so gut wie jeder Veranstaltung der Gemeinde fand man sie in der Küche. Bei Andachten und Gottesdiensten saß sie in den vorderen Reihen. Und doch hatte er noch nie wirklich mit ihr gesprochen. Höchstens Worte gewechselt, Belanglosigkeiten. Er hatte keine Ahnung, wer diese Frau eigentlich war.

»Ich werde mich daran gewöhnen müssen, dass wir jetzt

allein sind. Ich weiß gar nicht, wie das gehen soll. Ich weiß nicht mal, wann wir ihn beerdigen können. Ich muss fragen, die Polizei wird mir das sagen können, oder? Ich muss doch alles organisieren. Karten schreiben, eine Anzeige in der Zeitung. Die Partei wird sicher auch eine Anzeige schalten wollen. Das ist ja so üblich. Ich sollte mich mit den Herren absprechen. Ich muss mich um viele Dinge kümmern. Um entsetzlich viele Dinge.«

Sie schüttelte sorgenvoll den Kopf. Dann setzte sie sich etwas aufrechter. »Aber das wird schon gehen. Ich schaffe das schon. Ich meine, es muss ja weitergehen, nicht wahr?« Ihr Blick erinnerte ihn an ein Schulmädchen, das auf ein Lob wartete, weil es schon so groß und vernünftig war.

»Lassen Sie sich Zeit«, mahnte er. »Das alles hat Zeit. Das sind nur Formalitäten. Sie brauchen jetzt in erster Linie Ruhe. Trauer braucht Zeit und Raum …«

Er hasste sich für jedes Wort. Obwohl die Worte richtig waren, das, was man sagte in so einer Situation. Aber das Gefühl war vollkommen falsch. Ich kenne sie nicht, dachte er wieder, und schlimmer noch – ich mag sie auch nicht. Der Gedanke erschreckte ihn, aber es führte kein Weg daran vorbei. In ihm war kein Hauch Sympathie für diese Frau. Mitleid ja, sie tat ihm leid. Aber es war eine hochmütige und distanzierte Art von Mitleid, ein kaltes, fast herablassendes Gefühl.

Abermals begann sie zu schluchzen. Er zwang sich, aufzustehen, sich neben sie aufs Sofa zu setzen und einen Arm um ihre Schulter zu legen. Sie versteifte sich unter seiner Berührung.

»Entschuldigen Sie …«, schniefte sie.

»Nein, nein, weinen Sie ruhig.«

»Es geht schon wieder.«

Er nahm den Arm von ihrer Schulter und rückte ein Stück von ihr ab. Seine Position war nun mehr als ungünstig. Er konnte sie nicht einmal ansehen. Stattdessen starrte er auf die unberührten Kaffeetassen. Zwiebelmuster, dachte er, so heißt das. Seine Mutter hatte ein ganz ähnliches Service gehabt.

Er riss sich zusammen. Er konnte nicht aufstehen und an seinen alten Platz zurückkehren. Das schien ihm eine völlig falsche Geste zu sein in dieser Situation. Er rutschte auf dem Sofa nach vorne und setzte sich schräg. Wenigstens konnte er ihr so ins Gesicht sehen, auch wenn er den Blickkontakt mied.

»Ich werde schon damit fertig«, erklärte sie nun und lächelte wieder auf diese kindische, lobheischende Art. »Aber ich brauche Ihre Hilfe. Nicht für mich. Sondern für die Kinder.«

»Wie geht es den beiden?«, fragte Wegener etwas zu schnell.

»Ach, wissen Sie … Es ist schwer für sie, natürlich. Vor allem für Johannes. Er ist …« Sie brach ab.

»Ja? Was?« Wegeners Worte hallten ungeduldig durch den Raum. Abermals mahnte er sich innerlich zur Ruhe.

»Ich mache mir Sorgen. Er nimmt es furchtbar schwer.«

Wegener runzelte unwillkürlich die Stirn.

»Ja, ich weiß schon, was Sie denken. Ich will ja gar nicht abstreiten, dass es zwischen den beiden Probleme gab. Aber er hat seinen Vater verloren, und er hat ihn geliebt, auf seine Weise. Auch wenn er das nicht immer gut zeigen konnte.«

»Natürlich hat er das«, beschwichtigte Wegener. Sein Hemdkragen schien immer enger zu werden.

»Er braucht Zeit. Das ist alles. Das muss auch die Polizei einsehen. Ich werde nicht dulden, dass diese Leute ihn noch weiter durcheinanderbringen. Das werde ich nicht dulden!« Sie stieß die Worte heftig heraus, fast so, als würde es ihr körperliche Schmerzen bereiten. Wegeners Unbehagen verstärkte sich.

»Ich glaube nicht, dass die Polizei ihm zusetzen kann.« Er hoffte, dass er mit dieser Einschätzung richtiglag. »Und warum sollte sie auch?«, setzte er hinzu.

»Ja, warum auch …«

»Und Elisabeth? Wie geht es Elisabeth?«

Frau Lebrecht lächelte. »Besser. Jetzt geht es ihr besser. Dr. Linger hat ihr ein Beruhigungsmittel gegeben. Es ist nur … wissen Sie, sie spricht nicht. Ich glaube, sie spricht nicht einmal mit Johannes. Ich habe gedacht, ich lasse sie erst einmal in Ruhe. Sie braucht ja Ruhe. Aber wenn Sie nach ihr sehen möchten … ich meine, es wäre vielleicht gut, wenn Sie nach ihr sehen. Sie vertraut Ihnen doch. Sie spricht immer so gut von Ihnen.«

»Wo ist sie?«, platzte Wegener heraus.

»Oben. In ihrem Zimmer. Gott, Sie haben ja nicht einen Schluck von Ihrem Kaffee getrunken. Jetzt ist er ganz kalt.«

»Das ist nicht schlimm. Machen Sie sich darum keine Gedanken.« Wegener erhob sich eilig. »Ich gehe mal und sehe nach ihr. Oben, ja?«

»Die zweite Tür rechts. Das ist ihr Zimmer. Und ich mache einen frischen Kaffee.«

5

Allein der Anblick des Pfaffen hatte gereicht, um Falk wütend zu machen. Ausgerechnet hier, ausgerechnet jetzt. Einfach geklingelt hatte der, war ins Haus spaziert. Das Haus, vor dem Falk sich schon eine Weile herumdrückte, während er verzweifelt auf eine Nachricht von Johannes wartete.

Er spuckte auf die Straße.

Der Pfaffe stand ganz oben auf seiner Liste. Noch vor seinem Vater, noch vor dem Arsch Birske und seinem Scheiß-Mathekurs, der ihm vermutlich die Abi-Zulassung vermasseln würde. Der Pfaffe war am schlimmsten. Ein heuchlerischer Arsch, der sich ständig in Dinge mischte, die ihn nichts angingen.

Falk stellte sich vor, wie er jetzt da drinhockte. Auf dem Sofa bei Frau Lebrecht. Mit seinen blonden Löckchen, diesem Blick, der immer wirkte, als wundere er sich über irgendetwas. Er würde herumlabern, seine Plattheiten von sich geben. Zu leise. Er sprach immer zu leise, redete so, dass Leute sich vorbeugen mussten, sehr konzentriert lauschen, um das Geseier zu verstehen. Brav nickten, während der Idiot sich anmaßte, über Sachen zu quatschen, von denen er keine Ahnung hatte. Sachen, die ihn nichts angingen.

Gott, wie er den Typen hasste!

Eine Frau schob einen Kinderwagen die Straße hinunter, an ihm vorbei. Sie nickte grüßend, musterte Falk ein bisschen misstrauisch. Er erwiderte den Gruß, zog rasch sein Handy aus der Tasche und starrte aufs Display. Nichts.

Solange der Pfaffe da drin war, konnte er nicht reingehen. Warum meldete Johannes sich nicht? Er hatte fünf Mal versucht, ihn zu erreichen. Hatte drei SMS geschrieben. Ihm war klar, dass Johannes vermutlich zu tun hatte da drin. Sein Vater war tot, immerhin, der Arsch war tot. Irgendwie haute der Gedanke Falk um.

Er dachte daran, wie er sich mit Johannes unterhalten hatte, neulich erst. Sie waren beide bekifft gewesen. Falk erinnerte sich, dass er sauer gewesen war, am Anfang. Weil Johannes gesagt hatte, dass er aufhören sollte, ständig diesen Scheiß zu labern. Über den Kaplan und seinen Vater und seine Mutter und Arsch Birske. Johannes hatte gesagt, dass er aufhören sollte, sich wie ein blödes Opfer zu benehmen. Dass er selbst schuld war, wenn er sich nicht wehrte, denen nicht klarmachte, dass sie ihn mal konnten.

Falk war echt sauer gewesen. Wie immer eigentlich, er war ständig wütend in letzter Zeit. Aber normalerweise nicht auf Johannes. Der war sein Freund. Wahrscheinlich war er deshalb trotzdem dageblieben, war nicht einfach abgehauen. Und das war gut gewesen, denn irgendwann hatte er kapiert, dass Johannes recht hatte. Man musste sich wehren. So wie Johannes. Der war kein Opfer. Nie gewesen.

Und jetzt war sein Alter tot. Unfassbar!

Falk hätte gern mit ihm geredet. Jetzt. Und eigentlich sprach nichts dagegen. Er konnte einfach klingeln. Was scherten ihn die blöden Regeln – Trauerhaus, Beileid, der ganze Quatsch? Aber etwas hielt ihn zurück. Etwas, was mit dem Gedanken an Johannes' Mutter zu tun hatte, an das Gefühl, ihr in diesem Moment gegenüberzustehen.

Und dann noch der Pfaffe.

Sein Handy klingelte. Endlich! Er sah aufs Display. Niklas, verdammt, das war Niklas, und auf Niklas hatte er jetzt gar keinen Bock. Falk drückte das Gespräch weg.

Die Frau mit dem Kinderwagen kam zurück. Wieder sah sie ihn an, ohne zu grüßen diesmal, offenes Misstrauen. Es sah komisch aus, wenn er hier herumstand. Einfach nur starrte. Egal, dachte Falk, aber eigentlich reichte es ihm ohnehin. Er erwiderte ihren Blick, spuckte erneut auf die Straße. Dann wandte er sich ab und ging langsam davon.

***

Elisabeth lag auf dem Bett und starrte an die Decke. Sie reagierte mit keinem Blick darauf, dass sich die Zimmertür öffnete. Erst als Wegener sie ansprach, fuhr ihr Kopf herum. Sie sah ihn an und verfiel dann wieder in ihre Reglosigkeit.

»Elisabeth!« Seine Stimme klang heiser. Er trat auf das Bett zu. Sie schien nicht einmal zu blinzeln. Im Vorbeigehen griff er nach dem Schreibtischstuhl, stellte ihn neben das Bett und setzte sich.

Sie wandte den Blick keine Sekunde von ihm. Unwillkürlich sah er weg. Sein Kopf schmerzte.

»Elisabeth, ist alles in Ordnung?«, zwang er sich, sie erneut anzusprechen.

Sie lachte. Es war ein hässliches und künstliches Lachen, das ihn schmerzte. Dann wandte sie ihren Blick wieder zur Decke.

»Bitte, Elisabeth, sprich mit mir.«

Sie räusperte sich. »Alles in Ordnung.«

Die Abwesenheit jeder Modulation in ihrer Stimme verursachte Wegener Gänsehaut.

»Keiner muss sich Sorgen machen«, fuhr sie ausdruckslos fort. »Alles wird gut. Johannes sagt, dass alles gut wird!« Sie setzte sich unvermittelt auf und keuchte, als würde sie keine Luft bekommen.

Erschrocken sprang Wegener auf. »Elisabeth, was ist?« Er merkte, dass sie nicht an Atemnot litt, sondern weinte. Ohne Tränen. Fast geräuschlos.

Wegener setzte sich aufs Bett und legte beide Arme um sie. Für einen kurzen Moment schien sie sich zu entspannen. Der schmale Körper in seinen Armen gab ihm Sicherheit. Er wiegte sie hin und her wie ein Kleinkind und ließ sie weinen. Hielt sie, während sein Blick durchs Zimmer wanderte und nach Halt suchte.

Er war noch nie hier gewesen. Der Schreibtisch war ordentlich aufgeräumt. Eine Pinnwand mit einem Stundenplan und ein paar kitschigen Postkarten hing darüber. Eine Reihe Plüschtiere verdeckte fast die Bücher im Regal. Am Schrank hing ein Poster von einer Popgruppe, junge blonde Männer, die strahlten, als gebe es kein Morgen. Ein Teenagerzimmer, dachte er. Es schien jetzt unpassend in seiner Normalität.

»Hat er recht?«, stieß Elisabeth heftig hervor. »Hat Johannes recht? Wird alles wieder gut?«

»Ja. Ja, natürlich!«

Elisabeth befreite sich aus seiner Umarmung und stieß ihn weg. »Rede nicht so! Rede nicht so mit mir. Du klingst wie …« Sie brach ab.

»Wie wer?«

»Keine Ahnung. Wie der Besenzombie da unten. Ja, so klingst du.«

»Elisabeth, so darfst du nicht reden. Sie ist deine Mutter. Es ist nicht leicht für sie –«

»Spar dir das«, zischte sie. »Spar dir das Pfaffengewäsch. Geh weg! Geh einfach weg und lass mich allein.« Sie wandte das Gesicht zur Wand. »Er ist tot. Er ist tot. Er ist tot.«

»Elisabeth, sieh mich an!« Langsam machte ihr Verhalten Wegener Angst.

Sie gehorchte. Er sah die Angst in ihren Augen und den Schmerz und musste sich zwingen, diesem Blick standzuhalten.

»Die Polizei war schon da. Sie kommen wieder. Wenn es mir besser geht.« Sie zog die Nase hoch.

»Natürlich. Sie sprechen mit der Familie. Das ist das übliche Vorgehen. Vermutlich kommen sie auch zu mir. Verstehst du, sie reden mit jedem. Mit jedem, der deinen Vater kannte. Aber mach dir deshalb keine Sorgen. Das alles hat Zeit. Du musst dich ausruhen.«

»Du darfst mich nicht alleinlassen. Nicht jetzt.« Sie klang entschlossen und gleichzeitig so, als koste es sie unendliche Mühe, die Worte zu formen.

»Ich lasse dich nicht allein. Elisabeth, ich würde dich nie im Stich lassen.«

Eine Träne löste sich aus ihrem Augenwinkel und rollte über ihre Wange. Sie ließ sich von ihm in den Arm nehmen. Sie schluchzte, und endlich wirkte sie wie ein Mädchen, das sich ausweinen musste.

»Hab keine Angst …« Er hielt sie fest. »Es wird alles gut …«

Die Tür flog auf. »Sieh an, der Gottesmann.« Johannes stand im Türrahmen. »Was machen Sie hier?« Seine Stimme klang feindselig.

»Johannes, lass ihn in Ruhe!« Elisabeth hatte sich von Wegener losgemacht und starrte ihren Bruder an.

Für eine Sekunde wirkte Johannes verunsichert. »Ich tue ihm doch nichts«, sagte er dann. »Elisabeth, es ist alles in Ordnung.« Sein Blick wanderte zwischen seiner Schwester und dem Kaplan hin und her.

»Ich bin müde«, sagte Elisabeth. »Ich bin sehr müde. Ich muss jetzt etwas schlafen. Es wäre schön, jetzt etwas zu schlafen.« Ihr Tonfall war wieder flach, sie klang, als lese sie etwas von einem unsichtbaren Blatt Papier ab.

»Das trifft sich gut.« Johannes' Ton wurde wieder schärfer. »Ich hätte nämlich auch noch etwas mit Hochwürden zu besprechen. Vielleicht in meinem Zimmer?«

Ohne eine Antwort abzuwarten, drehte er sich um und verließ den Raum. Wegener warf einen letzten Blick auf Elisabeth. Dann folgte er ihm.

★★★

Louis stürmte an Britta vorbei, kaum dass sie die Tür aufgeschlossen hatte. Sie knallte die Sporttasche in die Ecke, gleich neben den schauderhaften Schirmständer aus Kupfer, den Agathe ihnen mit hämischem Grinsen zum Einzug geschenkt hatte. Sie hatte eben die Schuhe ausgezogen, als Louis mit seiner Schnauze den leeren Fressnapf vor ihre Füße schob und sie mit einer Mischung aus Vorwurf und Erwartung ansah.

»Verfressene Töle«, schimpfte sie leise, aber ohne Groll, ging mit dem Napf in die Küche und holte gehorsam eine Dose Hundefutter aus dem Schrank. Sie sah zu, wie Louis gierig schlang. Immerhin, dachte sie, immerhin einer, der leicht glücklich zu machen war. Sie nahm sich eine Flasche Wasser und setzte sich an den Küchentisch. Sie checkte ihr Handy. Keine verpassten Anrufe, keine SMS. Kein Hinweis darauf, wann der feine Herr Lebensgefährte geruhte, nach Hause zu kommen.

Sie versuchte, sich darüber zu ärgern. Es gelang ihr nicht gut. Irgendwo zwischen Yoga-Kurs und dem Spaziergang mit Louis im Wald war ihr die Wut abhandengekommen. Sie war einfach nur noch müde, dazu ein bisschen deprimiert, weil Menschen tot auf Friedhöfen lagen. Über der Erde. Alles, was sie sich wünschte, war ein großer Berg Nahrung und ein beschaulicher Abend mit Christian auf dem Sofa.

Leider war das unmöglich. Britta hatte sich auf ihre neue Lebenssituation vorbereitet, indem sie einen großen Berg einschlägiger Ratgeberliteratur studiert hatte. Darum wusste sie, dass Streit in einer Beziehung elementar wichtig war. Unter keinen Umständen durfte man Konflikte aus Bequemlichkeit einfach unter den Tisch fallen lassen. Der liebe Friede, den man damit kurzfristig erreichte, war nämlich giftig und auf Dauer der Tod einer lebendigen und funktionierenden Partnerschaft.

Einen Moment lauschte sie der noch ungewohnten Geräuschkulisse des Mehrfamilienhauses. Schritte aus der Wohnung über ihr, eine Tür klappte. Irgendwo rauschte Wasser. Ihr Magen knurrte. Neidisch betrachtete sie Louis, der sich, offensichtlich gesättigt, vor der Heizung eingerollt hatte und leise schnarchte.

Vielleicht sollte sie etwas kochen. Leider wäre das natürlich ein falsches Signal. Ihn ausgerechnet heute mit einem leckeren Abendessen zu empfangen kam nicht in Frage. Es signalisierte allzu viel Versöhnungsbereitschaft, möglicherweise würde er es sogar als Eingeständnis werten, dass sie sich in irgendeiner Form im Unrecht fühlte. Abgesehen davon hatte er es nicht verdient, nicht heute.

Natürlich könnte sie auch für sich kochen, nur für sich. Das allerdings wäre dann ein klarer Akt der Aggression. Öl ins Feuer, Salz in die Wunde. Anstrengend auf jeden Fall.

Es war wirklich kompliziert, dieses Beziehungsleben.

Die Türklingel riss sie aus dem Brüten und Louis aus seinem Schlummer. Er sprang auf, rannte freudig bellend in den Flur. Britta folgte ihm, wunderte sich. Hatte Christian den Schlüssel vergessen? Nun, ihr sollte es recht sein, dachte sie und drückte den Türöffner. Je schneller sie stritten, desto schneller konnten sie sich versöhnen. Essen. Dann mit dem friedlichen Abend beginnen.

Aus der sich öffnenden Tür des Aufzugs trat leider kein Christian. Vielmehr stand da Margot, schwenkte eine Flasche Wein. »Huhu«, rief sie albern und zerrte Agathe, die leise vor sich hin schimpfte, mit ihrem Rollator in Richtung Wohnung.

Britta entfuhr ein genervtes Stöhnen.

»Ich freu mich auch, dich zu sehen«, erklärte Margot fröhlich. »Was gibt's zu essen?«

★★★

Kaplan Wegener fühlte sich fiebrig. Er hatte sich beeilt, nach Hause zu kommen. Hatte Frau Lebrecht und ihren penetranten Kaffee so freundlich wie möglich abgewürgt und war mit dem Versprechen, bald wiederzukommen, regelrecht aus dem Haus gestürmt. Auf dem Bürgersteig war ihm klar geworden, dass es keine Möglichkeit gab, die alte Sporttasche, die er nun trug, vor neugierigen Blicken zu verbergen. Es kam ihm vor, als glühe sie in seiner Hand, unpassend, auffällig, verräterisch.

Nun knallte er seine Haustür hinter sich zu und lehnte sich mit dem Rücken dagegen. Er schwitzte. Die Tasche hatte er fallen lassen.

»Das hätte ich grad mal gern kurz aus dem Haus, klar?«, hatte Johannes gesagt. »Das bist du Elisabeth schuldig.« Dabei hatte er gegrinst. In dieser Situation, da auf dem Flur, stand er und grinste das Grinsen, das Jan Wegener zu verfolgen schien. Schon immer, schon damals in der Schule. Überlegener Hohn, der sich lustig machte über ihn, über alles, was er war. Ein Grinsen, das schmerzte, egal, wie oft er sich sagte, dass es ihn nicht treffen konnte. Er mochte nicht der Mode entsprechen, nicht cool sein, nicht beliebt und umschwärmt. Aber er hatte Sinn in seinem Leben, Orientierung. Schon immer eine Heimat in der Kirchengemeinde, einer Gemeinschaft, die ihm Halt gab. Die sich allerdings weit entfernt anfühlte, damals auf dem Schulhof, eben in Johannes' Zimmer.

Das war lächerlich. Er war erwachsen. Er war ein erwachsener Mann, ein Seelsorger. Und Johannes nur ein Kind. Ein schwieriges und verstörtes Kind. Er konnte mit einem Kind fertigwerden. Er konnte diese lächerliche Sporttasche mitnehmen, auch und gerade weil er spürte, dass es nicht wirklich um die Tasche ging. Sondern darum, dass Johannes ein Gefühl von Macht suchte, das ihn davon ablenkte, dass er seinen Vater verloren hatte. Es war seine, Jan Wegeners, Pflicht, diesem Jungen zu helfen. Als Mensch und als Seelsorger.

Er überlegte, ob er die Tasche einfach in die große Mülltonne vor dem Haus werfen sollte. Aber das war sicher nicht klug. Die Müllabfuhr kam erst übermorgen. Und wenn ihn jemand sah, würde es komisch aussehen. Er hatte keine Lust, ausgerechnet jetzt Aufmerksamkeit zu erregen. Er würde sich um die Sache kümmern. Irgendwann würde er das Ding entsorgen, irgendwo. Für Elisabeth, für Johannes, er würde sich kümmern um die Tasche und diese Kinder, aber nicht jetzt. Jetzt war er erschöpft, er fühlte sich nicht gut. Der Tag hatte ihn Kraft gekostet. Er musste sich ausruhen.

Er hörte ein Maunzen. Seine Katze kam die Treppe heruntergelaufen. Sie schnupperte kurz an der Tasche, bevor sie sich schnurrend an seine Beine schmiegte. Wegener lächelte. Er beugte sich hinunter und kraulte das Tier. »Na, mein Tiger? Hast du Hunger? Warte einen Moment, gleich gibt es etwas.«

Er griff nach der Tasche und trug sie zur Kellertür. Die Katze, die ihm gefolgt war, stoppte an der Treppe. Sie mochte den Keller nicht. Wegener konnte es ihr nicht verdenken. Schon auf der Treppe legte sich der muffig-modrige Geruch wie ein schmieriger Film um ihn. Der Keller war feucht. Schon in der Vergangenheit hatten das die Bewohner des Hauses zu spät begriffen. Darum war er vollgestopft mit Gerümpel. Gammliges Holz, muffiger Geruch, ein Hauch von Schimmel. Auch darum würde er sich irgendwann kümmern. Einen Container bestellen, das ganze Zeug wegwerfen. Irgendwann.

Jan Wegener atmete durch den Mund, während er sich umsah. Er erblickte einen alten, abscheulichen Küchenschrank in einer Ecke. Er überwand seinen Ekel, öffnete die Tür und stopfte die Tasche hinein. Dann schloss er den Schrank wieder.

Von oben miaute es klagend. Für einen Moment sah Wegener sich selbst. In seinem Jackett und der dunklen Hose in diesem modrigen Keller. Zittrig und nervös eine Tasche versteckend, eine Tasche, von der er nicht einmal genau wusste, was darin war. So geht das nicht, dachte er, so geht es einfach nicht.

»Ich komme, Tiger«, rief er. »Ich komme schon!«

Er würde nach oben gehen. Nach oben in sein Leben. Sein ganz normales Leben. Er würde seine Katze füttern. Er würde sich ein Brot schmieren. Vielleicht ein Glas Wein trinken. Alles war in bester Ordnung. Das durfte er auf keinen Fall vergessen.

**

Christian hatte sich die Sache gut überlegt. Natürlich war er im Recht. Allerdings war sein Ton möglicherweise ein winziges bisschen zu scharf gewesen am Vormittag auf dem Friedhof. Aus guten Gründen natürlich, trotzdem war es möglicherweise unklug, auf so einem Detail zu beharren. Er kannte Britta schließlich. Sie war imstande, aus so einer Lappalie eine Grundsatzdiskussion zu entwickeln, die sich über Tage hinzog, letztlich aber zu nichts führte. Daher war er zu dem Schluss gelangt, dass es am besten war, den Abend mit einer versöhnlichen Geste zu beginnen. Einer dick mit Käse und Salami belegten Geste vorzugsweise, einer, der Britta erfahrungsgemäß nicht widerstehen konnte und von der auch er, der hungrige Mann, profitierte.

Er hatte die Pizzabude fast erreicht, meinte schon, den tröstlichen Duft von geschmolzenem Käse und Knoblauch riechen zu können, als eine etwas schrille Stimme an sein Ohr drang.

»Herr Wörner, auf ein Wort …«

Es war Frau Markwart anzusehen, dass sie einen turbulenten und anstrengenden Tag hinter sich hatte. Aus dem grauen Dutt hatten sich einzelne Strähnen gelöst, der dunkelgrüne sackartige Pullover, den sie trug, wirkte zerknittert und wies unter den Armen deutliche Ränder auf. »Ich versuche schon den ganzen Tag, eine Auskunft zu erhalten«, sagte sie. »Was ist mit dem Friedhof? Können wir da … ich meine, dürfen wir … aufräumen?«

»Haben die Kollegen nichts gesagt?« Christian lächelte so unverbindlich wie möglich.

»Die Kollegen …« Frau Markwart stieß missbilligend die Luft aus. »Die Kollegen sind einfach verschwunden. Erst nehmen sie mir die Kleider weg, und dann sind sie auf einmal selbst verschwunden. Ich bin davon ausgegangen, dass man mich unterrichtet. Ich brauche meine Schuhe zurück, im Übrigen, da sind meine Einlagen drin, und ohne meine Einlagen bekomme ich Rückenschmerzen.« Sie sah ihn vorwurfsvoll an.

»Sie haben das Opfer angefasst«, sagte Christian. »Deshalb ist es leider nötig, Ihre Kleidung und Ihre Schuhe kriminaltechnisch genau zu —«

»Das auf dem Friedhof kann doch so nicht bleiben«, fiel sie ihm ins Wort. Offenbar hatte sie keine Lust, ihre Vergehen zu diskutieren. »Was sollen denn die Leute denken?«

Christian riss den Blick, der heimlich zum Pizzabäcker geglitten war, los und konzentrierte sich auf seine Gesprächspartnerin. »Ich werde mich erkundigen«, versprach er. »Am besten, Sie geben mir Ihre Nummer. Ich melde mich gleich morgen früh bei Ihnen, sobald ich das geklärt habe. Ich bin nämlich jetzt eigentlich nicht mehr im Dienst.«

Frau Markwart ignorierte den Wink. Sie schien zum Plaudern aufgelegt. »Schlimme Geschichte«, sprach sie sorgenvoll. »Das hat der arme Mann wirklich nicht verdient. Obwohl er ja nicht nur Freunde hatte, das nun nicht«, fuhr sie in vertrauensvollem Ton fort. »Er hatte ja immer seine eigene Meinung, das hat hier nicht allen gepasst, wissen Sie? Er war nicht sehr diplomatisch.«

Ihr Kopf rückte noch ein Stück näher an Christian heran. Deutlich zu nah für seinen Geschmack, aber er zwang sich, stillzuhalten. »Nicht dass wir uns missverstehen – ich habe mich immer sehr gut mit ihm verstanden. Und so ein Ende, das hat ja nun wirklich niemand verdient. Mir tut ja vor allem die arme Elisabeth leid. So ein nettes Mädchen! Sie leitet eine Messdienergruppe, wissen Sie? Sie ist so vernünftig für ihr Alter. Auf die Elisabeth kann man sich verlassen, die packt auch überall mit an, sehr höflich auch, sehr wohlerzogen. Da wundert man sich schon, wenn man ihren Bruder sieht, ich meine, die sind ja Zwillinge, aber darauf würde man wirklich nicht kommen, wenn man es nicht wüsste.«

Christian beschlich eine gewisse Ungeduld. So weit, so gut, ja, eine Mordermittlung war natürlich ein Vierundzwanzig-Stunden-Job. Und die Art Information, die Frau Markwart ihm gerade aufdrängte, war durchaus nicht uninteressant. Aber er war wirklich müde. Und sehr, sehr hungrig, wie das laute Grummeln seines Magens nun öffentlich verriet.

»Das ist vielleicht ein Früchtchen!« Frau Markwart war eindeutig nicht willens, sich von derlei bremsen zu lassen. »Also, ich will ja nichts gesagt haben, aber da hört man so einiges. Der lässt sich gar nichts sagen von seinen Eltern. Und wie der sich anzieht, immer dieses schwarze Zeug, ich glaub, der schminkt sich auch. Als Junge. Ich meine, ich will nicht andeuten, dass er irgendwie … also nicht dass ich wüsste, aber man fragt sich doch, oder?« Sie sah Christian erwartungsvoll an.

Der nickte, wenngleich ihm nicht wirklich klar war, was man sich fragte, und schon gar nicht, was die mögliche Antwort auf die geheimnisvolle Frage sein mochte. Aber ohne Rauch kein Feuer, dachte er, und Frau Markwart qualmte eindeutig aus jeder Körperöffnung. »Ich will ja nichts gesagt haben«, wiederholte sie nun. »Wirklich nicht, also, die arme Frau Lebrecht, die hat es ja schwer genug, jetzt, als Witwe. Aber wenn ich Sie wäre, dann würde ich dem Jungen mal ordentlich auf den Zahn fühlen.«

Christians Handy begann zu klingeln. Er entschuldigte sich, nahm das Gespräch an und lauschte.

»Mach mal dein Dienstgesicht«, drang Brittas Stimme an sein Ohr. »Tu, als wäre ich dein Chef. Ich kann dich sehen, ich bin beim Pizzaboy. Salami-Spinat-Extra-Käse für dich?«

Er verkniff sich ein Lächeln. »Ja«, sprach er ernst, »ja, natürlich.«

»Das kannst du besser. Etwas mehr Unterwürfigkeit, klar? Es eilt, Herr Wörner, es ist sehr dringlich. Schwingen Sie Ihren Hintern nach Hause – das ist eine Dienstanweisung!«

»Ja, selbstverständlich ist das dringend«, sagte Christian. »Ich verstehe. Ich werde mich umgehend darum kümmern, ich bin schon unterwegs.«

»Freu dich nicht zu früh«, sagte Britta. »Ohne Strafe kommst du nicht davon. Warte unten im Flur auf mich.«

»Ich bin gleich da.« Christian beendete das Gespräch.

»Frau Markwart, ich muss dringend los. Danke für dieses aufschlussreiche Gespräch. Ich melde mich dann bei Ihnen.«

6

»Der Arsch will mir kein Bier geben!« Yannik ließ sich auf den Stuhl fallen und warf Niklas und Falk einen anklagenden Blick zu. »Was bildet der Arsch sich ein?«

Niklas unterdrückte ein Seufzen. »Du bist stoned, Alter«, sagte er. »Du weißt, dass er dir kein Bier gibt, wenn du bekifft bist.«

»Ich hab eine kleine Tüte geraucht, na und?« Yannik starrte ihn mit glasigen Augen an. »Und wenn schon! Ey, Mann, ich kann doch wohl ein Bier trinken. Johannes' Vater ist ermordet worden! Das ist megakrass, da brauch ich ein Bier.«

»Das ist nicht megakrass!«

Auf einmal wollte Niklas nach Hause. Er wollte in seinem Zimmer sein. Mit seiner kleinen, nervigen Schwester ein beklopptes Videospiel spielen, während sich seine Eltern unten bei einem Glas Wein gegenseitig versicherten, dass alles gut war. Er wünschte, sie hätten ihm verboten, wegzugehen. Schlicht und geradeaus. Stattdessen hatte seine Mutter ein »Muss denn das wirklich sein, ausgerechnet heute Abend?« gejammert, und sein Vater hatte ihn mit besorgt-unglücklichen Blicken bedacht, als er das Haus verlassen hatte. Das war ihre aktuelle Strategie. Sie verboten ihm nichts mehr. Weil er ja ohnehin tat, was er wollte, wie sie sagten, nicht wütend, »nur« enttäuscht.

Im Grunde war das okay so. Es fühlte sich nur manchmal verdammt unbefriedigend an.

Die ganze »So sind sie halt in dem Alter«-Nummer. Ätzend. Obwohl ihm klar war, dass er eigentlich Glück hatte mit seinen Eltern. Verglichen mit anderen, mit Falk, mit Yannik, von Johannes gar nicht zu reden. Leider änderte es nichts daran, dass sie ihn wahnsinnig machten.

Die Kneipe war nicht sonderlich voll. In der Woche war hier nie viel los. Ein paar Schüler, verirrte Studenten aus der Nachbarschaft. Der Wirt war in Ordnung. Der drückte auch mal ein Auge zu, wenn die Leute nicht sechzehn waren. Wenn er meinte, dass jemand genug hatte, gab es allerdings auch nichts mehr. Wenn er merkte, dass jemand stoned war, schon gar nicht. Da kannte der nichts. Trotzdem war er in Ordnung, und darum ärgerte es Niklas, dass Yannik sich so aufführte. Obwohl seine glasigen Augen jedem klarmachten, dass er echt nichts mehr brauchte, was ihn noch weiter vernebelte.

»Ey, es ist so krass«, wiederholte Yannik jetzt. »Kann ich was von deinem Bier haben?« Er langte nach Niklas' Flasche. Der griff blitzschnell zu und entzog sie Yanniks Radius.

»Arschloch!« Yannik lehnte sich zurück, schien sich aber nicht weiter aufzuregen. Niklas betrachtete seine leicht entgleisten Gesichtszüge. Er kifft zu viel, dachte er. Das nervt. *Er* nervt.

»Ein Hammer, ja, echt.« Falks Stimme klang dumpf. Niklas zuckte zusammen. Falk hatte die ganze Zeit in der Ecke gehockt. Hatte kein Wort gesagt, nur so geguckt. Komischer Blick. Er wirkte angespannt. Auf eine unangenehme Art.

»Was redet ihr eigentlich für einen Scheiß? ›Ein Hammer‹? ›Krass‹? Das ist …« Er fing Falks verächtlichen Blick auf, brach ab. Krank, dachte er, das ist alles total krank und bizarr.

In diesem Moment öffnete sich die Tür, und Johannes betrat den Raum. Für einen Moment hörte man nur die Musik, alle Augen schienen auf Johannes gerichtet.

»Ist was?« Er stand in der Tür, cool wie immer. »Hab ich was im Gesicht, oder warum glotzt ihr so?«

Blicke wandten sich eilig ab, erneut setzte Gemurmel ein. Niklas sah zu, wie Johannes zum Tresen ging. Er ließ sich ein Bier geben und schlenderte dann zu seinen Freunden.

»Was läuft?« Er setzte sich.

»Johannes!« Falk sprach den Namen aus, als wäre er eine magische Zauberformel.

»Gut erkannt.« Johannes grinste.

Er ist am Ende, dachte Niklas, er ist fertig.

»Alter, ey!« Falk schien den Blick nicht von ihm wenden zu können.

»Es … es tut mir leid«, sagte Niklas. Zum einen, um dieses komische Anbetungsspiel von Falk zu unterbrechen. Zum anderen, weil er das sagen wollte, weil er es meinte. »Das mit deinem Vater, das tut mir leid.«

»Ach ja?« Johannes fixierte ihn. »Was denn genau? Dass du jetzt die Beileidsscheiße abspulen musst? Oder dass der Arsch tot ist?«

Niklas blickte auf die Tischplatte. Er schluckte. »Dass er tot ist«, sagte er. »Er war immerhin dein Vater, ich meine, trotz allem …«

»Ja. Das sagt meine Alte auch dauernd!« Johannes beugte sich über den Tisch, sodass sein Gesicht Niklas ganz nahe kam. »Spar es dir«, zischte er. »Du bist mein Freund, verdammt! Ich will von dir nicht so einen Mist hören. Er ist tot. Ende. Mir reicht, was sich zu Hause abspielt. Ich kann so ein Gewäsch hier echt nicht ertragen.«

»Krass!« Yannik nutzte die Gunst der Stunde und griff nach Niklas' Bierflasche. Diesmal machte Niklas keine Anstalten, das zu verhindern.

»Das ist doch alles total krass!«, wiederholte Yannik.

»Bist du schon wieder bekifft?« Johannes warf ihm einen abschätzigen Blick zu.

»Ich bin nicht bekifft!«, maulte Yannik.

Niklas nahm all seinen Mut zusammen. »Johannes, ich kann verstehen, dass du da keinen Bock drauf hast. Aber denkst du nicht, wir sollten darüber reden?«

»Wozu?«

Für einen kurzen, schrecklichen Moment hatte Niklas das Gefühl, dass er jeden Moment anfangen würde zu heulen. »Er ist tot, verdammt«, sagte er und sah Johannes an.

Johannes griff nach seiner Flasche und trank gierig, ohne den Augenkontakt zu unterbrechen. »Scheiße«, sagte er dann, stellte die Flasche ein bisschen zu fest auf den Tisch. »Jetzt kapier ich. Du denkst, ich war das? Du glaubst wirklich, ich hab meinen Alten umgebracht?«

»Nein«, stammelte Niklas. »Natürlich nicht.« Das stimmte eigentlich. Er glaubte gar nichts im Moment. Er wollte nur, dass diese Scheiße aufhörte. Die ganze Scheiße. Er wollte, dass alles normal war. So wie früher. Er schwieg. Merkte, dass er wütend war. Wütend auf Johannes und seine Show. Wütend auf sich selbst, weil er sich so hilflos fühlte. Johannes war sein Freund, solange er denken konnte. Er war nicht so, wie er gerade tat, das wusste

Niklas. Obwohl er verdammt oft so tat in letzter Zeit. Einfach dichtmachte. Nicht zuließ, dass irgendjemand oder irgendetwas zu ihm durchdrang.

»Er rallert es nicht«, hörte er Falks Stimme. »Unsere süße kleine Nikimaus muss weinen, weil sich das so gehört.«

Für eine Sekunde wurde Niklas kalt vor Wut. Aber er beherrschte sich. Falk war es nicht wert, nicht jetzt, es brachte nichts, auf diese idiotische Provokation einzugehen.

»Ich glaub, ich hau ab!« Er stellte seine Bierflasche auf den Tisch.

Johannes hielt ihn am Arm fest. »Nein«, sagte er. »Sorry, dass ich dich angeschnauzt hab. Aber ich hab echt keinen Nerv auf den Scheiß im Moment.«

Sein Blick wanderte blitzschnell zu Falk und Yannik, und Niklas verstand. Er verstand, dass Johannes ihn brauchte. Jetzt. Und er verstand, dass er nicht alles verstehen musste. Jetzt musste er hier einfach sitzen, mit seinem Freund. Ein Bier trinken. Sonst nichts. Er erhob sich. »Soll ich noch jemandem was mitbringen?«, fragte er.

***

Christian musterte skeptisch den Schachtelberg, den Britta in den Flur trug. »Ich bin ja wirklich ziemlich hungrig«, sagte er. »Aber meinst du nicht, das ist etwas übertrieben?«

»Wir haben Besuch«, sagte Britta.

Christian stöhnte.

»Ich hab dir gesagt, dass du bezahlen musst.«

Er nickte. »Ja, hast du. Aber ich dachte eigentlich eher an meinen ekelhaften Welpenblick und eine lange Nackenmassage. Füße meinetwegen …«

Er sah, dass Britta sich ein Lächeln verkniff. Immerhin, dachte er, immerhin.

»Du hast dich aufgeführt wie ein Arsch heute Morgen«, sagte sie streng.

»Ja, also … ja. Ich … ich war gestresst. Komm, ich nehm dir das ab.« Er griff nach den Pizzakartons. »Kannst du vielleicht damit leben, dass wir das einfach nicht weiter diskutieren? Ich hab mich im Ton vergriffen. Aber du auch. Du kannst mir nicht vor meinen Kollegen den Stinkefinger zeigen. Und als Zeugin einfach abhauen, das geht auch nicht.«

Britta hob eine Hand, um ihn zu unterbrechen. »Wir reden ein andermal darüber«, sagte sie. »Und am liebsten nicht im Hausflur. Jetzt gehen wir besser hoch. Wenn Agathe Hunger hat, wird sie zum Tier.«

Abermals stöhnte Christian.

»Mir wäre das mit dem Welpenblick und der Fußmassage auch lieber gewesen. Aber sie sind einfach aufgetaucht. Lässt sich nicht ändern jetzt. Wir essen Pizza und hoffen, dass sie ganz schnell wieder gehen.«

»Das glaubst du doch wohl selbst nicht.«

»Nein«, bestätigte Britta, küsste ihn auf die Wange und drückte den Aufzugsknopf. »Aber ich nenne das positives Denken.«

»Na, das wird aber langsam auch Zeit«, erklärte Margot gut gelaunt, als sie die Küche betraten. »Der Wein ist gleich leer. Und wir sind so gut wie verhungert.«

Christian setzte sich neben sie an den Küchentisch. »Das würde mein Leben möglicherweise leichter machen«, sagte er. »Kannst du mir mal erklären, was zum Henker du dir dabei gedacht hast, einfach so bei Frau Hecker reinzumarschieren und so zu tun, als wärst du von der Polizei?«

Margot hob eine Hand und winkte ab. »Ich weiß, ich weiß. Das war nicht in Ordnung. Aber es war ein Missverständnis. Ich war quasi völlig überrumpelt, und bevor ich überhaupt zu Wort kam, hat sie mir schon alles erzählt. Ich habe natürlich in keinster Weise angedeutet, dass ich von der Polizei bin. Da kannst du sie selbst fragen.«

»Darum geht es nicht. Du kannst so was nicht machen, Margot. Wir standen da wie die Idioten. Das ist eine wichtige Zeugin in einer Mordermittlung.«

»Ich weiß.« Margot strahlte ihn an. »Du hast vollkommen und absolut recht, und ich schwöre, dass so etwas nie wieder vorkommen wird!«

Agathe lachte keckernd.

»Das ist nicht lustig«, sagte Christian.

»Ich finde es zum Schreien komisch«, widersprach Agathe. »Zumal du dich kein bisschen dafür zu interessieren scheinst, woher Margot überhaupt von Frau Hecker wusste.«

»Agathe!« Britta warf ihr einen warnenden Blick zu.

»Wo sie recht hat, hat sie recht.« Christian runzelte die Stirn. Gott, wie er das hasste. Keine Frage ohne weitere Fragen, Fragen, auf die er keine Antwort wollte. Aber er musste reagieren. Er sah Britta vorwurfsvoll an.

»Ich hatte keine Ahnung«, sagte die, hob abwehrend eine Hand. »Ich halte mich da raus. Ich habe nichts damit zu tun.«

Er seufzte.

»Verdammt, Christian, du hast mich zur Schnecke gemacht vor allen Leuten. Vor deiner Sophie! Und ich hab eine Leiche gefunden. Ich bin so etwas nicht gewohnt. Du kannst mir wirklich nicht vorwerfen, dass ich über so eine Sache reden muss mit irgendwem. Mit meinen Freunden.«

»Oh doch, das kannst du, Wörner«, warf Agathe dazwischen. »Mehr noch, das solltest du ihr vorwerfen. Wenn du ihr so etwas durchgehen lässt, dann hast du bald nichts mehr zu melden hier. Davon abgesehen, hättest du sie hören müssen. Gift und Galle hat sie gespuckt, kein gutes Haar an dir gelassen, sie hat Margot ja förmlich angefleht, dir das Leben schwer zu machen …«

»Agathe, lass es!« Britta setzte sich an den Tisch. »Es hilft dir kein bisschen, wenn er mich rausschmeißt. Oder glaubst du, du könntest dann bei Wörner einziehen?«

»Was? Wer zieht bei wem ein? Hab ich was verpasst?« Christian bekam langsam Angst.

»Niemand zieht irgendwo ein oder aus«, beruhigte ihn Britta.

»Das werden wir noch sehen, Miststück.« Agathe ergriff mit einer Hand das Pizzastück, das Margot auf ihren Teller gelegt hatte, und biss hinein. Zwischen zwei Bissen sagte sie: »Gib mir mehr Wein! Ich brauche Wein. Ich hatte einen furchtbar anstrengenden Nachmittag. Ich habe Kaffee getrunken mit Frau Lindemann. Eine boshafte alte Tratschtante ist das, mir haben fast die Ohren geblutet, so Leuten darf man vermutlich kein Wort glauben. Aber ich tue das gern. Für euch. Trotz allem.«

»Nein«, sagte Christian. »Agathe, ich bitte dich, ach was, ich flehe dich an: Tu das nicht. Tu nichts, aber auch überhaupt gar nichts für mich.«

»Wenn du nicht hören willst, was Agathe zu sagen hat, dann kannst du ja rausgehen«, schlug Margot vor. »Aber wenn ich du wäre, dann würde ich einfach mal die Ohren spitzen.«

»Du bist aber nicht ich.«

»Gott sei Dank!«

»Hallo?« Agathe wedelte mit ihrem Pizzastück herum. »Wollt ihr jetzt hören, was ich erfahren habe, oder nicht? Zum Beispiel, dass die Witwe eurer Leiche eine Vollmeise hat?«

»Na toll«, stöhnte Christian leise.

»Die ist völlig krank im Kopf, sagt die Lindemann. Wobei ihr wissen müsst, dass die Lindemann die Mutter von der Weingarten ist. Und die Weingarten wohnt gegenüber von den Lebrechts, und außerdem ist sie auf eine sehr verworrene Weise, die ich nicht so richtig verstanden habe, eine Art Tante von einem gewissen Niklas Birkner, der wiederum mit dem Sohn des Toten ganz dick befreundet ist. Auch ein interessanter Charakter, dieser Junge, aber dazu später.« Sie stopfte den Rest Pizza in ihren Mund und kaute.

»Schling nicht so«, sagte Britta. »Du kriegst Sodbrennen, wenn du so schlingst.«

Agathe beachtete sie gar nicht. Sie schluckte hastig. »Also, diese Lebrecht, die hat eine Putzneurose. Sagt Frau Weingarten. Die sieht man vom Morgengrauen bis zum Sonnenuntergang nie ohne Eimer und Schrubber. Sie zieht fast jeden Tag frische Bettwäsche auf.«

»Na, das ist ja hochinteressant.« Christian nahm noch ein Stück Pizza.

»Sicher ist das interessant.« Agathe sah ihn empört an. »Jetzt hör doch mal auf, so zickig zu sein. Nur weil ich dir wichtige Infos liefere. Wasserdichte Infos, denn Frau Weingarten kann ja quasi direkt reingucken bei denen. Außerdem putzt die Lebrecht einmal in der Woche den Bürgersteig! Ja, du hast richtig gehört. Sie putzt den Bürgersteig mit Schrubber und Seife.«

Britta lachte. »Das sagt also die – wie war das – ›boshafte alte Tratschtante‹? Der man kein Wort glauben darf?«

Agathe winkte ab. »In diesem Fall lügt sie sicher nicht. Schließlich geht es um Mord. Und außerdem kommt die Info ja von ihrer Tochter, dieser Weingarten, und es sind überprüfbare Fakten. Die Weingarten sagt übrigens auch, dass der Sohn völlig gestört ist. Ein Punker oder Rocker oder Grufti oder Emo, irgendwie so was, das weiß sie nicht, da kennt sich heute ja keiner mehr aus bei den jungen Leuten. Ich hab sein Profil auf Facebook gefunden. Finsteres Bürschlein. Auf jeden Fall ist bekannt, dass er mit seinem Vater überhaupt nicht klarkam. Da war Krieg. Es wäre somit naheliegend –«

»Agathe!« Britta ging die Sache langsam ein bisschen zu weit.

»Ich sage ja gar nichts. Aber es fällt doch wohl ins Auge. Eine putzsüchtige Mutter, eine biedere Schwester, der Alte ein autoritärer Erzkatholik, eine zerrüttete Familie – irgendwann hält der Junge es nicht mehr aus …«

»Wir reden von einem Teenager, Agathe! Einem Kind in der Pubertät. Da hat man schon mal Stress mit seinen Eltern. Wenn deshalb alle ihre Väter erschlagen würden, dann hätten wir ganz sicher kein Rentenproblem.«

»Ich sage ja nicht, dass es Vorsatz war. Es könnte ein Unfall gewesen sein. Sein Vater hat ihn bei irgendwas überrascht oder erwischt, es kam zum Streit – und zack …«

»Jetzt, wo du es sagst … ja sicher, wie sollte es wohl anders gewesen sein? Das hört man ja quasi alle Tage.« Britta goss sich den Rest Wein ins Glas.

»Ich auch …« Christian reckte flehend sein Glas. »Gib mir Alkohol! Bitte, sag, dass wir noch Wein haben!«

***

Falk war enttäuscht, dass sich keine Gelegenheit ergeben hatte, mit Johannes allein zu reden. Über das, was wichtig war im Moment. Aber solange die vollgedröhnte Pfeife Yannik und Niklas, das Weichei mit seiner Beileids-Betroffenheitsscheiße, dabei waren, ging das nicht, das verstand er. Natürlich verstand er auch, dass Johannes nicht lange bleiben konnte.

Es war eigentlich scheißegal.

Es ging nicht ums Quatschen. Genau das hatte Johannes ihm schließlich klargemacht. Es ging darum, zu handeln. Kein Opfer zu sein.

Jetzt hockte er auf dem Friedhof. Und fühlte sich Johannes auf komische Art näher als eben in der Kneipe. Es fühlte sich gut an, hier zu sitzen. Auf diesem Boden, getränkt mit Tod. Er sah zu dem Flatterband, das die Polizei gespannt hatte. Kramte in seiner Tasche nach Zigaretten und zündete sich eine an. Es kratzte im Hals.

Er schloss die Augen und dachte an seine Mutter. Daran, wie sie jetzt war. Ein Opfer in jeder Hinsicht. Er dachte daran, wie sie angefangen hatte, ständig in die Kirche zu rennen, nachdem sein Alter abgehauen war. Chor, Lektorendienst, Erstkommunionsunterricht, sie tat alles, um sich zu beschäftigen. Lenkte sich mit der scheinheiligen Kacke ab und ließ sich trösten vom Vollpfosten Blondlöckchen. Es war ihm eigentlich egal gewesen. Lieber sogar, als wenn sie zu Hause war und auf dem Sofa hockte und gar nichts tat. Dann fühlte er sich nämlich immer verpflichtet, sich zu ihr zu setzen. Obwohl sie nicht mit ihm redete. Nicht über das, was wichtig gewesen wäre. Das ging nämlich nicht.

Das hatte sie am Telefon zu Oma gesagt.

»Ich muss den Jungen da raushalten. Er braucht ein positives Vaterbild.«

Als wäre sie die Einzige, die sein Arsch von Vater im Stich gelassen hatte. Ersetzt durch diese blöde Kuh und das hässliche, fette Baby. *»Deine Schwester«* – so nannte er das Blag dauernd an den Wochenenden, den grauenhaften Wochenenden dort, mit dem Getue um das Plärrkind und den ständigen Moralpredigten, die sein Vater ihm hielt.

Statt über diese Dinge zu reden, fragte seine Mutter lahm nach der Schule, nach seinen Freunden, nach Dingen, die sie ganz offensichtlich nicht wirklich interessierten. Einsilbige, verkrampfte Pflichtkonversation. Über den Rest sprach sie mit anderen. Mit dem Arsch von Kaplan zum Beispiel, *»so ein feiner und sensibler Mann«*, sagte sie zu Oma am Telefon.

Es wäre ihm scheißegal gewesen, wenn der Typ sich nur aus

den Sachen rausgehalten hätte, die ihn nichts angingen. Aber das hatte er nicht.

Falk zündete sich die nächste Zigarette an. Sah wieder hinüber zu der Stelle. Da hatte er gelegen. Johannes' Vater. Es war schwer zu fassen. Hier war etwas geschehen, was Grenzen neu definierte. Ein schrilles Pfeifen ließ ihn zusammenfahren. Es dauerte einen kleinen, hässlichen Moment voller Angst, bis er in der Dämmerung erkannte, woher das Geräusch gekommen war. Eine Katze hockte da unter den Bäumen und fixierte etwas mit ihren Vorderpfoten. Eine große, fette Katze mit rotem Fell. Sie hob den Kopf und blickte Falk aus grünen Augen an. Dann wandte sie ihre Aufmerksamkeit wieder ihrer Beute zu.

Falk beobachtete fasziniert, wie sie die Ratte kurz losließ, ohne sie aus den Augen zu lassen. Wie sie den sinnlosen Fluchtversuch genau beobachtete, um genau den richtigen Moment abzupassen, in dem sie wieder zuschlug. Sie spielte mit der Ratte. Sie hatte ihren Spaß, während sie Stück für Stück das Leben aus dem fetten Nager schlug.

Falk saß da. Er betrachtete die Katze. Er lächelte. Dankbar. Er hatte verstanden.

7

»Was machen Sie denn da?« Die deutlich zu laute, entschieden zu empörte Stimme riss Margot aus dem Schlummer. Vorsichtig öffnete sie ein Auge. Vor ihr stand eine Frau in weißer Funktionskleidung, die Hände in die Hüften gestemmt, und sah sie entrüstet an.

»Ich schlafe«, brummte sie. »Oder sagen wir lieber: Ich habe geschlafen.«

»Sie können hier doch nicht schlafen!«

»Nicht, wenn Sie so schreien, nein.« Margot setzte sich vorsichtig auf dem Sofa auf. »Und nicht besonders gut, leider. Das ist eindeutig ein Sitzsofa, kein Schlafsofa.«

Ein Umstand, der ihr auch am vergangenen Abend bekannt, da aber herzlich egal gewesen war. Nachdem sie bei Britta noch das ein oder andere Glas Wein getrunken hatten, hatte sie sich erboten, Agathe, die alkoholbedingt ein wenig hinfällig wirkte, zur Residenz zu geleiten. Natürlich hatte die auf einen kleinen Absacker zum Abschied beharrt. Natürlich hatte man auf einem Bein nicht stehen können, eins hatte zum anderen geführt, und irgendwann hatte Margot beschlossen, sich den anstrengenden Heimweg zu sparen und sich lieber mit einer Decke auf Agathes Sofa zu betten.

»Und wie es hier riecht!«, empörte sich die Dame nun weiter, ging zum Fenster und kippte es. »Wie in einer Kneipe! Was ist hier los?«

Margot rieb sich die Schläfen und beschloss, dass diese Frage keine Antwort verdiente. »Haben Sie vielleicht eine Kopfschmerztablette zur Hand?«, führte sie das Gespräch in eine aus ihrer Sicht konstruktive Richtung.

»Das ist doch wohl …« Die Frau schnappte nach Luft. »Was glauben Sie, wer ich bin? Ihr Zimmermädchen? Das geht so nicht! Das ist gegen die Hausordnung. Wir haben Gästezimmer. Wenn Frau Hutschendorf Gäste über Nacht −«

»Ach, mein liebes Kind«, unterbrach eine gut gelaunte Stimme.

Agathe stand mit rosigen Wangen in der Tür, die zum Schlafzimmer des kleinen Apartments führte. Sie war vollständig bekleidet und wirkte erstaunlich frisch.

»Mittlerweile sollten Sie doch wissen, wie das ist mit der Hutschendorf, der fiesen Möpp. Stur wie ein Esel ist die, und wenn es ihr gefällt, den Don-Kosaken-Chor oder die Chippendales auf ihrem Sofa schlummern zu lassen, dann macht sie das einfach. Die Hutschendorf hält sich nicht an Regeln. Sie gilt zu Recht als schwierig. Ein alter Hund lernt nämlich keine neuen Tricks. Deshalb gibt es nur eine Lösung, die für alle Beteiligten befriedigend wäre. Man sollte sie rauswerfen, die alte Krawallschachtel. Darum wäre ich Ihnen sehr verbunden, wenn Sie diesen ungeheuerlichen Vorfall umgehend der Anstaltsleitung melden würden.«

Sie ging zum Tisch, griff in die offene Schachtel mit Cognacbohnen, die dort herumstand, und lächelte fröhlich. Stand da, offensichtlich frei von jedweden Beschwerden, und Margot fragte sich nicht zum ersten Mal, wie es sein konnte, dass ein derart alter Körper so immun war gegen Kater. Ihr eigener Kopf wummerte unangenehm, und sie war fast sicher, dass sie im Moment zehn Jahre älter aussah als Agathe. Für den Geschmack in ihrer Kehle suchte sie lieber nicht nach Vergleichen, denn diese hätten ihren jammernden Magen sicher ähnlich provoziert wie der Anblick der Schnapspralinen, von denen Agathe sich eben eine weitere genehmigte.

»Bevor Sie Meldung machen, wäre es allerdings ganz reizend, wenn Sie uns ein anständiges Frühstück bringen könnten«, sagte Agathe dann. »Und ein paar Kopfschmerztabletten. Ich glaube, meiner lieben Freundin hier geht es nicht so gut.«

»Wenn Sie Frühstück wollen, dann müssen Sie nach unten gehen. Da steht alles bereit«, versetzte die Frau, aber ihre Patzigkeit wirkte bemüht.

»Ja, das würde ich ja gern, aber …« Agathe öffnete den Mund und ließ einen markerschütternden Rülpser vernehmen. »Ups«, sagte sie. »Da hören Sie es. Der Magen. Ich glaub, ich hab es am Magen. Und wenn ich mich recht erinnere, bin ich ja hier, damit ich in solchen Fällen liebevoll umsorgt werde.«

»Ich … Sie … das …«, stammelte die Frau, sichtlich um Fassung ringend.

»Ja, Sie und ich und das«, sagte Agathe und nickte lächelnd. »Das haben Sie schön zusammengefasst. Ich bräuchte übrigens auch dringend einen Rollstuhl. Ich fühle mich heute gar nicht gut zu Fuß. Das hat natürlich damit zu tun, dass ich noch immer kein Frühstück habe. Dabei braucht man in meinem Alter dringend Nahrung, vermutlich bin ich schon ganz dehydriert. Von daher würde ich vorschlagen, dass Sie mal die Beine in die Hand nehmen, mein Fräulein!«

Die Frau stieß einen Laut aus, der sowohl Schluchzer als auch Schnauben sein konnte, wandte sich abrupt ab und verließ türknallend den Raum.

Agathe wandte sich an Margot. »So weit, so gut«, sagte sie. »Großartige Idee, oder? Das mit dem Rollstuhl. Nicht dass ich ihn wirklich brauche. Aber es ist taktisch klug. Alte Damen in Rollstühlen sind wie sabbernde Babys oder haarende Welpen. Die Leute kriegen sofort Pipi in die Augen, und wenn nicht, dann tun sie so, um nicht kaltherzig und gemein zu wirken.«

»Führst du dich hier immer so auf?« Margot erhob sich ächzend vom Sofa. »Agathe, hast du kein Schamgefühl? Oder wenigstens Angst, dass dir irgendwer nachts ein Kissen aufs Gesicht drückt?«

»Ach Unsinn! Diese Leute arbeiten im Pflegebereich. Die haben den ganzen Tag mit schwierigen, anstrengenden und ekligen alten Leuten zu tun. Die können einiges vertragen, glaub mir.«

»Und warum hast du keinen Kater?«

»Von dem bisschen Schnaps? Ich bitte dich. Ich habe einen ausgezeichneten Stoffwechsel. Mich haut nichts um, gar nichts.«

»Du bist eine Mutantin. Das ist gruselig.«

»Mag sein. Auch das ist mir recht. Du solltest dich jetzt allerdings mal unter die Dusche begeben. Im Schränkchen sind frische Zahnbürsten. Du darfst meine Schminke nehmen, aber nicht den Lippenstift, da bin ich eigen. Und beeil dich ein bisschen, ich würde nach dem Frühstück gern aufbrechen.«

★★★

Kaplan Wegener maß sorgfältig den Kaffee ab und drückte auf den Knopf der Maschine. Einen Moment blieb er stehen, starrte auf das Gerät. Die Erinnerungen an die Alpträume hafteten in seinem Kopf wie klebrige Spinnweben.

Er fühlte sich nicht gut. Er fühlte sich ganz und gar nicht gut. Er hob prüfend eine Hand an die Stirn. Nein, Fieber hatte er nicht. Aber womöglich brütete er irgendetwas aus. Womöglich sollte er zum Arzt gehen. Sich krankschreiben lassen.

Er verbannte den Gedanken aus seinem Kopf. Nein, er würde sich nicht gehen lassen. Er brauchte ein Frühstück. Eine gute Tasse Kaffee und ein Brötchen. Er würde zum Bäcker gehen. Keine große Sache. Zum Bäcker gehen, ein Brötchen kaufen.

Seine Hand zitterte ein bisschen, als er nach dem Schlüssel langte, den er abends, nachdem er die Haustür zweimal von innen abgeschlossen hatte, stets an das kleine Schlüsselbrett an der Wand hängte. Er schloss auf und trat hinaus.

Im ersten Moment war es wie einer dieser Träume. Es war bizarr. Und widerlich. So widerlich, dass sein noch leerer Magen revoltierte. Nicht nur der Geruch, der ihm süßlich in die Nase quoll, sondern auch die fetten grünen Schmeißfliegen bewiesen, dass es real war. Sie lag da vor ihm, mitten auf dem Weg. Der Bauch war aufgeschlitzt. Nein, nicht aufgeschlitzt, die Bauchdecke war zerrissen. Rundherum lagen die Gedärme. Kunstvoll drapiert. Das war kein Tier gewesen, das die tote Ratte so hingelegt hatte.

Wegener würgte. Trocken und schmerzhaft zog sich sein Hals zusammen. Er hielt sich mit einer Hand am Türrahmen fest, beugte sich vor und versuchte, seinen Atem unter Kontrolle zu bringen. Dann richtete er sich auf. Sah nach links, nach rechts. Kein Mensch war zu sehen.

Wegener bewegte sich wie ein Schlafwandler. Er überwand seinen Ekel, packte das tote Tier mit der einen Hand, die glitschigen Innereien mit der anderen. Abermals würgte er. Er taumelte um die Hausecke zu den Mülltonnen. Die Biotonne, dachte er, und fast hätte er gelacht. Bizarr, dachte er, als er den Kadaver vorsichtig auf dem Boden ablegte, um den Deckel zu öffnen. Das ist vollkommen bizarr. Er warf seine ekelhafte Last in die Tonne.

Knallte den Deckel zu. Atmete durch. Der Gestank hing noch immer in seiner Nase.

Er hörte ein leises Maunzen und fuhr zusammen. Er hastete zurück zur Haustür. Die Katze stand da, schnupperte interessiert und begann gerade, das trockene Blut vom Weg zu lecken. Mit einem Satz war er bei ihr. Er packte sie und trug sie ins Haus, wo er sie ins Wohnzimmer sperrte. Er rannte fast in die Küche, schrubbte seine Hände. Dann ging er wieder nach draußen. Er holte den Gartenschlauch, drehte das Wasser voll auf. Es funktionierte nicht richtig. Klebrig hing die eingetrocknete braunrote Pampe auf dem Waschbeton. Er ging in die Küche, holte die Flasche Putzmittel aus dem Schrank und griff nach dem Schrubber. Im Wohnzimmer jaulte die Katze und kratzte verzweifelt an der Tür.

***

Sophie war ein bisschen außer Atem, als sie ankam. Leider hatte Christian sie erst angerufen, als sie mit dem Rad schon fast am Präsidium war. Er hatte ihr mitgeteilt, dass er es für einfacher hielt, wenn sie sich gleich in Kessenich träfen. Natürlich war das einfacher – für ihn, dachte sie, aber sie schob den Gedanken beiseite. Er war nicht der aufmerksamste Zeitgenosse, wenn es um private Belange ging. Erstaunlich eigentlich, denn als Ermittler verfügte er durchaus über offene Kanäle und speicherte und merkte sich Details und Dinge, scheinbar nebensächliche Informationen, beiläufig erwähnt.

Sophie gegenüber tendierte er allerdings zu einer profunden Vergesslichkeit. Vermutlich schaffte er es nur mit Mühe, sich ihren Namen zu merken, dachte sie bitter. Und schüttelte den Kopf, um diese Gedanken loszuwerden. Er war, wie er war. Und letztlich war genau das der Kern von Freundschaft. Man kannte die Schwächen des anderen, sah über sie hinweg, man tolerierte sie, wissend, dass es trotzdem möglich war, entspannt miteinander umzugehen. Abgesehen davon war es egal – ein bisschen zusätzliche Bewegung störte sie nicht, auch wenn ihr der Gegenwind, der ihr beim Strampeln auf der Südbrücke zu schaffen machte, ein bisschen zusetzte.

»Hallo«, keuchte sie, als sie vom Rad stieg.

Er sah auf die Uhr.

»Schneller ging es nicht«, sagte sie, während sie sich nach einer Möglichkeit umsah, ihr Fahrrad anzuschließen.

»Ich wusste nicht, dass du mit dem Rad unterwegs bist.«

»Ich komme immer mit dem Rad. Ich habe kein Auto.«

»Ach.« Christian tat, als sei ihm diese Information völlig neu. Sie steuerte eine Laterne an, die ein sicherer Fahrradhort zu sein versprach. Während sie mit dem Schloss hantierte, rieb er sich die Schläfen.

»Alles in Ordnung?« Sophie sah ihn an. »Geht's dir nicht gut?«

»Bisschen Kopfweh. Nicht so schlimm. Wir gehen jetzt erst mal zum Kaplan.« Er deutete in Richtung der großen Kirche. »Ich hab ihn gerade angerufen. Er scheint kein Frühaufsteher zu sein, klang, als wäre er völlig durch den Wind. Aber jetzt hatte er ja Zeit, genug Kaffee zu trinken. Bevor wir die Lebrechts wieder heimsuchen, hätte ich gern noch ein paar Informationen.«

***

Bernhard Waldbroich wischte sich die ölverschmierten Hände an einem Lappen ab und warf einen letzten Blick auf das Auto, an dessen Unterboden er gerade gearbeitet hatte.

»Kannst wieder runterlassen«, rief er seinem Lehrling zu. »Ich hol mir einen Kaffee.«

Er hörte das Geräusch hoher Absätze hinter sich. Er drehte sich um und sah seine Frau Thea. Ihr leicht verkniffener Gesichtsausdruck verhieß nichts Gutes.

»Hallo, Schatz!« Er küsste sie flüchtig auf die Wange. »Du kommst genau richtig. Ich wollte gerade Kaffeepause machen.«

Sie sah ihn ärgerlich an. Eilig schob er sie in Richtung des Büros, das durch eine Wand aus Glasbausteinen von der Werkstatthalle abgetrennt war. Sie setzte sich auf einen der klapprigen Schreibtischstühle, während er einschenkte. »Schön, dass du wieder da bist«, sagte er. »Wie war es denn?«

»Bernhard, spar dir das!« Wütend starrte sie ihn an. »Warum hast du nicht angerufen?«

»Warum hätte ich anrufen sollen? Du warst nur ein paar Tage weg. Außerdem habe ich gearbeitet.«

»Ich hatte den Wagen noch nicht ganz geparkt, als mir die Müller von gegenüber die Sache um die Ohren gehauen hat«, zischte sie. »Ich stand da wie eine Idiotin. Du hättest mich anrufen sollen.«

»Ich wollte euch das Wochenende nicht verderben«, log er halbherzig.

»Verderben? Bernhard, ich bitte dich!«

»Thea, es geht immerhin um Mord. Die Kinder −«

»Die Kinder sind viel zu klein, um das zu begreifen«, unterbrach sie. »Was ist passiert?«

»Ich weiß nur, dass man ihn gestern Morgen gefunden hat. Auf dem Friedhof. Schreckliche Sache …«

Sie lachte höhnisch. »Sicher. Du bist bestimmt am Boden zerstört.«

»Was soll das denn heißen?«

»Darf ich dich daran erinnern, dass ich deine Frau bin? Du musst mir nichts vormachen, Bernhard. Nicht dass ich je begriffen hätte, was sich da überhaupt abgespielt hat zwischen dir und ihm. Ich habe dir immer gesagt, dass es der größte Fehler deines Lebens ist, diesem Arsch die Kandidatur zu schenken.«

»Ich habe dir tausendmal erklärt −«, setzte er an.

»Vergiss es«, unterbrach sie und knallte ungeduldig ihren Kaffeebecher auf den Schreibtisch. »Was ist denn bloß los mit dir?« Sie presste die Lippen zusammen.

Die Anspannung grub scharfe Falten neben ihre Mundwinkel. Alt, dachte Bernhard, sie sieht alt aus. Älter, als sie ist, dachte er. Er zwang sich, sich an den Schreibtisch zu setzen und das Milchpulver in seinem Kaffee zu verrühren.

»Was soll schon los sein? Ich bin müde. Ich habe das ganze Wochenende gearbeitet. Ein Mord ist geschehen. Das nimmt mich mit. Ich kannte den Mann schließlich.«

»Du hast den Mann gehasst. Er war dabei, dir alles zu vermasseln, wofür du jahrelang gearbeitet hast. Und es wird sicher nicht lange dauern, bis die Polizei das auch weiß. Hast du ein Alibi?«

Er starrte sie an. »Alibi? Mach dich nicht lächerlich.« Der Kaffee schmeckte bitter.

Sie seufzte theatralisch. »Fünf Minuten, ja. Rede fünf Minuten Klartext. Danach kannst du weiter den Betroffenen spielen. Aber du musst praktisch denken. Du musst dich vorbereiten. Wo warst du zum Tatzeitpunkt?«

»Woher soll ich wissen, wann der Tatzeitpunkt war? Thea, was willst du eigentlich von mir?«

»Jetzt stell dich nicht blöder, als du bist. Gestern Morgen haben sie ihn gefunden. Irgendwann Sonntagnacht hat ihm also einer den Schädel eingeschlagen. Also?«

»Ich war hier. Ich habe gearbeitet.«

»Wie lange?«

»Bis Mitternacht. Halb eins vielleicht. Gott, ich weiß es nicht mehr. Ich habe nicht auf die Uhr gesehen.«

»Warst du allein?«

»Thea!«, brauste er auf. »Natürlich war ich allein. Ich kann kaum von meinen Angestellten erwarten, dass sie sich den Sonntagabend mit mir in der Werkstatt um die Ohren schlagen. Und du weißt, was Überstunden am Sonntag kosten.«

Sie schien ihm gar nicht zuzuhören. »Das ist schlecht!«

Er stand auf. »Ich muss wieder an die Arbeit«, sagte er und versuchte, sie nicht zu hassen.

Sie erhob sich ebenfalls und trat auf ihn zu. »Bernhard, ich kann verstehen, dass dir das Thema unangenehm ist.«

Ihr Ton war sanft. Mitfühlend. So falsch, dass er sich zwingen musste, nicht zurückzuweichen.

»Du musst jetzt die Nerven behalten«, säuselte sie weiter. »Wir stehen das durch. Du hast so hart gearbeitet. Und jetzt steht dir alles wieder offen. Ich bin auf deiner Seite. Zusammen schaffen wir das.«

Er wandte den Blick ab. »Thea, ich … ich bin nicht sicher, was ich tun werde. Ich meine … das ist eine Entscheidung, über die ich nachdenken muss.«

»Was? Bernhard, hör auf, so einen Unsinn zu reden. Willst du den Rest deines Lebens in Ölpfützen herumwaten?«

Er fühlte, wie langsam die Wut in ihm hochstieg. »Vielleicht will ich das«, sagte er. »Vielleicht bin ich ja glücklich mit dem, was ich habe.«

Sie strich sich mit einer Hand die Haare aus dem Gesicht. »Mit dem Handy«, sagte sie dann. »Vielleicht können wir sagen, dass ich dich auf dem Handy angerufen habe. Wenn wir beide die Speicher löschen. Dann können sie das zwar noch immer herausfinden, aber ich glaube kaum, dass sie so einen Aufwand betreiben werden. Wenn du ein Alibi hast –«

»Bist du verrückt?« Bernhard starrte seine Frau an. »Ich soll die Polizei belügen? Warum, wenn ich fragen darf? Du glaubst doch wohl nicht –«

»Ich glaube gar nichts! Denk doch mal eine Sekunde nach. Wenn hier die Polizei aufkreuzt, mehrfach womöglich, dann kostet dich das Punkte. Du weißt, wie die Leute sind.«

Er starrte sie an. Das war die Mutter seiner Kinder. Seine Ehefrau.

Die Tür öffnete sich, und der Lehrling streckte seinen Kopf ins Büro. »Chef, der Nelles ist da. Hat wieder Ärger mit dem Anlasser. Er will wissen, wie lange es dauert. Wenn Sie vielleicht mal gucken können …?«

»Ich komme.« Er warf ihm einen dankbaren Blick zu und wandte sich dann an Thea. »Wir reden später«, sagte er. »Heute Abend.«

***

Christian saß mit verkrampften Schultern auf einem der Stühle vor dem Schreibtisch des Kaplans und versuchte sich zu entspannen.

»Er war ein rechtschaffener Mann«, sagte Wegener gerade.

Eine sonderbare Wortwahl. Leider hinderte das leise Geräusch von Pfoten auf dem Parkett ihn daran, diesen Gedanken weiterzuverfolgen. Er versuchte, sich auf den Mann hinter dem Schreibtisch zu konzentrieren. Kein sonderlich entspannender Anblick, denn der Kaplan war ein Nervenbündel, obwohl er sich sichtlich bemühte, souverän zu wirken. Christian machte sein ständiges Fummeln an den Ärmeln des Sweatshirts fast genauso nervös wie das Wissen, dass diese fette schwarz-weiße Katze sich hinter seinem Rücken herumdrückte, sich möglicherweise gerade duckte, zum Sprung bereit machte, um ihre Krallen in seinen Nacken zu graben.

»Im Grunde kannte ich Herrn Lebrecht kaum.« Der Kaplan verzog kummervoll das Gesicht. »Unser Verhältnis war rein dienstlich. Er war im Kirchenvorstand. Außerdem Lektor, Kommunionhelfer, er hatte verschiedene Ehrenämter inne. Daneben hat er sich sehr im Bereich der Finanzen eingebracht, aber darum kümmert sich mein Vorgesetzter, der für den Pfarrbezirk zuständig ist. Wir haben uns in den Gremien getroffen, natürlich beim Gottesdienst, aber ich stand ihm persönlich nicht besonders nahe. Ich fürchte, ich kann Ihnen da nicht helfen.«

»Oh, alles hilft«, sagte Sophie. Ausnahmsweise war Christian ganz froh, dass sie sich einmischte. »Erzählen Sie einfach. Was Ihnen so einfällt.«

»Was mir so einfällt …«, wiederholte der Kaplan und fingerte noch etwas hektischer an seinen Ärmeln. In Jeans und Sweater, mit seinen blonden Löckchen und dem bartlosen Gesicht sah er aus wie ein Abiturient und nicht wie ein Seelsorger, fand Christian. Obwohl er nicht recht wusste, wie ein Seelsorger auszusehen hatte. Es mangelte ihm an Erfahrung, er war schon vor Jahren dazu übergegangen, seine Seele allein zu versorgen.

Abermals meinte er, die schleichenden Pfoten zu hören. Er starrte auf das erschreckend lebensechte Kruzifix, das hinter dem Kaplan an der Wand hing.

»Rechtschaffen, sagten Sie …«, versuchte Sophie derweil, den stockenden Erzählfluss in Gang zu bringen. »Wie meinen Sie das? Ich kann mit dem Begriff ehrlich gesagt nicht so viel anfangen.«

»Er war ein Mann mit klaren Prinzipien.« Der Kaplan schien die Worte mit Bedacht zu wählen. »Ziemlich konservativ.«

Christian fühlte eine Berührung am Fuß. Er erstarrte, senkte vorsichtig den Blick. Die Katze strich um seine Beine. Sie legte den Kopf schief und sah ihn an. So unauffällig wie möglich versuchte er, sie mit dem Fuß wegzuschieben.

Sophie nieste. Es klang künstlich. Sehr künstlich sogar, weshalb Christian ihr einen irritierten Blick zuwarf. Auch Wegener wirkte verunsichert. »Gesundheit«, sagte er. »Alles in Ordnung?«

»Alles bestens«, versicherte sie. »Es ist nur … ich bin allergisch. Gegen Katzenhaare. Würde es Ihnen etwas ausmachen …«

Der Kaplan sprang auf. »Oh, aber nein. Entschuldigen Sie! Das hätten Sie doch gleich sagen können. Ich bin so an den Tiger gewöhnt, wissen Sie … Verzeihung!« Er umrundete den Schreibtisch und fing die wenig begeisterte Katze mit geschicktem Griff ein. »Ich bin gleich wieder da.« Er verließ den Raum mit dem sich sträubenden Tier.

»Du bist allergisch?« Christian warf Sophie einen zweifelnden Blick zu. Er hätte schwören können, dass sie mal erzählt hatte, dass sie selbst eine Katze hatte. Ja, er erinnerte sich genau, denn er merkte sich, wenn Leute Katzen hatten. Schon, um sie nicht leichtfertig zu besuchen, aus Versehen.

Sophie lächelte ihn unschuldig an. »Ja, sehr, sehr allergisch«, sagte sie. »Vielleicht liegt es aber auch daran, dass dieses Tier einen so gefährlichen Eindruck macht. So eine große Katze. Mit scharfen Zähnen. Und dann heißt sie noch Tiger …«

Christian stieg die Hitze ins Gesicht. Was sollte das denn jetzt? Machte sie sich über ihn lustig? Er war froh, dass Wegener in diesem Moment in den Raum zurückkehrte und wieder Platz nahm.

»Ja«, sagte er, »ja also, wo waren wir?«

Nicht besonders weit, dachte Christian und nahm erfreut zur Kenntnis, dass die Abwesenheit der Katze seiner Konzentration tatsächlich guttat. »War er beliebt in der Gemeinde?«, erkundigte er sich.

Wegener schien noch eine Spur blasser zu werden. »Natürlich«, erklärte er etwas zu eilig. »Wie ich schon sagte – er war äußerst engagiert. Eine Stütze, wie man so sagt.«

»Mochten Sie ihn?«

Der Kaplan biss sich auf die Unterlippe. »Das ist alles nicht leicht für mich.« Er senkte den Blick und wirkte unglücklich. »Ach, was soll das Theater«, sagte er und lehnte sich zurück. »Sie werden es ja sowieso hören, früher oder später. Nein, ich mochte ihn nicht. Und das beruhte sicherlich auf Gegenseitigkeit. Wir hatten unsere Probleme miteinander. Was natürlich in Ordnung ist, schließlich gehört zu einem lebendigen Gemeindeleben auch die Auseinandersetzung. Gemeinschaft wächst über Konflikte, es geht immer darum, einen Konsens zu finden, zu begreifen, dass Menschen verschieden sind und doch gleich vor dem Tisch des Herrn –«

»Natürlich«, unterbrach Christian die drohende Predigt. »Darf ich fragen, was genau das für Probleme waren?«

»Ach, nichts Gravierendes eigentlich …« Wegener fing Christians Blick auf und räusperte sich. »Ich bin ja hauptsächlich in der Jugendarbeit tätig. Ein wichtiger Bereich heutzutage. Herrn Lebrecht waren viele der Dinge, die ich den Jugendlichen anbiete, etwas zu weltlich. Er hatte da einen sehr hohen, recht eigenen inhaltlichen Anspruch. Ich habe mich immer bemüht, den jungen Leuten einen Raum zu bieten, in dem Spaß und Freude Platz haben. Es ist keine Sünde, sich zu amüsieren. Und letztlich lebt gerade Glaube ja von Freude. Natürlich muss auch Platz für Inhalte sein. Im Grunde waren es Grabenkämpfe. Weiter nichts.«

»Hatte er nur mit Ihnen diese Differenzen? Oder gab es noch andere?«, fragte Sophie.

Wegener zögerte eine Sekunde. »Er war keiner, der mit seiner Meinung hinter dem Berg hielt. Er hat einige Leute vor den Kopf gestoßen, aber es gibt sicherlich auch die, denen er aus der Seele gesprochen hat.«

»Und seine Frau?«, erkundigte sich Christian. »Die Familie?«

Abermals biss sich Wegener auf die Unterlippe. »Frau Lebrecht ist sehr zurückhaltend. Still. Aber ausgesprochen freundlich, immer da, wenn Hilfe gebraucht wird. Alles in allem ist es eine ganz normale Familie, überdurchschnittlich engagiert. Ich weiß wirklich nicht, was Sie jetzt von mir hören wollen.«

»Was ist mit den Kindern? Mit Elisabeth und Johannes?«

»Was soll mit ihnen sein? Normale Kinder, sehr nett. Elisabeth leitet eine der Messdienergruppen. Sie ist mit großer Begeisterung dabei, eine wunderbare junge Frau, auf die man sich verlassen kann.«

»Und Johannes?«

»Johannes nicht. Ich meine, er hat es nicht so mit dem Gemeindeleben. Er … ich denke, er ist in einer Phase, in der er sich sehr abgrenzt von seinen Eltern. Und von dem, was ihnen wichtig ist. Dazu gehört für ihn eben auch die Kirche.«

»Ich habe gehört, dass er schwierig ist«, bemerkte Christian.

»Schwierig, ach herrje. Wissen Sie, die Leute hier reden gern. Ich kenne ihn, seit ich herkam. Als er klein war, hat er wohl regelmäßig mit seinen Eltern die Messe besucht, war bei den Messdienern, den Pfadfindern. Aber ich bin erst seit drei Jahren hier in der Gemeinde, das war also vor meiner Zeit. Ich hatte nie viel mit ihm zu tun. Nach allem, was ich mitbekomme, rebelliert er, so wie Jugendliche das manchmal tun. Er hat es sicher nicht immer leicht mit seinem Vater. Aber wenn Sie andeuten wollen, dass er irgendetwas mit dieser schrecklichen Sache zu tun hat, dann sind Sie auf dem Holzweg.« Er warf einen demonstrativen Blick auf die Uhr. »Mehr kann ich Ihnen wirklich nicht sagen, fürchte ich. Es ist … wissen Sie, mich nimmt die Sache sehr mit. Die Kinder und auch Frau Lebrecht tun mir von Herzen leid. Es ist schrecklich, wenn Menschen so etwas durchmachen.« Er machte Anstalten, sich zu erheben.

»Ja, das ist es.« Christian blieb ungerührt sitzen. »Was ist mit Elisabeth?«, fragte er.

Wegener zuckte zusammen. »Was soll mit Elisabeth sein?«, fragte er und ließ sich wieder auf seinen Stuhl sinken.

»Hat sie sich besser verstanden mit ihrem Vater?«

»Elisabeth ist ganz anders als Johannes. Sie … sie hat ihre Nische gefunden. In der Jugendarbeit. Ein Raum, den ihr Vater akzeptiert hat. Trotz seiner Missbilligung für meine Person. Sie hat nie dieses Bedürfnis an den Tag gelegt, sich auf aggressive Art und Weise von ihrem Elternhaus abzugrenzen. Vielleicht, weil sie ein Mädchen ist. Soweit ich weiß, ist sie immer gut ausgekommen mit ihren Eltern.« Er warf einen weiteren Blick auf seine Armbanduhr. »Entschuldigen Sie, ich … Ich habe gleich noch einen Termin.«

»Wir sind fast fertig.« Christian sah ihn an. »Wenn Sie uns vielleicht noch sagen, wo Sie waren? Am Sonntagabend? Zwischen zehn und zwei?«

»Ich? Wo ich war? Was soll das, ich … warum fragen Sie das?«

»Routine. Das ist reine Routine.«

Wegener schien zu zögern. »Ich habe kein Alibi«, sagte er dann. »Ich war hier. Zu Hause. Ich habe gelesen, ich bin früh ins Bett gegangen, wenn ich mich richtig erinnere. Macht mich das verdächtig? Wollen Sie etwa andeuten –?«

»Wir wollen gar nichts andeuten«, unterbrach Sophie. »Wie mein Kollege schon sagte – reine Routine.«

»Ich denke, wir sind dann auch fertig fürs Erste.« Christian betonte den letzten Teil des Satzes. Dann stand er auf. »Vielen Dank. Sie haben uns sehr geholfen.«

Er hätte schwören können, dass Wegener bei diesen Worten noch ein bisschen blasser wurde.

8

Margot konnte noch immer nicht fassen, dass Agathes unverschämter Auftritt ihnen tatsächlich sowohl zu einem Frühstück als auch zu dem geforderten Rollstuhl verholfen hatte.

»Man muss einfach wissen, wie man mit den Leuten redet«, hatte Agathe erklärt. »Ich glaube, sie finden mich eigentlich amüsant. Sie mögen es, wenn jemand Leben in die Bude bringt. Nicht immer nur harmonisch säuselt und vor seniler Dankbarkeit trieft. Sie dürfen das nur nicht so zeigen.« Sie hatte gegrinst. »Kann allerdings auch sein, dass sie Angst vor mir haben. Weil ich total irre bin und total viel Geld habe. Und weil sie ahnen, dass ich zu allem imstande bin.«

Margot hielt den zweiten Erklärungsansatz für wesentlich wahrscheinlicher. Sie war kein Mensch, der sich übermäßig um Konventionen scherte, aber das, was Agathe da veranstaltete, nötigte ihr etwas zwischen Bewunderung und Fassungslosigkeit ab.

Sie hatte das Thema fallen lassen und sich stattdessen auf die Früchte von Agathes Unverschämtheit hergemacht. Sie hatte sich mit großem Appetit auf das Frühstück gestürzt, obwohl der Blick, mit dem die Pflegerin zuvor das Tablett auf den Tisch geknallt hatte, den Verdacht nahelegte, dass das Rührei möglicherweise mit Strychnin veredelt war.

Jetzt war sie froh um jede Kalorie, die sie ihrem Körper zugeführt hatte. Der Rollstuhl, in dem Agathe thronte, erwies sich an der Steigung als ziemlich schwergängig.

»Du wiegst mindestens eine Tonne«, keuchte sie. »Trägst du Unterwäsche aus Massivgold?«

»Es ist mein Gehirn«, behauptete Agathe. »Das ist sehr groß und gewichtig!«

»Du solltest mich schieben«, moserte Margot weiter. »Du bist putzmunter, und ich habe einen Kater.«

»Das würde komisch aussehen«, sagte Agathe. »Hast du keine Würde? Außerdem tut Bewegung immer gut. Frag mal Britta.

Dein Beckenbodenmuskel wird es dir danken, eines Tages …
Da! Da ist es. Wir sind da.«

Margot stoppte vor dem kurzen gepflasterten Weg, der zur
Haustür führte. »Und wie kommen wir da jetzt rein? Was sagen
wir denn?«

»Klingel einfach. Und lass mich machen.«

Margot schob den Rollstuhl zur Haustür und drückte den
Klingelknopf. Sekunden später öffnete eine rundliche Dame und
sah sie durch eine modisch bunte Brille fragend an. »Ja bitte?«

Agathe stieß ein Röcheln aus, das Margot durch Mark und
Bein ging. »Wasser«, stöhnte sie. »Ein Glas Wasser bitte …«

»Oh Gott, was ist los? Sie … kommen Sie, kommen Sie rein,
ich hole sofort … gehen Sie einfach durch, ins Wohnzimmer,
ich bin gleich da!«

Wenige Sekunden später reichte sie Agathe ein Glas. Die trank
gierig. »Danke«, hauchte sie dann. »Sie haben mir das Leben
gerettet. Was für ein Glück, dass Sie genauso patent sind, wie
Ihre Mutter sagt.«

»Meine Mutter?«

»Ja, wir sind befreundet. Ich wohne auch in der Anst… in der
Residenz. Famoses altes Haus, Ihre Mutter, wirklich, prächtige
Frau!«

»Ach, wie nett«, sagte Frau Weingarten. »Geht es Ihnen besser?
Soll ich einen Arzt rufen?«

»Nein, nein danke, es geht schon wieder. Bisschen wackelig,
aber es geht schon.«

»Kann ich Ihnen etwas anderes anbieten? Einen Tee vielleicht?
Ich habe auch Zitronenkuchen, ganz frisch gebacken.«

»Oh, aber wir wollen keine Umstände machen«, sagte Agathe.

»Das ist doch kein Umstand. Ich bitte Sie. Ich habe gern
Besuch. Und der Kuchen ist ja sowieso fertig.«

»Nun, wenn das so ist, dann sage ich natürlich nicht Nein. Eine
kleine Stärkung wird mir sicher guttun. Wo doch Ihre Mutter
immer so von Ihrem Kuchen schwärmt. Meine Tochter, sagt sie
immer, die backt wirklich den besten Zitronenkuchen der Welt!«

»Hat sie das wirklich gesagt?«, erkundigte sich Margot, während Frau Weingarten erneut in die Küche eilte.

»Vermutlich. Die redet ohne Punkt und Komma, ich höre da meistens nicht zu. Aber ist doch egal. Diese Frau sieht aus, als könnte sie guten Zitronenkuchen backen, oder?«

***

Im Arbeitszimmer von Herrn Lebrecht, dem Ort, an dem sich nach Angaben seiner Witwe seine Hinterlassenschaft befand, herrschte ein düsteres Zwielicht. Obwohl ein großes Fenster in Richtung Garten ging, schluckten die dunklen Eichenregale, die die Wände bedeckten, jeden Lichtstrahl. Die Bretter beherbergten keine Bücher, sondern waren angefüllt mit sorgfältig beschrifteten Ordnern. Ein klobiger Schrank neben der Tür tat ein Übriges.

Frau Lebrecht hatte nicht das Geringste dagegen einzuwenden, dass die Beamten sich ein bisschen umsahen. Und so zog Christian das Handy aus der Tasche, um Kollegen zur Unterstützung zu rufen, während Sophie mit der Witwe in die Küche ging. Sie ließ sich die unvermeidliche Tasse Kaffee aufnötigen. Während sie daran nippte, sah sie sich um. Makellos, dachte sie, keimfrei, auf eine Art sauber, die in ihr das Bedürfnis weckte, die Handflächen an ihrer Jeans sauber zu reiben.

Das Schweigen wurde unbehaglich. Frau Lebrecht wirkte gefasst, trotzdem ging eine subtile Unruhe von ihr aus.

»Wie geht es Ihnen?«, erkundigte sich Sophie vorsichtig. »Kommen Sie zurecht?«

Frau Lebrecht nickte zögernd. »Alle sind sehr nett zu mir.« Sie klang erstaunt, so als wundere sie sich über diese Tatsache. Ihre Augen wirkten glasig. »Es ist so schwer zu begreifen. Ich war auf so etwas nicht vorbereitet. Wolfram ist … er war … er hat sich immer um alles gekümmert.«

Sophie schoss der Gedanke durch den Kopf, dass es vielleicht höchste Zeit war, dass sich das änderte. Die Passivität, die Frau Lebrecht ausstrahlte, war schwer auszuhalten. Allerdings lag die Vermutung nahe, dass sie unter Beruhigungsmitteln stand.

Es klingelte. »Ich gehe schon«, rief Christian vom Flur aus. Frau Lebrecht zupfte hochkonzentriert unsichtbare Fusseln vom Ärmel ihrer Strickjacke.

»Frau Lebrecht, wir müssten mit Johannes und Elisabeth sprechen«, kam Sophie zur Sache.

»Nein!« Frau Lebrecht fuhr hoch und warf ihr einen fast panischen Blick zu. »Die beiden haben nichts mit der ganzen Sache zu tun. Ich habe Ihnen alles gesagt, was Sie wissen müssen. Ich möchte nicht, dass sich die Kinder noch mehr aufregen.«

Die Heftigkeit ihres Widerstandes überraschte Sophie. »Es muss leider sein«, sagte sie. »Uns ist bewusst, dass die Kinder unter großem emotionalen Stress stehen. Aber es gehört zur Routine, alle Familienmitglieder zu befragen.«

»Aber sie sind doch erst siebzehn. Das sind doch noch Kinder.«

»Das ist uns bewusst. Deshalb werden wir sie natürlich in Ihrer Anwesenheit befragen. Wenn Sie den Eindruck haben, dass es zu viel wird, können wir jederzeit aufhören.«

»Nein«, unterbrach Frau Lebrecht.

Sophie warf ihr einen irritierten Blick zu. Sie schien zu schlucken.

»Das werden sie nicht wollen«, sagte Frau Lebrecht leise. »Sie sind sehr selbstständig. Sie glauben, dass sie mit allem allein fertigwerden, und ich … Seien Sie bitte vorsichtig mit Elisabeth. Sie ist aufgebracht. Sie spricht nicht, wissen Sie, sie spricht nicht mit mir. Sie hat mit Johannes geredet, glaube ich, und mit dem Kaplan. Sie steht unter Schock. Dr. Linger hat gesagt, ich soll ihr Zeit lassen.«

Sophie unterdrückte ein Seufzen. Das klang nicht so, als wäre das Mädchen vernehmungsfähig. »Wie geht es Johannes?«, erkundigte sie sich.

»Johannes«, echote Frau Lebrecht. »Ach Gott … ich weiß nicht genau. Er ist sehr verstört. Er leidet, aber er lässt es sich nicht so anmerken. Er hatte ein paar Probleme mit seinem Vater. Wie das so ist in dem Alter …« Sie warf Sophie einen Verständnis heischenden Blick zu. »Er hat eine eigene Art, mit Schmerz umzugehen. Er sagt Dinge, die er eigentlich nicht so meint.«

»Vielleicht wäre es doch am besten, wenn Sie dabei wären«, versuchte Sophie es erneut. Das, was sie da hörte, machte den Gedanken, die Jugendlichen ohne einen anwesenden Elternteil zu verhören, nicht unbedingt angenehmer. Aber Frau Lebrecht schüttelte nachdrücklich den Kopf.

Christian erschien in der Küchentür. »Können wir dann?«, erkundigte er sich.

Sophie erhob sich. »Ich komme.«

»Zweite Tür rechts, da ist Elisabeths Zimmer«, erklärte Frau Lebrecht und rührte sich nicht vom Fleck.

Auf Christians fragenden Blick nickte Sophie kurz. »Sie will nicht dabei sein«, erklärte sie leise, als sie die schmale Holztreppe hinaufstiegen.

»Was?«

»Nichts zu machen. Ich glaube im Übrigen nicht, dass Elisabeth vernehmungsfähig ist.«

»Verdammt, Sophie, das geht nicht.«

»Ich kann es nicht ändern«, zischte Sophie wütend. »Ich hab getan, was ich konnte, das kannst du mir glauben.«

Christian sah nicht aus, als würde er das tun.

»Wir sehen ja, ob sie in der Lage ist, mit uns zu reden. Wenn nicht, brechen wir ab und ziehen einen Psychologen hinzu«, sagte Sophie.

»Hoffentlich bricht sie nicht wieder zusammen.« Er klang resigniert. »Ach, was soll's.«

Er klopfte an Elisabeths Zimmertür. Als auch nach dem dritten Versuch keine Antwort kam, griff er nach der Klinke und öffnete langsam die Tür.

***

Die Kuchenplatte, die Frau Weingarten nebst Teetassen und Kanne auf den Tisch stellte, war von beachtlicher Größe. Zufrieden betrachtete die Gastgeberin die alte Frau, die beherzt zugriff.

»Lecker«, befand Agathe mit vollem Mund. »Ein Gedicht, dieser Kuchen, wirklich.« Sie strahlte Frau Weingarten an. »Aber wie unhöflich von uns – wir platzen hier einfach so rein. Wie geht es Ihnen denn? Haben Sie sich etwas erholt von dem Schock?« Sie deutete in Richtung Fenster, hinter dem man die Umrisse des Lebrecht'schen Hauses auf der anderen Straßenseite erblickte.

Margot meinte, einen winzigen Hauch Zufriedenheit über Frau Weingartens Gesicht huschen zu sehen, bevor ihr Blick angemessen sorgenvoll wurde. »Was soll ich sagen? Ich kann es ja immer noch nicht glauben. So eine schlimme Geschichte.« Ihre Stimme klang düster. »Vor der eigenen Haustür. Es ist erschütternd.«

Agathe griff nach dem Sahnekännchen. Sie goss einen großzügigen Schluck in ihre Teetasse und ließ dann vier Stück Zucker darin versinken. »Es muss ganz furchtbar für Sie sein«, ermunterte sie sie dabei. »Sicher kennen Sie die Familie gut. Als Nachbarin.«

»Ja, sicher. Wir haben ja eigentlich einen sehr guten Kontakt hier in der Straße. Mit den Lebrechts war es allerdings immer ein bisschen schwierig. Also nicht, dass wir uns missverstehen, das sind sehr ordentliche Leute. Grüßen freundlich, immer höflich. Aber sie bleiben schon sehr für sich.«

»Tatsächlich?« Agathe zog interessiert eine Augenbraue nach oben. »Ich habe gehört, er sei so aktiv gewesen, in der Gemeinde, in der Politik …«

Frau Weingarten nickte. »Ja, ja, sicher. Ganz Fromme sind das. Kein Sonntag ohne Messe. Ich bin ja auch katholisch, aber ich nehme das ja nicht so genau. Man will ja auch mal ausschlafen. Aber das kann ja jeder machen, wie er will. Nur der Junge, der geht natürlich nie mit. Aber mit dem Jungen haben sie ja sowieso ihre Last. Er ist halt in einem schwierigen Alter. Das war bei meinem auch so. Obwohl – ganz so bunt hat er es nicht getrieben, Gott sei Dank. Der da drüben ist schon speziell. Diese Klamotten, immer schwarz, und dann hatte er die Haare ewig lang, dann alle abrasiert. Und furchtbar blass ist er immer. Aber er hat es wohl auch nicht ganz leicht da drüben, das muss man auch sagen. Geht mich natürlich nichts an. Wie man seine Kinder erzieht, das ist ja jedem selbst überlassen. Ich hab meinen immer lieber ein bisschen mehr Leine gelassen, als sie in dem Alter waren. Aber bei denen geht es halt sehr ordentlich zu, wenn Sie verstehen.«

Agathe, die sich gerade das dritte Stück vom Zitronenkuchen in den Mund stopfte, schluckt eilig. »Nein, so ganz versteh ich das nicht, ehrlich gesagt. Oh, aber dieser Kuchen … göttlich, wirklich ganz göttlich.«

»Oh danke. Altes Familienrezept, ganz einfach zu machen.«
Frau Weingarten lächelte zufrieden, besann sich dann aber aufs
Thema. »Wir wohnen ja schon ewig hier. Als die da drüben
eingezogen sind, da waren die Kinder noch klein. Meine sind
älter, die waren damals schon fast aus dem Haus. Da hab ich mich
eigentlich gefreut über kleine Kinder in der Nachbarschaft. Die
bringen ein bisschen Leben rein, finde ich. Aber da drüben … die
waren ja kaum mal im Garten. Oder auf der Straße. Und wenn,
dann waren sie immer so … so sauber. Ruhig. Kein Gebrüll, keine
aufgeschlagenen Knie, keine Rollschuhe, keine Straßenkreide.
Und immer allein, da waren nie andere Kinder. Das fand ich ganz
komisch. Als meine in dem Alter waren, hatte ich immer ein
ganzes Rudel da. Ich glaube, die sind immer sehr kurzgehalten
worden, die beiden.«

Sie hielt inne, schien kurz zu überlegen. »Kann ich Ihnen
vielleicht ein Schnäpschen anbieten?«, erkundigte sie sich dann
mit hoffnungsvollem Lächeln.

Während Margot heimlich zusammenzuckte, hob Agathe,
die gerade im Begriff war, noch einmal nach dem Kuchen zu
greifen, erfreut den Kopf. »Oh, aber bitte, wir wollen wirklich
keine Umstände machen.«

»Aber das ist doch kein Umstand!« Frau Weingarten sprang
erfreut vom Stuhl auf. »Ich hab da ein ganz wunderbares Tröpfchen, ganz mild.«

»Bist du irre?«, zischte Margot, als sie aus dem Raum war.
»Es ist noch nicht mal elf, und wir sind vermutlich randvoll mit
Restalkohol. Wir sterben, wenn wir jetzt −«

»Von Schnaps stirbt man nicht«, versetzte Agathe. »Und wir
sind schließlich nicht zum Spaß hier!«

»Agathe, das ist −«

»Eine Frage der Höflichkeit, ganz genau. Alkohol macht Zeugen gesprächig. Das weiß jedes Kind. Was für eine Ermittlerin
bist du eigentlich?«

»Ich habe nicht den Eindruck, dass wir ihre Zunge lockern
müssen. Ich hab nichts gegen ein Gläschen, Gott ist mein Zeuge,
aber ich kann jetzt nicht. Ich habe einen ernsten und bösen
Kater.«

»Dann hilft ein Schluck. Jetzt stell dich nicht so an. Du musst dich ja nicht gleich wieder besaufen.«

Die Rückkehr von Frau Weingarten unterband weitere Diskussionen. Margot fügte sich in ihr Schicksal, die Damen prosteten sich zu.

»Er war also ein moralinsaurer Stinkstiefel, ja?« Schon der erste Schluck schien auszureichen, um Agathes diplomatische Fähigkeiten komplett auszuschalten.

Frau Weingarten kicherte leise. »Sie nennen die Dinge gern beim Namen, was?«

Agathe grinste fröhlich. »In meinem Alter verschwendet man seine Zeit nicht mehr mit höflichem Drumherumreden. Ich merke schließlich, mit wem ich offen reden kann.«

»Und ich würde Ihnen nicht ganz widersprechen. Obwohl ich es nicht so drastisch formulieren würde. Andererseits … das mit dem Karnevalsverein – wissen Sie, er ist ja in den Karnevalsverein eingetreten neulich. Da hab ich noch zu meinem Bernd gesagt: Bernd, hab ich gesagt, das ist doch wohl wirklich der Witz des Jahres. Der Lebrecht im Karnevalsverein. Der geht doch zum Lachen in den Keller, hab ich gesagt. Bügelfalten am Arsch, hat der Bernd gesagt …« Sie errötete. »Oh, was rede ich da bloß? Jetzt ist er tot, der arme Mann. Aber wahr ist es ja trotzdem.«

Sie griff nach der Flasche und schenkte nach. »Getrunken hat er auch nie. Also – höchstens mal ein Kölsch. Eins. Jetzt setzen Sie sich mal in den Karnevalsverein und trinken Sie nur ein Kölsch.« Sie beugte sich vor, dämpfte die Stimme ein wenig. »Wenn Sie mich fragen, dann hat er das nur aus politischen Gründen gemacht.«

Margot runzelte fragend die Stirn. »Aus politischen Gründen in den Karnevalsverein?«

»Na sicher!« Frau Weingarten nickte eifrig. »Er wollte doch kandidieren. Für den Stadtrat. Wenn man so ein Amt will, dann tut man gut daran, auf jeder Hochzeit zu tanzen. Die Leute wählen doch keinen, den sie nicht kennen.«

Zu Margots Entsetzen entkorkte sie schon wieder die Flasche. Der Schnaps war gut, er war zweifellos sehr gut. Und genau genommen hatte sie keine Wahl. Im Grunde. Und überhaupt. Frau

Weingarten kam jedenfalls sichtlich immer weiter in Schwung. »Diese ganze Sache mit der Kandidatur«, sagte sie gerade, und ihr Ton klang verschwörerisch, »das war sowieso komisch.« Sie trank, schüttelte sich wohlig. »Ich kenne die Thea ja ganz gut, die Frau vom Waldbroich.«

»Waldbroich?«

»Der hat die Autowerkstatt, Bernhard Waldbroich. Hat er von seinem Vater übernommen. Der ist von hier, den kennt hier jeder, und der legt sich wirklich ins Zeug. Der ist wie gemacht für so ein Amt. Stadtrat. Das könnte der gut. Und darum hat auch niemand begriffen, dass er dann auf die Kandidatur verzichtet hat. Dem Lebrecht das Feld überlassen.«

Erneut leerte sie das Glas. »Nach allem, was die Thea so sagt, hab ich immer gedacht, dass es ihm ernst ist mit einer politischen Karriere. Also – jetzt nicht Bundeskanzler und Berlin, aber der will noch was erreichen im Leben. Die Werkstatt läuft wohl auch gut, da kann er sich dann auch ein bisschen rausziehen, meinte die Thea. Und die hat das auch nicht verstanden. Dass er dann verzichtet hat auf die Kandidatur, meine ich. Dass er diese Chance einem wie dem Lebrecht schenkt. Der war noch nicht lange in der Partei und halt ganz anders aufgestellt.«

Sie starrte einen Moment auf ihr leeres Glas. »Da muss irgendwas vorgefallen sein. Würd ich drauf wetten. Sonst hätte der Bernhard das nicht gemacht.«

Agathe rülpste vernehmlich. »Ups«, sagte sie. »Ich glaub, ich hab's am Magen …« Sie griff nach ihrem leeren Glas und grinste Frau Weingarten verschwörerisch an. Die kicherte und schenkte nach.

Margot unternahm den halbherzigen Versuch, sich der Sache zu entziehen, indem sie vorsichtig den Kopf schüttelte. Frau Weingarten ignorierte das allerdings geflissentlich.

»Der ist aus der Eifel«, erklärte sie. »Pflaume. Die brennen da selber –«

»Politische Rivalitäten also«, unterbrach Agathe unhöflich. »Der Lebrecht hat den Waldbroich um seine Kandidatur gebracht.«

»Gott!« Frau Weingarten winkte ab. »Nein, das … so dramatisch ist das vermutlich nicht. Wenn Sie das so sagen, dann klingt es ja wie ein Polit-Thriller ...« Sie kicherte. »Hach, und jetzt ist er tot«, besann sie sich dann auf den Ernst der Lage. »Nein, das wünscht man keinem, so ein Ende. Er war ja wirklich ... nein, also, höflich, korrekt, doch, das war er. Und die arme Frau. Ich meine, die ist ja sowieso ... also, ich hab das ja mal im Internet nachgeschaut. Das ist eine Krankheit, wissen Sie, dieser Putzfimmel, das ist eine richtige Krankheit. Ich meine, ich bin ja auch ordentlich, doch, ich lege da Wert drauf, aber das da, das ist wirklich nicht normal.«

»Das ist wirklich ein hervorragendes Tröpfchen«, sagte Agathe. »Aus der Eifel, sagten Sie? Wenn Sie das nächste Mal dahin fahren, dann müssen Sie mir unbedingt eine Flasche mitbringen.«

»Aber gerne. Oh, ich hab da noch einen anderen. Orange. Den müssen Sie unbedingt probieren!«

Margot schloss kurz die Augen. Das wattige Gefühl im Kopf hatte sich sanft um den Schmerz gelegt. So umfassend, dass sie fast schon wieder in der Lage war, den angenehmen Aspekt der Sache zu erkennen. Sie sah Frau Weingarten, deren Schritt schon ein wenig unsicher wirkte, den Raum verlassen.

»Weißt du was?« Agathe griff über den Tisch und angelte das letzte Stück Zitronenkuchen von der Platte. »So langsam verstehe ich tatsächlich, was du an diesem Ermitteln findest. Ein Heidenspaß ist das, ein Heidenspaß!«

***

Elisabeth saß auf dem gemachten Bett und schien mit nichts beschäftigt zu sein. Sie trug eine graue Stoffhose und einen rosa Angorapullover, die Haare hatte sie zu einem ordentlichen Pferdeschwanz gebunden.

»Wer sind Sie?« Sie blickte die Eindringlinge teilnahmslos an.

»Wir waren gestern schon mal hier. Wörner ist mein Name, und das ist meine Kollegin Frau Lange. Wir sind von der Polizei.«

Keine Reaktion. Christian griff nach dem Schreibtischstuhl und setzte sich. »Elisabeth, wir müssen Ihnen ein paar Fragen stellen. Ich darf doch Elisabeth sagen?«

Sie sah ihn an, nickte gleichgültig.

»Wir müssen mit Ihnen über Ihren Vater sprechen.«

»Mein Vater ist tot«, unterbrach sie leise, aber bestimmt.

»Ja, das ist der Grund, warum wir hier sind. Wann haben Sie Ihren Vater das letzte Mal gesehen?«

Abermals Schulterzucken. »Ich kann mich nicht genau erinnern. Wann ist er noch mal gestorben?«

Christian warf Sophie einen hilfesuchenden Blick zu. Sie zog die Augenbrauen nach oben, zuckte kurz die Schultern.

»Er hat Sonntagabend das Haus verlassen«, erklärte sie langsam. »Wissen Sie, wo er hinwollte?«

»Er ist dauernd weg«, sagte das Mädchen. »Er hat immer Sitzungen, von der Partei und dem Kirchenvorstand und so. Er geht dahin, und dann kommt er wieder, nur diesmal nicht, diesmal ist er ja gestorben.«

»Ihre Mutter sagte –«

»Meine Mutter geht nie weg«, unterbrach sie. »Höchstens mal einkaufen. Aber nicht am Abend. Am Abend ist sie eigentlich immer hier.«

»Aber Ihre Mutter weiß normalerweise, wo Ihr Vater ist?«

»Ich weiß nicht, was meine Mutter weiß. Woher soll ich das wissen?« Elisabeth kicherte unmotiviert.

Christian räusperte sich. »Können Sie sich vorstellen, wer Ihrem Vater etwas antun könnte?«, fragte er dann.

Elisabeth seufzte und ließ sich zurücksinken, bis sie auf dem Bett lag. Sie starrte an die Decke und begann, eine Melodie zu summen.

»Elisabeth, geht es Ihnen gut? Ist alles in Ordnung?«, fragte Sophie.

Bevor Elisabeth antworten konnte, öffnete sich die Tür, vor der Sophie noch immer stand, so ruckartig, dass ihr der Griff schmerzhaft in die Nierengegend knallte. Sie fiepte vor Schmerz, was den Halbwüchsigen in Schwarz, der nun ins Zimmer stürmte, nicht weiter zu interessieren schien.

»Was machen Sie hier?«, herrschte er Christian an.

»Wir unterhalten uns mit Ihrer Schwester. Johannes, richtig?«

»Allerdings«, fauchte der Junge. »Und Sie werden meine

Schwester in Ruhe lassen. Es geht ihr nicht gut. Ich werde nicht zulassen, dass Sie sie belästigen!« Er war blass. So dünn, dass er fast unterernährt wirkte.

»Johannes!« Elisabeth strahlte ihren Bruder an, als hätte sie die ganze Szene überhaupt nicht wahrgenommen. Sie richtete sich auf, erhob sich und ging auf ihn zu. Er nahm sie in die Arme. »Reg dich nicht auf«, flüsterte er. »Du musst nicht mit denen reden!«

»Nicht?«

»Nein. Du bist krank. Du musst dich ausruhen.«

»Entschuldigen Sie, aber so geht das nicht …«

Johannes ignorierte Christian einfach. »Leg dich ein bisschen hin.« Sanft streichelte er seiner Schwester die Wange. Elisabeth lächelte und begann zu Christians und Sophies Entsetzen, den Pullover auszuziehen. Sie schien ihre Anwesenheit komplett ausgeblendet zu haben. Schon stand sie im BH da und öffnete den Knopf ihrer Hose.

Christian zerrte Sophie aus dem Raum. »Das glaube ich jetzt einfach nicht«, zischte er, als sie auf dem Flur waren. »Was bildet sich das Bürschchen denn ein?«

»Er hat ja nicht ganz unrecht«, gab Sophie zu bedenken. »Das Mädchen ist ganz offensichtlich nicht ganz bei sich. Das war ziemlich dünnes Eis. Und nicht gerade vielversprechend. Vermutlich bekommt sie noch immer Beruhigungsmittel. Und er ist ihr Bruder. Er macht sich Sorgen.«

Als hätte er auf das Stichwort gewartet, kam Johannes aus Elisabeths Zimmer. »Sie weint jetzt wieder.« Er bedachte sie mit einem bösen Blick. »Ich hoffe, Sie sind zufrieden.«

»Johannes, ich kann verstehen, dass Sie aufgebracht sind.« Sophie räusperte sich. »Aber wir machen hier nur unsere Arbeit.«

»Das interessiert mich einen Dreck! Ich werde nicht zulassen, dass Sie meiner Schwester zusetzen. Das dürfen Sie nicht. Sie ist minderjährig, und sie steht unter Schock. Sie können sie nicht verhören, nicht jetzt.«

»Das war kein Verhör, das war eine Befragung«, stellte Sophie richtig. »Und Ihre Mutter hat ausdrücklich geäußert, dass sie nicht anwesend sein möchte.«

»Meine Mutter!« Er stieß die Worte mit so viel Verachtung hervor, dass Sophie zusammenzuckte. Dann grinste er. »Tun Sie bloß nicht so, als würden Sie nicht merken, was mit der los ist. Aber vielleicht gehen wir besser in mein Zimmer. Sonst steht sie gleich wieder da und will, dass wir alle gemütlich Kaffee trinken und ein wenig Gebäck verzehren. Kommen Sie. Ich erzähle Ihnen gerne die wirklich interessanten Dinge. Über meine Mutter. Und über meinen Vater.«

9

»Nein, aber nein, das ist ganz sicher nicht unnötig«, wehrte Agathe erneut das Angebot von Frau Weingarten ab, ein Taxi für sie und Margot zu rufen. »Nicht nötig, meine ich natürlich, also, vollkommen unnötig.« Sie kicherte albern. »Es ist nicht weit, das schaffen wir schon.«

»Sprich für dich«, bat Margot, die nicht sicher war, ob sie in ihrem Zustand berechtigt war, irgendein Fahrzeug zu führen, und sei es nur einen Rollstuhl. Sie war allerdings nicht in der Stimmung, eine Diskussion anzuzetteln.

»Danke noch mal für den schönen Vormittag«, rief Agathe über ihre Schulter und winkte in Richtung Haustür, während Margot sie in einer wenig geraden Linie über den Gartenweg schob. »Ihr Zitronenkuchen – wirklich ein Gedicht!«

Sie grunzte behaglich. »War das nett. Gott, das war wirklich ganz ausgesprochen nett. Könntest du aufhören, Schlangenlinien zu fahren? Ich glaub, mir ist ein bisschen schlecht.«

Sie waren mittlerweile auf dem Bürgersteig angekommen. Der Rollstuhl schien Margot noch unhandlicher zu sein als beim Herkommen. Und die Steigung, die ihr das Leben schwer gemacht hatte, zeigte in der Abwärtsrichtung angesichts des etwas getrübten Bewusstseins ganz neue Tücken. Schwerkraft zerrte am Rollstuhl, drohte ihr die Griffe zu entreißen. Um Schlimmeres zu verhindern, drehte sie das Gefährt abrupt zur Seite, damit die Räder quer standen. Der Rollstuhl wankte bedrohlich.

»Pass doch auf«, kreischte Agathe. »Willst du mich umbringen?«

»Keine schlechte Idee eigentlich. Aber ich fürchte, du bist unsterblich. Eine unsterbliche Mutantin.«

»Das will ich meinen. Jetzt fahr schon. Wir müssen uns beeilen. Es gibt gleich Mittag.«

»Du hast gerade eine Tonne Zitronenkuchen gegessen«, sagte Margot. »Du kannst keinen Hunger haben.«

»Mein Gehirn. Wie oft muss ich es noch sagen? So ein Gehirn wie meins braucht Unmengen an Kalorien.« Sie kicherte leise.

»Agathe, ich glaub, du solltest lieber laufen. Es wäre sicherer, wenn du läufst.«

»Wie sieht denn das aus? Nein, das geht nicht. Jetzt stell dich nicht so an. Ist ein Stück bergab, das geht doch ganz von selbst.« Agathe machte sich eigenhändig an der Lenkung des Rollstuhls zu schaffen, und es gelang ihr, die Räder so zu positionieren, dass er begann, quer über die Straße zu rollen. Sie kreischte entzückt. »Bergab, es geht bergab mit mir«, johlte sie und brach in unmotiviertes Gelächter aus.

»Das ist nicht lustig«, keuchte Margot, die versuchte, das widerspenstige Fahrzeug einzufangen, und brach nichtsdestotrotz ebenfalls in Gelächter aus. Das hielt sie leider davon ab, die Sache in den Griff zu bekommen. Der Rollstuhl prallte an den gegenüberliegenden Bordstein und kippte um.

Agathe kreischte. Vor Lachen, wie Margot nach der ersten Schrecksekunde erleichtert begriff. »Du bist zu besoffen«, gackerte sie. »Man wird dir die Fahrerlaubnis entziehen. Die Schieberlaubnis. Oder heißt es Schuberlaubnis?«

»Pschschsch«, machte Margot, über die ein kurzer Moment der Klarheit kam. »Nicht so laut, Agathe. Die Leute gucken schon. Und das da, das ist ein Trauerhaus. Das gehört sich nicht.«

»Würdest du mir vielleicht erst mal hochhelfen? Bevor du dir Sorgen um deinen guten Ruf machst? Guck dich mal um, keine Sau zu sehen. Hier hört uns keiner.«

Margot richtete den Rollstuhl auf und suchte nach einer Bremse. Sie war sicher, dass ein Rollstuhl irgendwo eine Bremse hatte. Ihr war zwar nicht klar, wie es weitergehen sollte, wenn Agathe wieder in dem gebremsten Vehikel saß. Aber das, dachte sie, das würde sie sich dann überlegen.

»Wäre es zu viel verlangt, mich erst mal von der Straße zu kratzen, bevor ich mich festtrete?«, störte Agathe ihre Konzentration. »Ich fühle mich ehrlich gesagt nicht so wohl hier in der Gosse.«

»Ich muss erst die Bremse finden. Sonst fällst du gleich wieder um.«

»Wenn du mir nicht sofort hochhilfst, dann schrei ich um Hilfe«, drohte Agathe.

»Sagtest du nicht eben, dass einen hier keine Sau hört?«

»Ups. Richtig. Ja. Das sagte ich. Und weil ich immer recht habe, werde ich wohl den Rest meines Lebens hier auf der Straße liegen bleiben.«

Erneut begann Agathe zu gackern.

★★★

Sie waren eben im Begriff, Johannes' Zimmer zu betreten, als das Geräusch an Christians Ohr drang. Vertraut und doch fremd, hier und jetzt. Eine Sekunde hoffte er, dass seine Phantasie ihm einen Streich spielte. Unmöglich, dachte er hoffnungsvoll, während er ans Flurfenster trat, vergebliche Hoffnung, wie ihm leider umgehend klar wurde.

»Was ist? Kommen Sie?« Johannes stand in seiner Zimmertür.

»Gleich. Ich … eine Minute«, presste Christian hervor. »Ich müsste einen Moment allein mit meiner Kollegin sprechen. Wir sind dann gleich bei Ihnen.«

Johannes warf ihm einen verständnislosen Blick zu und verschwand, während Sophie neben Christian trat. Sie folgte seinem Blick und schnappte nach Luft. »Was zum Henker …?«

»Sie lacht, oder?« Christian starrte auf die Straße. »Sie ist nicht verletzt oder so?«

»Noch nicht jedenfalls. Gott, was machen die da? Wäre nicht helllichter Vormittag, man könnte fast annehmen, dass die voll sind.«

Christian sah von einem Kommentar ab. Er kramte nach seinem Handy, wählte Brittas Nummer. »Verdammt«, fluchte er, als er die Stimme der Mailbox hörte.

Unten auf der Straße versuchte Margot mittlerweile, die gackernde Agathe wieder auf die Beine oder in den Rollstuhl zu bekommen. Ihre Anstrengungen wirkten ebenso fruchtlos wie gefährlich.

»Die haben wirklich getankt, oder?« Sophie klang fasziniert.

»Britta geht nicht ans Telefon«, klagte Christian.

Sophie reagierte nicht. Sie starrte verwundert auf die Straße.

»Sie hat vermutlich einen Kurs. Da macht sie das Handy immer aus«, erklärte Christian.

»Hmhm«, machte Sophie. Mittlerweile grinste sie ungläubig und schien völlig fasziniert von dem Schauspiel.

»Sophie, das hier, das ist wichtig.«

Sie sah ihn an. »Was meinst du?«

»Die Befragung. Das mit Johannes.«

Sie nickte verständnislos. »Ja, natürlich ist das wichtig.«

»Aber das da …« Er deutete auf die Straße. »Das ist … das ist gefährlich. Agathe ist über neunzig. Da kann sonst was passieren.«

»Allerdings«, bestätigte seine Kollegin.

Weiber, dachte Wörner, verdammte Weiber! Musste sie sich ausgerechnet jetzt stur stellen? Er hatte keine Zeit für solche Spielchen, wirklich nicht. »Würdest du rasch nach dem Rechten sehen«, sagte er also, ließ das Fragezeichen weg. »Damit Agathe lebend zurück in die Seniorenresidenz kommt?«

»Ich?«

»Siehst du hier noch jemanden?« Es fiel Wörner immer schwerer, seinen Unmut zu verbergen. »Oder willst du etwa den Jungen allein vernehmen?«

»Also, ehrlich gesagt –«

»Danke!«, unterbrach Wörner sie. »Schön, dass wir uns einig sind.« Eilig wandte er sich ab und betrat Johannes' Zimmer, ohne Sophie eines weiteren Blickes zu würdigen.

Es war stickig im Raum. Es war offenkundig, dass hier lange niemand mehr ein Fenster geöffnet hatte. Kahle Wände, kein Poster, kein Bild. Auf einem Regal ein paar Schulbücher in ordentlicher Reihe, überzogen von einer sichtbaren Staubschicht. Trotz der Leere wirkte das Zimmer im Vergleich zum restlichen Haus unordentlich, gleichzeitig unbewohnt, fast wie ein selten genutztes Gästezimmer. Eine dunkelbraune Tagesdecke war nachlässig über das gemachte Bett gebreitet. Auf dem bot Johannes mit einer Geste Platz an. Er selbst setzte sich auf den Boden, auf dem ein ebenfalls brauner Teppich lag, und verknotete die dünnen Beine zu einer Art Schneidersitz.

Für einen Moment herrschte Schweigen. »Na los«, sagte Johannes dann. »Bringen wir es hinter uns. Fragen Sie einfach. Bei mir müssen Sie nicht aufpassen. Im Unterschied zu meiner Schwester bin ich weder sensibel noch traurig. Ich habe kein Problem damit, dass er tot ist. Mir ist klar, dass man etwas anderes von mir erwartet. Aber ich hab keinen Bock, zu heucheln. Er war ein Arsch. Ich konnte ihn nicht leiden.«

Christian sah ihn an. Sah ein blasses, dünnes Kind, das fast verzweifelt kaltschnäuzig wirkte. »Fahren Sie ruhig fort«, sagte er. »Ich höre Ihnen gerne zu.«

Christians Reaktion schien Johannes kurz zu verunsichern. Aber er fing sich schnell wieder. »Ich habe daran gedacht«, sagte er. »Ihn umzubringen, meine ich. Es gab Momente. Aber ich bin nicht bescheuert. Es wäre saublöd gewesen. Ich bin fast achtzehn. In einem knappen Jahr hab ich mein Abi. Dann bin ich raus hier. Für Mord geht man lebenslänglich in den Knast. Das wäre er nicht wert gewesen.«

Christian nickte. Es schien ihm am sinnvollsten, das provokante Gehabe einfach zu ignorieren. Der Junge wollte ihn schocken, aber so leicht war er nicht aus der Fassung zu bringen. »Was ist mit Elisabeth?«, fragte er.

»Hä? Was soll mit Elisabeth sein?«

»Wenn Sie weggehen? Was wird dann aus Elisabeth?«

Johannes schien sich kurz zu winden. Das Thema war ihm sichtlich unangenehm. »Sie macht auch Abi. Studiert. Bestimmt was Tolles. Was Soziales. Im Unterschied zu mir mag meine Schwester Menschen. Elisabeth kommt schon klar.«

»Offen gestanden habe ich diesen Eindruck nicht.«

»Sie hat einen Schock. Sie ist sonst nicht so.« Johannes klang, als wollte er nicht nur Christian überzeugen, sondern auch sich selbst.

»Warum haben Sie Ihren Vater gehasst?«

»Weil er ein Arschloch war.«

»Können Sie das ein bisschen konkretisieren?«

»›Ein bisschen konkretisieren‹«, äffte Johannes Christians Ton nach. »Er hat mir das Leben zur Hölle gemacht.«

»Inwiefern?«

»Inwiefern? Insofern eben!« Johannes' Fassade bekam erste Risse. »Insofern als er es für seine Lebensaufgabe gehalten hat, zu verhindern, dass ich oder irgendwer sonst in seiner Umgebung glücklich ist.«

»Warum?«

»Woher soll ich das wissen? Vermutlich ist ihm einer dabei abgegangen. Er hat mich genauso gehasst wie ich ihn, nehme ich an. Davon abgesehen gab es in seiner Welt nur eine Möglichkeit, wie man sein durfte. So wie er nämlich. Stock im Arsch und alles unter Kontrolle.«

»Hat er Sie misshandelt?« Christian sah Johannes bei der Frage mitten ins Gesicht.

Der verzog keine Miene. »Körperlich? Gott bewahre, nein! Das ist verboten. Das tut man nicht. Das ist gegen das Gesetz. So war er, verstehen Sie? Wenn es ein Gesetz gäbe, in dem steht, dass man auf die Straße scheißen muss, dann wäre mein Vater der Erste gewesen, der sich auf den Bürgersteig gehockt hätte. Ordnung war ihm wichtig. Er hätte nie die Hand gegen mich erhoben. Er hatte andere Methoden.«

»Welche Methoden?«

Johannes seufzte. »Das geht Sie nichts an.«

»Na wunderbar. Dann hätten wir das ja geklärt.« Christian ahnte, dass er auf diesem Weg nicht weiterkam. »Wann haben Sie ihn das letzte Mal gesehen?«

»Freitag«, kam es wie aus der Pistole geschossen.

»Freitag?«

»Ja. Gesehen. Das wollten Sie doch wissen. Gehört habe ich ihn danach noch. Ich habe es wenn möglich vermieden, ihm über den Weg zu laufen. Meine Zimmertür hat ein Schloss. Wir sind nicht so eine Familie, die sich täglich gemeinsam um den Abendbrottisch versammelt. Auch wenn meine Mutter sicher alles tut, damit Sie das denken.«

»Ihre Mutter sagte, sie habe nicht gewusst, wo er hinwollte am Sonntag. Sie hat sich keine Sorgen gemacht, als er nicht nach Hause kam. Finden Sie das nicht auch verwunderlich?«

Johannes entknotete die Beine und sortierte seine Sitzhaltung neu. »Das interessiert mich nicht«, sagte er. »Aber nein, im Grunde wundert es mich nicht. Sie haben doch mit ihr gesprochen. Ich finde es eher erstaunlich, dass sie sich in ihrem Pharmanebel überhaupt daran erinnert hat, dass er gegangen ist.«

»Wie meinen Sie das jetzt?«

Der Junge warf Christian einen verächtlichen Blick zu. »Sie sind ein echter Top-Ermittler, was? Erzählen Sie mir nicht, dass Ihnen das nicht aufgefallen ist.«

»Es ist also normal, dass Ihre Mutter … dass sie Tabletten nimmt?«

»Könnte man so sagen.« Johannes grinste.

»Das ist nicht lustig.« Christian merkte, wie sein Geduldsfaden dünner wurde. »Johannes, jetzt hören Sie mal auf, dieses Theater zu spielen. Ihr Vater ist ermordet worden. Ihrer Schwester und Ihrer Mutter geht es nicht besonders gut. Mein Job ist es, dieses Verbrechen aufzuklären. Es spielt überhaupt keine Rolle, ob Ihr Vater ein netter Mensch war oder nicht. Das tut nämlich nichts zur Sache. Es tut mir aufrichtig leid, dass ich Ihnen auf die Nerven gehe mit meinen Fragen. Aber ich werde so lange fragen, bis ich Antworten bekomme. Sie spucken große Töne, aber bei mir kommt nur heiße Luft an. Das reicht mir nicht. Also – Sie sagen, dass Ihre Mutter regelmäßig Tabletten nimmt. Seit wann?«

Johannes starrte ihn ein paar Sekunden fassungslos an. Dann fand er sein Grinsen wieder, auch wenn es etwas gezwungen wirkte. »Oh, jetzt sind Sie der böse Bulle, was? Jetzt hab ich aber Angst.«

***

Es kostete Sophie Mühe, die Zornestränen zurückzuhalten, als sie das Haus verließ. Es reichte. Das war wirklich der Gipfel! Sie war eine Ermittlerin, verdammt. Nicht die persönliche Assistentin vom feinen Herrn Wörner.

Schlimmer als die Wut war allerdings die Selbsterkenntnis. Sie war eine blöde Kuh. Eine wirklich blöde, einsame Kuh, die sich mit aller Macht einzureden versucht hatte, dass dieser Typ sie mochte. Schätzte. Professionell und persönlich. Sie riss sich ein Bein aus, war nett und freundlich und nachsichtig. Und alles, was sie davon hatte, war, dass er sie behandelte wie einen Lakaien. Sie hätte diese Befragung übernehmen können.

Sie hätte dabei gern freundschaftlich und kollegial darüber hinweggesehen, dass der große Christian Wörner, der Mann, der sich wegen einer Katze fast in die Hose machte, sich während der Dienstzeit um private Angelegenheiten kümmerte. Sie wäre mit dem Jungen schon fertiggeworden, einem Teenager, verdammt. Dafür wurde sie schließlich bezahlt. Dafür war sie ausgebildet. Nicht dafür, sich jetzt zum Affen zu machen mit diesen irren, volltrunkenen Weibern. Vollidiot, dachte sie, verdammter, blöder Wörner! An diesem Punkt der brodelnden Gedanken lenkte sie das Realgeschehen glücklicherweise ab und verhinderte so, dass sie explodierte.

Das, was diese Frau – Pütz, erinnerte sich Sophie, Margot Pütz war das – gerade mit der alten Dame, bei der es sich vermutlich um die legendäre Agathe Hutschendorf handelte, anstellte, erforderte ihr sofortiges Eingreifen.

»Stopp!«, rief sie, um die ungelenken Versuche der Pütz zu unterbinden, die alte Dame an einem dürren Arm in den Rollstuhl zu zerren, den sie mit der anderen Hand verzweifelt zu stabilisieren versuchte. »Hören Sie auf damit!«

Die Pütz gehorchte, was unglücklicherweise dazu führte, dass die Alte erneut auf ihren Hintern knallte, was sie mit einem beleidigten »Autsch« kommentierte, bevor sie wieder zu kichern begann.

»Wo kommen Sie denn her?« Die Pütz sah Sophie verblüfft an. »Was machen Sie hier?«

»Das ist eine gute Frage«, gab Sophie gereizt zurück. »Eine, die ich mir selbst gerade stelle.« Sie starrte Margot böse an. »Wie es aussieht, verhindere ich, dass es zu einem bedauerlichen Unfall kommt. Wollen Sie sie umbringen?«

»Ja«, krähte die Hutschendorf munter. »Diese Frau will mich ins Grab bringen. Sie gibt mir nämlich die Schuld an ihrer Maßlosigkeit, wissen Sie? Aber das macht nichts. Ich bin so leicht nicht totzukriegen. Ich bin nämlich sehr, sehr zäh.«

»Sie sind sehr, sehr betrunken«, korrigierte Sophie.

»Auch das«, räumte Agathe Hutschendorf willig ein. »Aber das eine schließt das andere ja nicht aus, oder?«

Sophie wandte sich an Margot. »Halten Sie den Rollstuhl fest. Das werden Sie hoffentlich schaffen.« Sie ging in die Hocke, griff der zappelnden Hutschendorf beherzt unter die Achseln. »Und Sie halten jetzt still! Oder wollen Sie sich unbedingt die Hüfte brechen?«

»Oh, machen Sie sich keine Sorgen, Kindchen. Meine Hüfte ist aus Gummi. Ich bin überhaupt im Top-Zustand, auch mein Beckenbodenmuskel, danke der Nachfrage. Ich bin kontinent und fit. Ich bin nämlich eine Mutantin!« Die Alte brach wieder in keckerndes Gelächter aus, Margot Pütz fiel ein.

»Witzig«, sagte Sophie böse und widerstand dem Drang, das alte Weib unsanft in den Rollstuhl fallen zu lassen. »Meine Güte, Sie sind ja wirklich ungeheuer witzig. Ist Ihnen eigentlich klar, was Sie hier tun? Ich könnte Sie wegen gefährlichen Eingriffs in den Straßenverkehr drankriegen. Abgesehen davon unterhalten Sie die ganze Nachbarschaft.«

»Wer ist diese Frau?«, fragte die Hutschendorf. »Margot, kennst du diese Frau? Darf die so mit uns reden?«

»Darf sie«, erwiderte Margot. »Sie ist ein Bulle. Wörners Kollegin ist das, du weißt doch, die schöne Sophie, wegen der Britta sich heimlich in die Hose macht.«

»Echt?« Agathe Hutschendorf musterte Sophie interessiert. »Na, trallalala«, sagte sie anerkennend. »Da tut sie aber gut dran, unsere Britta. Ich dachte, sie ist nur hysterisch. Aber die ist ja wirklich ein Leckerchen, junge Frau, ein lecker Schnapspralinschen, wie der Rheinländer sagt.«

»Pralinschen«, korrigierte Margot. »Wenn überhaupt, sagt der Rheinländer Pralinschen. Eigentlich eher Leckerschen. Auf keinen Fall Schnapspralinschen, das sagt kein Mensch!«

»Gott, du bist so unglaublich penetrant, manchmal!« Agathe wedelte missbilligend und ein wenig unkoordiniert mit der Hand in der Luft herum. »Aber wie dem auch sei – wenn man es genau betrachtet, spinnt sie trotzdem. Also, Britta jetzt, nicht du, Margot. Guck dir diese Frau an. So eine will doch nichts von einem wie Wörner.«

Sophie fühlte die Hitze in ihr Gesicht steigen. »Hallo«, sagte sie. »Könnten Sie vielleicht aufhören, so zu tun, als wäre ich taub? Oder unsichtbar?«

»Oh, Sie sind alles andere als unsichtbar, Kindchen«, versicherte die Alte. »Und recht haben Sie. Wo Sie grad mal da sind, kann ich ja auch fragen, so zur Sicherheit: Wollen Sie was von unserem Wörner? Und wenn ja – warum? Haben Sie irgendein Trauma und stehen deshalb auf mittelmäßige Langweiler?«

»Nichts will ich«, fauchte Sophie. »Ich will überhaupt gar nichts von Ihrem Wörner. Sieht man von ein bisschen Respekt ab. Genug Respekt, um mich nicht als Kindermädchen für seine besoffene Verwandtschaft zu missbrauchen.«

»Oho!« Agathe Hutschendorfs gezupfte Augenbrauen tanzten in Richtung der faltigen Stirn. »Sie ist sauer auf Wörner«, erklärte sie der Pütz und wiegte lächelnd ihr graues Haupt. »Total sauer! Das ist faszinierend. Aber ein paar Fakten müssten wir klarstellen, mein liebes Kind. Ich bin nicht mit Wörner verwandt. Gott bewahre! Mit Britta eigentlich auch nicht, aber das ist eine lange, komplizierte Geschichte, bei der ich ziemlich mies dastehe, darum erzähle ich sie nicht. Außerdem ist Wasser ja manchmal dicker als Blut, wenn Sie verstehen. Wie auch immer, das tut nichts zur Sache. Was mich nämlich eigentlich interessiert, ist, wie Wörner das macht. Warum sind immer alle Frauen sauer auf Wörner?«

»Britta ist nicht immer sauer auf ihn«, sagte die Pütz. »Nur manchmal. Weil er ein stumpfer Klotz ist. Aber er ist halt ein Mann. Er kann vermutlich nichts dafür.«

Sie packte die Griffe des Rollstuhls. »Na, jedenfalls vielen Dank für Ihre Hilfe«, sagte sie zu Sophie. »Ich hätte das natürlich auch allein geschafft. Aber es ist immer nett, wenn ein Freund und Helfer in der Nähe ist.«

Abermals kicherte sie. »Wir müssen jetzt auch los. Die alte Zunzel will nämlich ihr Mittagessen. Können Sie das glauben? Hat grad ein ganzes Blech Zitronenkuchen verschlungen und will jetzt Mittagessen.«

Sie rollte die Augen und drehte den Rollstuhl in Fahrtrichtung. »Huch …«, fiepte sie, als das Gefährt der Schwerkraft folgend

Fahrt aufnahm. Sie taumelte ein wenig hilflos hinterdrein, der Rollstuhl wankte.

Sophie war mit drei Schritten da und griff beherzt ein. Nie im Leben, dachte sie, würden diese beiden es heil irgendwohin schaffen. Die Alte würde sich den Hals brechen. Die Pütz würde mächtig Ärger kriegen. Alle würden bekommen, was sie verdienten, und der feine Herr Christian würde vielleicht kapieren, dass sie nicht seine private Pflegehelferin war. Eine ebenso verlockende wie unmögliche Option.

Sie fluchte leise und nahm der Pütz dann den Rollstuhl ab. »Es ist wohl besser, wenn ich Sie ein Stück begleite.«

10

»Muss ich überhaupt mit Ihnen reden?« Johannes' aggressiver Ton klang ein bisschen aufgesetzt.

Christian erwiderte seinen Blick. »Nein«, sagte er. »Das müssen Sie nicht. Aber ich würde mich natürlich fragen, warum Sie das nicht tun. Und über kurz oder lang würde ich Sie vorladen. Ich wäre dann ziemlich sauer, weil Sie sich aufführen wie ein Kleinkind. Zumal Sie eben noch getan haben, als hätten Sie mir wunders was zu erzählen.«

Johannes schien kurz zu überlegen. Dann seufzte er demonstrativ. »Gut, wenn es Sie glücklich macht … ist ja alles kein Geheimnis.«

Er holte noch einmal tief Luft, dann fing er an zu erzählen. »Meine Mutter frisst Tabletten, solange ich denken kann. Werfen Sie mal einen Blick in den Badezimmerschrank. Sie hat es mit den Nerven. So nennen wir das. Als ich klein war, dachte ich, das ist so. Mamas nehmen viele Tabletten, völlig normal. Irgendwann hab ich dann kapiert, dass es woanders anders ist. Mir ist es egal, eigentlich. Ich werfe es ihr nicht vor. Vermutlich kann man ein Leben an der Seite meines Vaters anders nicht ertragen. Sie ist kein starker Mensch. Sie braucht ihre kleinen Helfer, um ihre kleine Welt hygienisch einwandfrei zu halten. Ordentlich, so wie er das angeordnet hat. Mein guter Vater hat nie versäumt, am Abend die allgemeine Sauberkeit zu begutachten. Hat gern auch mal oben auf den Schränken kontrolliert, mit dem Taschentuch.«

Christian war nicht sicher, ob er dem Jungen glauben sollte. Obwohl das Szenario zu bizarr schien, um erfunden zu sein.

»Klingt krank, oder?«, sagte Johannes jetzt. »Sie glauben mir vermutlich nicht. Aber ich kann es nicht ändern. Willkommen in meiner Welt. Es ist hier so, jeden Tag. Und wenn man es genau nimmt, so genau wie mein Vater, dann ist es meine Schuld. Unsere.«

Christian sah ihn fragend an.

»Unseretwegen haben sie geheiratet. Ein einziges Mal ist er

vom Pfad der Tugend abgewichen, hat versehentlich meine Mutter geschwängert. Dumm gelaufen. Es musste natürlich geheiratet werden. Ein guter katholischer Junge und ein gutes katholisches Mädchen. Es war die einzige Möglichkeit. Er hat sich sein Leben vermutlich anders vorgestellt. Und er hat uns allen nie verziehen.«

»Johannes, jetzt machen Sie mal halblang! Ihre Eltern sind wohl kaum die Einzigen, die aus so einem Grund geheiratet haben. Das kommt vor, wissen Sie?«

Johannes lachte böse. »Sicher, das kommt vor. Aber die meisten Leute versuchen doch, das Beste daraus zu machen. Sie versuchen doch wenigstens, sich zu lieben. Und ihre Kinder. Und wenn es nicht funktioniert, dann trennen sie sich. Aber das kam eben nicht in Frage für einen wie meinen Vater. Er hat uns lieber bezahlen lassen. Uns alle. Jeden Tag.«

Er zögerte, starrte einen Moment auf den braunen Teppich. »Wie oft habe ich mir gewünscht, dass er sich einfach aus dem Staub gemacht hätte, damals. Das wäre so viel besser für uns alle gewesen.« Seine Stimme drohte zu kippen. Er rappelte sich hoch, begann, durchs Zimmer zu wandern.

Christian schwieg. Pubertät, dachte er, man übertreibt in diesem Alter, man dramatisiert.

Johannes blieb stehen und wandte sich ihm zu. »Ich will kein Mitleid von Ihnen«, sagte er. »Ich will nur, dass Sie verstehen, warum ich auf das Theater scheiße. Von wegen, er war doch mein Vater, trotz allem, blablabla. Ich habe ihn nicht geliebt. Ich habe ihn nicht einmal gemocht. Er hat mir keinen Anlass gegeben, das zu tun. Jetzt ist er tot. Er wird mir nicht sonderlich fehlen. Keinem von uns. So ist das. Punkt.«

Christian reichte es. Er wusste nicht recht, ob er angesichts dieser eindeutig gut vorbereiteten Rede Mitleid oder Missmut empfinden sollte. Allerdings war ihm klar, dass er den Jungen nicht wirklich zu fassen bekam.

»Wo waren Sie am Sonntagabend? Zwischen zehn und zwei?«, unternahm er den Versuch, ihn wenigstens ein bisschen aus dem Tritt zu bringen.

»Ich habe ihn nicht umgebracht!« Johannes ballte die Fäuste.

»Das habe ich ja auch nicht behauptet. Ich möchte trotzdem eine Antwort.«

Johannes zögerte. »Ich war beim Gottesmann«, sagte er dann.

»Zufrieden?«

»Wie bitte? Wo waren Sie?«

Johannes' Grinsen zeigte deutlich, dass er wieder Oberwasser hatte. »Beim heiligen Herrn Wegener. Ist das ein super Alibi, oder was?«

»Was haben Sie da gemacht?«

»Das geht Sie zwar nichts an, aber ich sage es Ihnen trotzdem. Erst war ich in der Kneipe, der Laden war voll, jede Menge Zeugen. Dann hat mich eine Sinnkrise ereilt. Darum bin ich um halb elf weg und hab den Pfaffen besucht. Ein seelsorgerisches Gespräch geführt, wenn Sie so wollen. So gegen halb drei war ich zu Hause, glaube ich, kann ich aber nicht beschwören, ich war ziemlich betrunken.«

»Sie waren bei Kaplan Wegener?«

»Ja, genau das sagte ich doch. War's das dann? Ich habe eine Menge Sachen zu tun, wissen Sie, ich bin wirklich sehr beschäftigt.«

Christian erhob sich. »Na, dann will ich Sie auf keinen Fall länger aufhalten. Vielleicht ergibt sich ja bald die Gelegenheit, dieses aufschlussreiche Gespräch fortzusetzen. Ich komme auf Sie zurück.«

Er schloss die Zimmertür hinter sich lauter, als notwendig gewesen wäre.

★★★

»Margot sollte sich ein Beispiel an Ihnen nehmen«, krähte die alte Hutschendorf, als sie unten am Hang ankamen. »Sie verstehen sich darauf, einen Rollstuhl zu schieben. Als hätten Sie nie etwas anderes getan. Margot, bitte schau dir das genau an. Damit ich kein Schleudertrauma kriege, wenn wir das nächste Mal unterwegs sind.«

»Du kannst mich mal«, maulte die Pütz. »Ich bin nicht dein Rollstuhlkutscher. Außerdem kannst du ganz wunderbar laufen.

Du sollst auch laufen. Frag mal Britta. Ich wette, dein Beckenbodengedöns wird mit jeder Sekunde im Rollstuhl wabbeliger.«

Aus für Sophie nicht recht ersichtlichen Gründen brachen beide Frauen daraufhin wieder in hysterisches Lachen aus. Albernes, ausgelassenes Gegacker, das dazu führte, dass sie sich ausgeschlossen fühlte. Sie riss sich zusammen. Sie war nicht mehr in der Mittelstufe, verdammt. Und ganz sicher wollte sie nichts weniger als Teil dieser betrunkenen und wunderlichen Gemeinschaft sein. Die Weiber tickten doch nicht mehr ganz sauber!

»Sie ist trotzdem ein gutes Kind«, erklärte die Hutschendorf. »Sie, meine ich …« Sie warf einen Blick über die Schulter, hinauf zu Sophie. »Nicht Britta. Britta hat mich nämlich in ein Heim abgeschoben, das ist inakzeptabel. Wie heißen Sie noch mal?«

»Sophie«, half die Pütz aus. »Das ist Sophie Lange.«

»Ja, richtig. Sophie Lange. Sie sind ein guter Mensch, eine wirklich nette Frau. Ich weiß gar nicht, was die blöde Britta gegen Sie hat. Margot, ich finde, wir sollten unsere Ermittlungsergebnisse mit ihr teilen. Das hat sie verdient. Sie hat mir das Leben gerettet.«

»Ermittlungsergebnisse?« Sophie warf der Pütz einen Blick zu. »Hat Christian Ihnen nicht gesagt, dass Sie aufhören sollen, sich in unsere Arbeit einzumischen?«

»Ach Gott, ach Gott«, prustete Agathe und schien nur mit Mühe eine neuerliche Lachsalve zu unterdrücken. »Hm, ja, nun, wenn ich es recht überlege, dann kann es sein, dass unser Wörnerchen so was erwähnt hat. Er ist ja zuweilen etwas bockig, der Gute, kann Hilfe ganz schlecht annehmen. Aber wir sehen das nicht so eng. Wir helfen trotzdem, wo wir können. Obwohl ich mich schon frage, warum er sich manchmal so aufführt. Liegt es daran, dass er einen Penis hat?«

»Lass das«, sagte die Pütz. »Ich möchte nicht über Wörners Penis reden.«

»Ich auch nicht«, entfuhr es Sophie.

»Warum nicht?« Agathe wandte den Hals, um sie ansehen zu können. »Ist was mit seinem Penis? Gibt es etwas, was ich wissen sollte? Er hat doch einen Penis, oder?«

Die Pütz kicherte schon wieder los. »Woher soll ich das wissen? Aber ob oder ob nicht – das interessiert doch keine Sau.«

»Britta schon! Aber Britta ist auch ziemlich anspruchslos, so alles in allem …« Die alte Hutschendorf schnalzte bedauernd mit der Zunge.

Zu ihrem Entsetzen spürte Sophie, dass auch in ihr ein Kichern aufstieg. Die Situation war derart absurd, dass das die einzig mögliche Reaktion zu sein schien.

»Du sollst nicht immer auf Britta rumhacken«, sagte die Pütz. »Und außerdem bist du schon wieder vulgär. Reiß dich zusammen, bitte. Was soll denn die Frau Lange von uns denken?«

»Oh, da machen Sie sich mal keine Sorgen«, bemerkte Sophie. »Das Kind ist möglicherweise schon in den Brunnen gefallen.«

»Siehst du, Margot. Sie ist auch witzig. Aber sie findet uns doof. Dabei haben wir nur einen Kleinen im Tee. Und es ist schade, denn ich mag die. Ich finde sie ganz außerordentlich nett. Patent auch. Du nicht?«

»Doch, doch, sicher«, stöhnte die Pütz. »Mir ist nur grad ein bisschen schlecht.«

»Das interessiert genauso wenig wie Wörners Penis«, erklärte die Hutschendorf bestimmt.

»Absolut korrekt«, bemerkte Sophie.

»Also, passen Sie auf, Kindchen. Wir haben einiges herausgefunden. Sachen, sage ich dir, Sachen … ups!« Sie wedelte kurz mit der Hand vor dem Mund herum. »Sie – wollte ich natürlich sagen, obwohl … Gott, du bist so nett, ich biete dir das Du an. Das ist einfacher, und ich darf das, ich darf das immer, weil ich immer die Ältere bin, das ist der Vorteil, wenn man tausend ist. Du kannst Agathe zu mir sagen, liebe Sophie. In Ordnung?«

»Hab ich eine Wahl?«, erkundigte sich Sophie, der das im Grunde herzlich egal war.

»Nein, die hast du nicht. Also pass auf, es handelt sich möglicherweise um einen politischen Mord.« Sie legte eine kurze, dramatische Pause ein, verrenkte wieder den Kopf, um Sophie verschwörerisch zuzublinzeln.

Die unterdrückte ein Seufzen. »Politischer Mord, ja?«

Agathe Hutschendorf nickte enthusiastisch. »Die Partei«,

raunte sie dann. »In der Partei geht es nicht mit rechten Dingen zu. Ihr solltet euch dringend mit jemandem namens Waldbroich unterhalten.«

Sophie schwieg.

»Das ist eine heiße Spur! Warum tun Bullen immer so ungerührt, wenn man ihnen eine heiße Spur auf dem Silbertablett serviert? Lernen die das in der Polizeischule?«, klagte Agathe Hutschendorf. »Ich wäre an deiner Stelle hübsch dankbar für heiße Spuren … hach, da sind wir ja schon.«

Die Residenz war tatsächlich bereits in Sichtweite.

»Dann trinken wir jetzt einen schönen Kaffee und erzählen dir alles. Ich glaube, wir haben noch Zeit für einen schönen Kaffee, bevor ich zu Tisch gehe.«

***

Christian Wörner stand vor dem Haus der Lebrechts und sah sich um. Weit und breit keine Spur von Sophie. Wo steckte sie bloß? Er sah auf die Uhr. Bekämpfte erfolgreich den Hauch des schlechten Gewissens, der in ihm aufstieg. Er hatte schließlich keine Wahl gehabt. Agathe und Margot ihrem Schicksal zu überlassen, mochte es auch noch so selbstverschuldet sein, war eindeutig keine Option gewesen. Britta hätte ihm nie verziehen, wenn etwas passiert wäre.

Natürlich war ihm nicht entgangen, dass Sophie nicht unbedingt begeistert auf seine freundliche Bitte reagiert hatte. Das konnte er nachvollziehen, aber sie musste einsehen, dass es nicht anders gegangen war. Johannes war als Zeuge zu wichtig, um ein Risiko einzugehen. Und Sophie war eine gute Polizistin, keine Frage, aber sie war unerfahren und außerdem eine Frau.

Christian erinnerte sich vage an die Zeit seiner eigenen Pubertät. An irritierende Versuche seiner Mutter oder seiner großen Schwestern, mit ihm zu kommunizieren. Keine schönen Erinnerungen waren das. Und darum hatte er zweifellos richtig gehandelt. Großherzig gar, denn es war nicht fair, Sophie eine derartige Verantwortung aufzubürden, während er sich um private Dinge kümmerte. Das Mindeste, was er von ihr erwarten konnte, war, dass auch sie sich professionell verhielt. Sich wenigstens meldete, statt ihn hier auf der Straße stehen zu lassen, ohne eine Idee, wo sie sich herumtrieb.

Sein Handy klingelte. Na also! Er nahm das Gespräch an. Leider war es nicht Sophie, die anrief, sondern die Rechtsmedizin. Man teilte ihm mit, dass man gern mit der Obduktion von Wolfram Lebrecht beginnen würde.

»Ich bin gleich da«, sagte Christian. Dann wählte er Sophies Nummer.

∗∗∗

Elisabeth lag auf ihrem Bett und starrte mit leerem Blick an die Decke. Johannes setzte sich neben sie und strich ihr sanft über die Stirn.

»Sind sie weg?«, fragte sie.

Johannes nickte. »Ja, sie sind gegangen. Du kannst ganz beruhigt sein.«

»Nein, das kann ich nicht.« Unvermittelt kam Bewegung in ihren Körper. Sie wand sich, warf ihm einen flehenden Blick zu. »Gib mir eine Tablette! Ich kann das nicht aushalten!«

»Atme einfach. Atme ganz tief. Ein und aus.«

Sie setzte sich auf und begann zu weinen. »Nein!«, schluchzte sie. »Nein, du verstehst das nicht. Atmen hilft nicht! Aber die Tabletten helfen. Sie helfen wirklich! Dr. Linger hat sie mir doch gegeben, Johannes. Er ist Arzt. Er weiß doch, was gut für mich ist. Nur eine, Johannes, nur noch eine, bitte!«

Er packte sie an den Schultern und drehte sie zu sich. »Keine! Keine einzige! Elisabeth, sieh mich an! Du darfst das Zeug nicht nehmen. Willst du enden wie die da unten? Sie helfen dir nicht, Elisabeth, diese Pillen führen nur dazu, dass du nicht mehr denken kannst.«

»Ja!« Sie schluchzte zornig auf. »Genau! Genau das ist es! Ich will ja auch nicht mehr denken! Ich halte das nicht aus! Er ist tot. Und mir tut alles weh! Alles!«

Johannes schluckte. Dann zog er Elisabeth an sich. »Du schaffst das. Du hältst das aus. Du bist doch nicht wie sie, Elisabeth. Du bist stark.« Er strich sanft mit der Hand über ihren zitternden Rücken. Als er fühlte, dass sie sich entspannte, ließ er sie langsam los.

Sie legte sich wieder hin. »Ich bin so müde!«

»Dann schlaf«, sagte er. »Schlaf einfach. Die Bullen sind weg. Keiner wird dich stören. Mach die Augen zu.«

Sie griff nach seiner Hand. »Bleibst du bei mir?«

Er nickte. »Ich bleibe, bis du eingeschlafen bist!«

***

»Ich habe keine Zeit für Kaffee«, sagte Sophie. »Ich bin schließlich im Dienst und –«

»Trallala«, unterbrach Agathe. »Wenn auf dem Dienstplan steht, dass du alte, besoffene Schachteln im Rollstuhl spazieren fährst, dann ist doch wohl ein Kaffee drin. Und jetzt komm mir bloß nicht mit dem Freund-und-Helfer-Quatsch. Wörner hat dich gezwungen, das ist eine Unverschämtheit. Und ganz typisch, weißt du, er tut nämlich immer so harmlos, aber in ihm schlummert ein ausgewachsener Macho. Wenn ich du wäre, dann würde ich ihm so schnell wie möglich klarmachen, dass er so nicht mit dir umspringen kann. Sonst wird so was schnell zur Gewohnheit.«

Sophies Magen knurrte.

»Siehst du – Hunger hast du auch. Du brauchst eine Mittagspause. Die steht dir zu.«

Sophies Handy klingelte und unterbrach so den Vortrag. Auf dem Display sah sie Wörners Namen. Sie zögerte.

»Mit leerem Magen kann man nicht denken. Und schon gar nicht ermitteln«, fuhr Agathe fort. »Wenn du da jetzt rangehst, zitiert er dich sofort irgendwohin, und du verhungerst.«

Sophie starrte aufs Display. Vorsichtig ließ sie den Gedanken zu, dass es möglicherweise tatsächlich nicht schadete, ihn ein bisschen zappeln zu lassen. Sie hatte ja immerhin eine Mailbox, auf der er hinterlassen konnte, was es Wichtiges gab. Und die Idee, einen Happen zu essen, war ziemlich verlockend. Ein weiterer Signalton kündigte das Eintreffen einer SMS an.

»Wo bist du?«, stand da und: »Hör Mailbox ab! Johannes' Alibi fragwürdig! Sagt, er war beim Kaplan. Fahre jetzt los, Obduktion beginnt in 15 min! Treffe dich da! Christian.«

Kein Gruß. Kein Fragezeichen. Dafür Ausrufezeichen, die sie anbrüllten. Das hätte Sophie möglicherweise noch hinnehmen können. Aber der Umstand, dass er ganz offensichtlich schon wieder vergessen hatte, dass sie mit dem Fahrrad unterwegs war, gab ihr den Rest.

Sie hatte nicht die geringste Chance, das zu schaffen. Sie würde zu spät kommen, negativ auffallen, nur weil ihr sauberer Kollege sich nicht die Mühe machte, zwei Minuten nachzudenken. Es war typisch, so typisch, dass sich ihre Lippen wie von selbst aufeinanderpressten, während sich in ihrem Kopf das Wort »Blödmann« manifestierte.

»Schlechte Nachrichten?« Agathe Hutschendorf musterte sie interessiert.

Sophie seufzte. »Wenn ich es recht bedenke«, sagte sie, »dann wäre ein Kaffee vielleicht wirklich nicht schlecht. Und ein Happen zu essen. Vielleicht schaffe ich es dann, diese wirre Geschichte über diesen Waldbroich zu verstehen. Wenn Sie sich ein bisschen Mühe geben.«

»Oh, das werden wir. Wir geben uns immer jede Menge Mühe. Aber nur, wenn du jetzt endlich aufhörst mit dem Sie.«

Agathe strahlte sie so überzeugend an, dass Sophie es ohne Probleme schaffte, das dumpfe Stöhnen der Pütz zu ignorieren.

11

Er hat recht, dachte Elisabeth, Johannes hatte wirklich recht. Sie brauchte die Tablette nicht. Es war dumm gewesen, das zu denken, denn sie war auch ohne das Zeug ruhig geworden. Es ging ihr besser, es ging ihr gut eigentlich, obwohl sie das Gefühl hatte, aus Watte zu sein. Weiche, flauschige Watte, weiß und kuschelig. Sie verzog das Gesicht zu einem Lächeln. Verrückte Gedanken. Sie war nicht aus Watte, sie war aus Fleisch und Blut und Knochen, und alles war im Grunde ziemlich einfach.

Sie war jetzt hier draußen, in der Welt, der ganz normalen Welt. Und es war nicht so schwer. Sie sah den Bürgersteig, die Gärten, die Häuser. Weit und breit keine Menschenseele. Weil Mittag ist, dachte Elisabeth. Stellte sich vor, wie alle zu Hause in ihren Küchen am Tisch saßen, aßen, so wie Leute das taten, wenn alles in Ordnung war.

Und es war alles in Ordnung. Sah man davon ab, dass sie schwitzte in ihrem rosa Pullover. Der war zu warm. Sie hatte da drin vergessen, dass es draußen warm war, dass die Sonne schien und Blumen blühten. Für einen kleinen Moment sehnte sie sich zurück in ihr halbdunkles Zimmer, wo sie nicht geschwitzt hatte. Aber dann hörte das auf. Sie konnte das aushalten, es war ein Witz, ein bisschen zu warm, nur kurz, bis sie da war, am Ziel.

Sie hatte ein Ziel, und das fühlte sich gut an. Es war nicht weit. Sie war ja schon da.

Er öffnete nach dem ersten Klingeln. Als er sie sah, wurde er blass. »Elisabeth«, zischte er und zerrte sie in den Flur. Es roch nach Essen. »Was machst du hier?«

Sie antwortete nicht. Während er die Tür hinter ihr schloss, ging sie langsam zur Treppe, hinauf in den ersten Stock. Im Schlafzimmer schloss sie die Jalousien. Dann zog sie ihren Pullover aus. Ihr war viel zu warm. Wirklich viel zu warm.

Sie hörte ihn an der Tür. »Elisabeth, nicht …« Er klang, als hätte er Schmerzen. Sie drehte sich um, sah ihn an und lächelte.

Er wich ihrem Blick aus. Sah auf den Boden. Dann starrte er

auf ihre Brust. Oder auf ihren Bauch. Sie konnte es nicht genau sagen, aber es war egal. Er sah sie an. Auf die richtige Art, so wie sie das wollte. Er war blass, aber auf seinen Wangen bildeten sich langsam die roten Flecken, die sie so gut kannte. Sie hob die Arme, bewegte ihre Hände auf den Rücken. Mit einer geübten Handbewegung öffnete sie ihren BH. Sie sah ihn an. Hörte, wie sein Atem lauter wurde.

»Komm!«, sagte sie.

Er schloss die Tür.

***

Falk starrte aus dem Fenster. Während der Birske vorne monoton vor sich hin redete, malte er sich wieder die Szene aus, die sich am Morgen abgespielt hatte. Abgespielt haben musste, denn leider konnte er sich die Sache nur vorstellen.

Er hatte mit dem Gedanken gespielt, sich alles anzusehen. Sich irgendwo zu verstecken, um sich an Goldlöckchens Entsetzen zu weiden. Aber das wäre bescheuert gewesen, nach diesem Gespräch mit der Stufenleiterin. Wenn er noch ein einziges Mal schwänzte, würden sie ihn von der Schule schmeißen, hatte die gesagt. Und wenn das passierte, dann würde sein Alter komplett durchdrehen. Darauf bestehen, dass sie seinen schwachsinnigen Plan tatsächlich umsetzten. Obwohl er klargemacht hatte, dass er da nicht mitspielte. Neulich. An diesem beschissenen Tag.

Falk hatte sofort gewusst, dass etwas vorging, als sein Vater vorgefahren war. Den scheußlichen alten Golf mit dem Aufkleber an der Scheibe – »Ann-Cathrin an Bord«, als würde das irgendeine Sau interessieren – vor dem Haus auf dem Stellplatz geparkt hatte.

Er war einfach hochgekommen, hatte geklingelt. Als wäre nichts gewesen. Falk hatte aufgemacht. Hatte ihn angesehen, seinen Vater, der dastand, blöd lächelte und beschissen aussah. Er war dünn geworden, seine Haut wirkte grau, fast wie die Strähnen in seinen Haaren. Irgendwie fiel Falk das hier mehr auf als an den Wochenenden, die er bei ihm verbringen musste. Das Scheiß-Baby stresste ihn, das konnte man sehen. Vielleicht auch der Umstand, dass seine tolle Claudia während der Schwangerschaft vom Hingucker zur triefäugigen Planschkuh mutiert war, die in Labberklamotten voller Babykotze durch die nach vollgekackten Windeln stinkende Wohnung taperte.

Der Alte hatte getan, als wäre es das Normalste der Welt, dass er vorbeikam. Er war ins Wohnzimmer gegangen, wo seine Mutter mit dem Pfaffen hockte. Sie hatten die Tür zugemacht, Falk einfach ausgesperrt. Ihn irgendwann gerufen, wie den Angeklagten zur Urteilsverkündung. Zum Kotzen war das gewesen, wirklich zum Kotzen, wie sein Vater das Wort führte. Salbungsvoll und widerlich künstlich.

»Es ist für keinen von uns leicht im Moment«, hatte er gesagt. »Deiner Mutter und mir ist klar, dass wir dir zu viel zumuten. Aber es ist, wie es ist, es lässt sich leider nicht ändern.«

Falk hätte am liebsten laut gelacht. Der Heuchler! Niemand hatte ihn gezwungen, die Schlampe zu vögeln und zu schwängern. Was sollte der Scheiß?

»Wir sind Herrn Wegener sehr dankbar, dass er sich die Zeit genommen hat, uns zu helfen, miteinander zu sprechen.« Wie eine Rede, die er auswendig gelernt hatte. »Deine Mutter und ich haben unsere Probleme, aber das ändert nichts daran, dass du unser gemeinsames Kind bist und wir uns um dich sorgen. Deine Leistungen in der Schule, das Schwänzen, das geht so nicht weiter. Wir können nicht tatenlos zusehen, wie du dein Leben vor die Wand fährst.«

Falk war schlecht geworden. Scheiß-Heuchler, was bildete der sich ein? Er hatte darauf gewartet, dass seine Mutter etwas sagte, widersprach, aber sie hatte nur auf dem Sofa gehockt und ernst geschaut.

»Was immer zwischen uns ist, wir sind deine Eltern. Wir lieben dich, und darum werden wir verhindern, dass du deine Chancen wegwirfst. Deine Mutter hat im Moment viel mit sich selbst zu tun. Sie hat nicht die Kapazitäten, mit dir fertigzuwerden …«

Fertigzuwerden? Das klang, als wäre er eine Krankheit, ein fieser Virus. Und sie saß da, sagte kein Wort, hockte neben dem Kaplan, was zum Henker machte der Typ eigentlich hier? Es dröhnte in Falks Kopf, fast zu laut, um weiter zuzuhören. Um zu kapieren, was sein Vater als Nächstes sagte, der Arsch.

»Es war ein Vorschlag von Herrn Wegener, ein guter Vorschlag, wie wir alle finden. Ich habe bereits mit Claudia gesprochen, sie hat nichts dagegen. Im Moment brauchen wir das Kinderzimmer ja noch nicht, weil die Kleine noch bei uns schläft«, quasselte er.

Falk sah das Gesicht des Pfaffen, zufrieden, er blickte so verdammt zufrieden drein. Er sah seine Mutter an, sah sie lächeln, wartete auf Widerspruch, vergeblich.

»Nicht sofort«, schwallte es weiter, »aber zum Ende des Schuljahrs ...«

Verpiss dich!, wollte er schreien, aber er brachte keinen Ton heraus. Sie saß da und lächelte den Scheiß-Kaplan an, der so zufrieden aussah, als hätte er soeben die Weisheit als solche über die Menschheit gebracht.

Seine Mutter hasste seinen Vater, verdammt. Seine Mutter würde um nichts in der Welt dulden, dass auch ihr Sohn sie noch verließ, Teil dieser kranken Scheiße wurde, die sein Vater für sein neues Leben hielt. Aber sie sagte nichts. Sie rastete nicht aus. Sie lächelte, debil. Gehirnwäsche, dachte Falk, und dann verlor er endlich die Fassung. Dann rastete er aus und machte klar, was er von dem tollen Plan hielt. Von Typen, die ihre Familie im Stich ließen und sich dann so aufführten. Von Pfaffen, die sich in Angelegenheiten mischten, die sie nichts angingen. Er hatte ihnen alles vor die Füße gekotzt, seine Verachtung und seine Wut und seinen Hass, war dann aus dem Haus gestürmt. Und hatte sich volllaufen lassen.

Als er wieder nüchtern war, hatte er gemerkt, dass das nicht reichte. Und beschlossen, dass sie dafür bezahlen würden.

Und jetzt war es endlich so weit. Er stellte sich vor, wie der Kaplan geguckt hatte, als er das kleine Geschenk entdeckte. Vielleicht hatte er gekotzt. Der Wichser!

Er hörte eine Stimme, die seinen Namen sagte.

»Was?« Er starrte zur Tafel.

Birske grinste. »Der feine Herr Nikolaisen hat es ja ganz offensichtlich nicht nötig, meinem Unterricht zu folgen«, sagte er, in dem Ton, den er für so irre witzig und ironisch hielt. »Aber ich nehme an, Sie wissen, was Sie tun. Sicher stehen Sie in den anderen Fächern so gut da, dass Sie auch mit kompletter Arbeitsverweigerung in Mathe das Abi locker hinkriegen.«

Ein paar der Ärsche lachten. Falk schloss kurz die Augen. Dann merkte er, dass er auch lachen musste. Anders als die Ärsche. Besser. Er tat sich keinen Zwang an. Lachte. »Das ist doch alles ein großes, absurdes Scheiß-Theater hier«, sagte er dann.

Eine Sekunde sah es aus, als würde Birske die Fassung verlieren. Geil, dachte Falk, starrte ihn provozierend an.

»Wie Sie meinen«, sagte Birske, zu spät und zu lahm. »Es ist ja nicht meine Zukunft.«

Wichser, dachte Falk, erbärmlicher Wichser.

Dann klingelte es zur Pause.

***

»Wo ist sie?«, brüllte Johannes. Barbara Lebrecht hatte für eine Sekunde Angst, er würde sich auf sie stürzen.

»Ich weiß es nicht.« Sogar in ihren Ohren klang das wie ein Wimmern.

»Mein Gott! Du hast die ganze Zeit hier unten gehockt! Du musst sie doch gehört haben. Du musst doch gehört haben, wie sie rausgegangen ist! Du blöde Kuh, kannst du eigentlich gar nichts?«

Sie wusste selbst nicht, wie ihr geschah, als sie aufsprang. Sie griff nach der Tasse, in der der Kaffee längst kalt geworden war, und schleuderte sie auf den Küchenboden. Erschrocken betrachtete sie die Scherben mit dem Zwiebelmuster und den Kaffee, der sich langsam in alle Richtungen ausbreitete.

Für einen Moment schien Johannes wie erstarrt. Dann fing er sich wieder. »Knallst du jetzt komplett durch? Ist es jetzt endlich so weit?«

Sie brauchte nur zwei Schritte, bis sie direkt vor ihm stand. Er war einen guten Kopf größer als sie. Er ist gewachsen, dachte sie, er ist schon wieder gewachsen. Sie packte ihn an der Vorderseite seines T-Shirts. »Was bildest du dir eigentlich ein?«, zischte sie. Sie hatte keine Ahnung, woher diese Wut kam. Aber sie tat ihr gut. »Kapierst du eigentlich nicht, was hier passiert?«

Johannes machte sich los und lachte unsicher. »Jetzt machst du hier auf hart, was? Ich bin beeindruckt. Aber wenn hier irgendwer nichts kapiert, dann bist das doch wohl du.«

Sie atmete durch, tief und langsam, merkte, wie die Wut verflog und etwas anderem Platz machte. So ging es nicht. So ging es einfach nicht.

»Es ist Schluss, Johannes, jetzt ist endgültig Schluss. Dein Vater ist tot. Und ob es dir passt oder nicht – wir sind eine Familie! Elisabeth braucht uns. Und du brauchst mich auch, denn das schaffst du nicht allein. Du wirst mich ab jetzt mit Respekt behandeln. Ich habe genug. Ich habe endgültig genug, hast du verstanden?«

»Du hast genug?« Er klang, als wäre er wirklich fassungslos. »Du? Du hast wirklich die Stirn, mir zu sagen, was Elisabeth braucht? Du hockst hier und lässt die Bullen auf sie los! Ohne mit der Wimper zu zucken! Und dafür soll ich dich respektieren?« Er verschränkte die Arme vor der Brust. »Weißt du was? Kümmer dich einfach um dein armes, kleines Leben. Friss deine Pillen. Wir brauchen dich nicht. Wir brauchen dich schon lange nicht mehr!«

Er drehte sich um und stürmte aus der Küche. Barbara schlug eine Hand vor den Mund und stand einen Moment reglos da. Der Impuls, ins Bad zu gehen, war mächtig, übermächtig, sie konnte nicht mehr. Fast rannte sie die Treppe hinauf. Sie stürzte zu dem kleinen Spiegelschrank und riss eine Plastikdose heraus. Sie schüttete drei Kapseln in ihre Handfläche und starrte sie an.

»Was hast du dir nur eingebildet?«, flüsterte sie und hob den Blick. Sie sah sich im Spiegel. Bleich, das Haar zerzaust. Sie sah aus wie eine alte Frau. »Was ist nur aus dir geworden?«, fragte sie ihr Spiegelbild. »Wie konnte das alles passieren?« Sie blickte zurück auf die Kapseln in ihrer Handfläche. Dann ging sie ganz langsam zur Toilette und warf sie hinein. Sie kehrte zurück zum Waschbecken, nahm die Dose und leerte sie ebenfalls ins Klo. Wieder und wieder ging sie den Weg, leerte Dose um Dose, Packung um Packung. Es dauerte lange, bis der Schank leer war. Jeder Schritt, jede Bewegung kostete sie unendlich viel Mühe. Mehr Kraft, als sie zu haben glaubte. Und doch reichte es. Es reichte!

131

Als sie endlich wieder in der Küche war und die Scherben und die Kaffeeflecken aufwischte, kam die Angst. Barbara hatte das Gefühl, dass alle Kraft sie verließ. Sie sank auf die kühlen Fliesen und keuchte.

***

Sophie ging auf den lang gestreckten zweigeschossigen Backsteinbau zu, der sich neben der Kirche schmucklos und bescheiden ausnahm. Sie wollte eben die Klingel drücken, als ein klagendes Geräusch sie herumfahren ließ. Hinter ihr stand die große Katze. Sie starrte Sophie an, fauchte kurz und verschwand dann hinter der Hausecke.

Sophie gab dem Impuls nach, ihr zu folgen. Das Tier stand neben der Biotonne, kratzte maunzend am Plastik. So viel zum Thema Würde und Majestät von Katzen, dachte sie. Sie unterließ es, sich vorzustellen, welcher Art der Tonneninhalt sein musste, um das Interesse des Tiers zu wecken. Ganz sicher handelte es sich nicht um alte Kaffeefilter oder Grasschnitt.

»Vergiss es, Tiger«, sagte sie, wandte sich ab und kehrte zur Haustür zurück. Sie klingelte, wartete ein paar Minuten. Klingelte dann erneut und warf einen Blick auf ihre Armbanduhr. Es war kurz nach eins. Eine Zeit, in der ein Kaplan zu Hause sein sollte. Ein reichlich lächerlicher Gedanke, hatte sie doch keine Ahnung von der Agenda eines Seelsorgers. Mehr aus Gründen der Vollständigkeit als aus Hoffnung drückte sie ein drittes Mal den Klingelknopf und war fast überrascht, als sie von drinnen gedämpfte Geräusche vernahm.

Die Tür wurde aufgerissen. »Ja bitte?« Wegener sah aus, als käme er gerade aus dem Bett. Die blonden Locken waren in einem zerzausten Wirrwarr verheddert, und rote Flecken brannten auf seinen blassen Wangen.

»Entschuldigen Sie die Störung«, sagte Sophie. »Ich dachte schon, Sie seien nicht zu Hause.«

»Ich war … ich war oben«, stotterte Wegener. Er machte keinerlei Anstalten, sie ins Haus zu bitten.

»Es tut mir leid, dass ich Sie noch einmal belästigen muss«, sagte

Sophie. »Aber es hat sich da noch etwas ergeben.« Sie zögerte. »Kann ich vielleicht kurz reinkommen?«, fragte sie.

»Nein!« Wegener fing Sophies entgeisterten Blick auf. »Entschuldigen Sie, ich … ich habe einen Termin, gleich, also, ich muss weg, und ich wollte eben duschen, und daher …«

»Ich werde Sie nicht lange aufhalten.« Wegeners Unhöflichkeit irritierte Sophie. Lag es an ihr? Reagierte er so, weil sie allein vor der Tür stand, ohne Christian? Oder hatte sie ihn möglicherweise aus seinem Mittagsschläfchen gerissen? Auch das war allerdings kein Grund, sich so zu benehmen. Sie war Ermittlerin, Polizistin, sie war eine Respektsperson.

»Wir können uns natürlich auch hier draußen unterhalten«, erklärte sie spitz. »Oder vielleicht im Präsidium. Wenn Ihnen das lieber ist.«

Wegener trat einen Schritt zurück. »Nein«, sagte er. »Natürlich nicht. Ich … entschuldigen Sie. Kommen Sie rein, bitte!« Mit einer unwilligen Geste leitete er sie ins Arbeitszimmer. Er nahm am Schreibtisch Platz. Seine Nervosität schien sich im Lauf des Tages noch gesteigert zu haben. Er erinnerte Sophie an ein Tier, das lauschte und witterte.

»Wir haben mit Johannes gesprochen«, sagte sie.

Wegener nickte.

»Sie können sich denken, dass wir ein bisschen erstaunt waren?«

Wegener runzelte die Stirn und warf ihr einen verständnislosen Blick zu. Er ist nicht bei der Sache, dachte Sophie, er hört mir gar nicht richtig zu.

Er war nicht allein! Die Erkenntnis durchzuckte sie wie ein Blitz. Er war nicht allein, und er wollte nicht, dass sie das mitbekam.

»Wegen des Alibis«, sagte sie. »Johannes' Alibi.«

Wegener schien kurz zu erstarren. Dann fing er sich. »Das … ach das, ja.«

»Sie haben es nicht erwähnt.«

Er hob die Schultern.

»Herr Wegener, heute Morgen haben Sie gesagt, dass Sie allein waren am Sonntag. Dass Sie gelesen haben, früh ins Bett gegangen sind.«

Kaum waren die Worte aus ihrem Mund, verfluchte sie ihre Unbeherrschtheit. Sie hätte schwören können, dass er keine Ahnung hatte von diesem Alibi. Sie hätte ihn ins Messer laufen lassen müssen. Verdammt.

»Ja, also …« Er versuchte ein Lächeln, scheiterte kläglich. »Es ist möglich, dass ich mich vertan habe. Ich bin runter mit den Nerven. Das tut mir wirklich schrecklich leid.«

Sophie zögerte. Es war offensichtlich, dass er log. Und nun glitt er ihr durch die Finger wie ein Aal. Weil sie ohnehin auf dünnem Eis unterwegs war, denn solange diese Diskrepanz zwischen dem Todeszeitpunkt und der Aussage von Frau Hecker nicht geklärt war, kamen sie an dieser Stelle nicht weiter. Aber selbst wenn man all diese Dinge außer Acht ließ, war die Sache mehr als sonderbar.

Johannes war ihr nicht sonderlich sympathisch, aber ganz sicher war der Junge nicht blöd. Ein derart absurdes Alibi zu erfinden, passte nicht zu ihm. Ganz offensichtlich hatte er die Zeit, die er ja gehabt hätte, um sich mit dem Kaplan abzustimmen, nicht genutzt. Das ließ im Grunde nur zwei Schlüsse zu. Entweder das Alibi war echt und Wegener hatte ganz eigene Gründe, Johannes' Besuch zu verschweigen. Oder der Junge pokerte verdammt hoch.

»Ich finde das offen gestanden ein bisschen merkwürdig«, vereinfachte sie diesen komplizierten Gedankenwust grob. »Kommt das häufiger vor? Dass Johannes Sie abends besucht? Ich hatte nicht den Eindruck, dass Sie und er besonders gut befreundet sind.«

»Nein.« Wegener wich ihrem Blick aus. »Es war … es ist … das ist nicht so einfach. Ich hätte das wohl erwähnen sollen. Aber ich war … ich war durcheinander. Ich habe gar nicht daran gedacht heute Morgen.«

Ein Poltern ertönte über ihren Köpfen. Der Kaplan erstarrte. Sophie blickte hinauf zur Zimmerdecke.

»Die Katze«, krächzte ihr Gesprächspartner und lachte nervös. »Die Katze hat sicher etwas umgeworfen.«

»Sicher.« Sophie nickte.

Der Kaplan faltete die Hände und blickte einen Moment darauf, als bete er. »Wir stehen uns nicht nahe, das stimmt schon«, sagte er. »Johannes hält nicht viel von der Institution, für die ich stehe. Aber er ist ein junger Mensch, fast noch ein Kind. Auch er braucht Rat, manchmal, Zuspruch. Und Sie wissen, dass er es nicht ganz leicht hatte zu Hause. Es gehörte nicht zu seinen Gewohnheiten, mich aufzusuchen, das ist richtig. Umso glücklicher war ich, dass er das Gespräch gesucht hat. Ich bin davon ausgegangen, dass es ihm lieber ist, wenn niemand das erfährt. Eine sensible Situation, verstehen Sie?«

Das, was Sophie klar und deutlich verstand, war nur, dass sie die Sache verbockt hatte. Jetzt hatte er seine Schiene gefunden, eine, auf der er zwar nicht glaubhaft, aber doch einleuchtend alle Unstimmigkeiten wegerklären konnte.

»Nein«, sagte sie verärgert. »Ich verstehe das alles ganz und gar nicht.«

Wegener schwieg.

»Von wann bis wann genau war er hier?«, fragte Sophie.

»So genau weiß ich das nicht mehr. So gegen zehn ist er gekommen, glaube ich, aber nageln Sie mich nicht darauf fest. Ich habe nicht auf die Uhr gesehen. Er ist lange geblieben, sehr lange, es war weit nach Mitternacht, als er ging.«

»So genau können Sie sich nicht erinnern?« Sophie runzelte die Stirn. »Man sieht doch auf die Uhr, wenn es klingelt, um diese Zeit. Ich meine …«

Er zuckte die Schultern. »Mehr kann ich dazu nicht sagen.«

Sophie atmete durch. »Worüber haben Sie sich denn unterhalten?«, erkundigte sie sich dann. »Was hat ihn veranlasst, Sie um Rat zu fragen? Ärger? Ärger mit seinem Vater womöglich?«

Der Kaplan presste kurz die Lippen zusammen. Als wüsstest du das nicht besser, sagte sein Blick, und sie ärgerte sich erneut. »Sie werden sicher verstehen, dass das vertraulich ist«, erwiderte er knapp.

»Ging es vielleicht um Elisabeth?« Sophies intuitiver Vorstoß wurde belohnt. Wegener zuckte sichtbar zusammen.

»Was soll denn das? Was sollen diese Fragen? Nein, natürlich ging es nicht um Elisabeth! Was hat Elisabeth denn mit der ganzen Sache zu tun?«

Er strich sich mit einer fahrigen Geste die blonden Locken aus der Stirn. »Ich habe Kopfschmerzen, wirklich schlimme Kopf-schmerzen!« Er massierte mit der linken Hand die Schläfe, um sein Leiden zu illustrieren. »Ich denke, wir haben das ja geklärt. Johannes war hier. Wir haben uns unterhalten. Über Dinge, die ich aufgrund meiner amtlichen Schweigepflicht nicht mit Ihnen diskutieren kann. Ich versichere Ihnen aber, dass er hier war, und das beweist ja wohl eindeutig, dass er mit dem Tod seines Vaters nichts zu tun hat. Und jetzt muss ich Sie wirklich bitten, mich zu entschuldigen!«, sagte er.

Als er Sophie die Haustür öffnete, schoss die fette Katze zwischen ihren Beinen hindurch ins Haus. Wegener schien das gar nicht zu bemerken.

12

»Sie ist ganz und gar reizend!« Agathe rührte in ihrem Milchkaffee und strahlte. »Eine wirklich bezaubernde Person.« Sie warf Louis, der neben ihr hockte, einen weiteren Bissen der Herrentorte zu, den das Tier dankbar verschlang.

»Lass das. Er ist sowieso zu dick, und er darf nichts vom Tisch …«, brummte Britta unwirsch. Eigentlich hatte sie nur schnell einen Kaffee mit Agathe trinken, ihr ein bisschen Gesellschaft leisten wollen, bevor ihr nächster Termin anstand. Die machte allerdings mehr als deutlich, dass es ihr weder an Unterhaltung noch gar an Gesellschaft gemangelt hatte. Obwohl Margot ein wenig einsilbig wirkte, während Agathe eine wirre und in vielerlei Hinsicht irritierende Geschichte erzählte. Eine, die von privaten Ermittlungen, Obstbrand aus der Eifel, Zitronenkuchen und politischen Verschwörungen handelte und nicht zuletzt von Sophie Lange.

Britta sah sich auf der Terrasse der Cafeteria um. Überall saßen zufrieden wirkende ältere Herrschaften, in kleinen Grüppchen oder mit Besuchern. Menschen, die sich normal aufführten und einfach einen sonnigen Nachmittag genossen. Vermutlich plauderten sie über das schöne Wetter, über Enkelkinder und den wohlschmeckenden Kuchen. Liebenswürdige ältere Menschen, die sich bemühten, gut mit anderen liebenswürdigen älteren Menschen auszukommen, ein langweiliges, zufriedenes Leben führten und sich daran erfreuten, dass sie gesund waren. Sie fragte sich, was sie in ihrem früheren Leben verbrochen hatte, um mit jemandem wie Agathe gestraft zu werden.

»Ich weiß nicht, was wir ohne sie angefangen hätten.« Agathe schien leider wild entschlossen, den Sophie-Teil der Geschichte weiter zu vertiefen. »Margot hat es wirklich übertrieben, siehst du ja …« Sie deutete auf Besagte, die tatsächlich ein wenig grün um die Nase wirkte. »Aber sie kann auch nüchtern nicht mit einem Rollstuhl umgehen.«

»Was soll denn das mit dem Rollstuhl?« Britta war froh über

137

den soliden, sachlichen Angriffspunkt, der sich ihr bot. »Du brauchst keinen Rollstuhl. Du kannst wunderbar laufen, und das solltest du auch.«

»Ich bin über neunzig. Ich muss nicht mehr laufen. Ich muss nichts tun, wozu ich keine Lust habe, das ist der Vorteil am Greisentum.«

Margot stöhnte leise und schob ihre Kaffeetasse von sich. »Ich kann das nicht trinken«, sagte sie. »Agathe, gib mir den Schlüssel, bitte. Ich muss mich kurz hinlegen. Ihr redet so laut. Das Licht ist so hell. Und meine Haare tun so weh.«

»Was betrinkst du dich auch am helllichten Vormittag?«, erkundigte Britta sich ungnädig.

»Jetzt reite doch nicht ständig drauf rum.« Agathe rollte die Augen. »Das war ja immerhin dienstlich. Abgesehen davon wirst du immer spießiger. Liegt das an diesem blöden Paarleben, das du jetzt führst?«

Sie schob ihren Schlüssel in Margots Richtung. »Du kannst dich in mein Bett legen. Ist bequemer als das Sofa. Aber zieh die Schuhe aus.«

Margot warf Britta einen Blick zu. »Eine Mutantin«, flüsterte sie heiser. »Britta, ich habe Angst vor dieser Frau.« Sie griff nach dem Schlüssel und verschwand, ohne eine Erwiderung abzuwarten.

»Können nichts vertragen, die jungen Leute.« Abermals warf Agathe Louis ein Stück Kuchen zu.

»Sie ist über fünfzig, das ist nicht jung. Und abgesehen davon ist es in keinem Alter gesund, sich bei wildfremden Leuten einzuschleichen und sich mit Schnaps abfüllen zu lassen. Ich weiß, dass dir das nicht passt – aber auch du bist nicht unsterblich, Agathe!«

»Das weiß ich, Kind. Aber du hast offenbar schon wieder vergessen, dass das ja genau der Plan ist. Ich sterbe lieber, als noch Jahre in dieser Anstalt vor mich hin zu vegetieren.«

»Verdammt noch mal!« Brittas Faust landete auf dem Tisch. Louis winselte, Köpfe wandten sich in ihre Richtung. Eilig dämpfte sie die Laustärke. »Agathe, überspann den Bogen nicht. Ich hab die Nase voll, echt! Du tust, als wärst du bei Wasser und

Brot eingekerkert. Es geht nicht anders, du kannst einfach nicht bei mir wohnen. Ich muss arbeiten. Christian muss arbeiten. Wir haben kein freies Zimmer, und du brauchst jemanden, der notfalls da ist, und zwar rund um die Uhr.«

»Weißt du, das ist dein Problem«, unterbrach Agathe. »Du hast immerzu ein schlechtes Gewissen. Du nimmst alles so persönlich. Das ist nicht gesund. Du musst lernen, drüberzustehen. Ich mache dir doch keine Vorwürfe.«

»Ach nein? Und warum machst du mir dann eine Szene nach der anderen? Benimmst dich wie ein Kleinkind? Und bringst jetzt womöglich auch noch Christian in Teufels Küche mit den albernen Ermittlerspielchen?«

»Das hat nichts mit dir zu tun«, erklärte Agathe fröhlich. »Also, nicht mit dir persönlich. Es geht eher ums Prinzip. Ich weigere mich einfach, so zu tun, als würde mir das hier gefallen. Ich mache das Beste draus, gewissermaßen, und natürlich lasse ich mich lieber auf jeden Mist ein, als mich zu langweilen in dieser Anstalt. Schau dich mal um. Lauter alte Leute. Und jetzt komm mir bloß nicht mit Gedächtnisolympiade oder Greisenturnen. Das interessiert mich nicht. Das ist noch langweiliger, als Löcher in den Käse zu starren.«

Britta stöhnte.

»Trallala«, sagte Agathe. »Lass uns nicht streiten. Ich wollte dir doch eigentlich nur sagen, dass du dir keinerlei Sorgen zu machen brauchst. Wegen Sophie.«

»Ich mache mir keine Sorgen. Warum sollte ich mir Sorgen wegen Sophie machen?«

»Weil du eifersüchtig bist. Weil du denkst, sie vernascht Wörner auf dem Rücksitz des Streifenwagens.«

»Ich bin nicht eifersüchtig. Das ist doch Blödsinn.«

»Du bist unübersehbar und eindeutig eifersüchtig«, widersprach Agathe ungerührt. »Aber wenn du nicht magst, dann musst du es auch nicht zugeben. Ist mir egal. Ich wollte ja nur erwähnen, dass ich mit Sicherheit weiß, dass diese Sophie nichts von Wörner will.«

»Ach! Und woher genau willst du das wissen?«

»Ich hab sie gefragt.«

»Was?« Britta erstarrte kurz. »Was hat du gesagt?« Ihr schwante Schlimmes.

»Nichts, im Grunde. Es geht letztlich auch weniger darum, was ich gesagt habe. Es geht eher darum, was ich gesehen habe. Mach die Augen auf, mein Kind. Guck dir diese Sophie an. Die Frau ist eine Granate. Ein Geschoss. Die ist heiß! So eine will doch nichts von Wörner!«

»Was soll das denn jetzt heißen?«

»Britta, jetzt stell dich nicht dümmer, als du bist.«

So langsam reichte es. Nein, erkannte Britta, es reichte nicht so langsam, sondern ziemlich schnell. Und zwar dicke. Sie stand auf. »Ich muss los.«

»Hä? Was soll denn das? Du bist doch gerade erst gekommen. Und ich habe dir noch gar nicht erzählt, was wir herausgefunden haben. Also, im Detail, meine ich, das war wirklich sehr spannend –«

»Komm, Louis!« Britta drehte sich um und marschierte mit dem Hund davon.

★★★

Wegener saß am Schreibtisch und starrte auf die Tischplatte, auf die Wasser tropfte. Wasser, das, wie er abwesend bemerkte, aus seinen Augen lief. Ich weine, dachte er, und der Gedanke war erschreckend, so wie fast alle Gedanken im Moment. Er war so müde. So erleichtert, dass diese Frau endlich weg war. Diese Polizistin, die ihn einfach nicht in Ruhe lassen wollte. Er hatte die ganze Zeit schreckliche Angst gehabt, dass Elisabeth etwas Unbedachtes tun könnte, während sie da war. Etwas Verrücktes, dachte er und schob den Gedanken sofort zur Seite. Sie war nicht verrückt. Natürlich war Elisabeth nicht verrückt. Sie war durcheinander. Sie war verzweifelt. Das war alles.

Sie wartete auf ihn. Sie war da oben und wartete. Und er wollte nicht zu ihr gehen. Er fühlte sich schwach, viel zu schwach, um diese Last zu schultern. Ihre Last, seine Last, die gemeinsame Last. Das alles war zu viel. Das alles konnte so nicht weitergehen!

Erneut schrillte die Türklingel durch die Stille des Hauses.

Wegener legte die Hände auf die Ohren und stöhnte. Er konnte
nicht mehr. Er würde nicht aufmachen. Er würde einfach so tun,
als wäre er nicht da. Das war nicht verboten.

Er nahm die Hände von den Ohren und hörte Schritte, leichte
und sorglose Schritte auf der Treppe. Sofort war er auf den Beinen. In letzter Sekunde schaffte er es in den Flur, gerade noch
rechtzeitig, um Elisabeth, die eben nach der Türklinke greifen
wollte, zurückzuzerren.

»Bist du verrückt?«, zischte er leise in ihr Ohr und bereute diese
Worte, kaum dass er sie ausgesprochen hatte. Er zog sie mit sich
in die Küche, die ebenfalls vom Flur abging. Abermals klingelte
es. Wegener schloss die Küchentür.

»Elisabeth, was soll das?«, fragte er so ruhig, wie er eben konnte.

Sie sah ihn an, Verwunderung im Blick. »Es klingelt«, sagte
sie. »Hörst du denn nicht, dass es klingelt? Ich dachte, du bist
vielleicht beschäftigt. Darum wollte ich aufmachen. Die Gäste
hereinbitten, verstehst du? Ihnen Kaffee anbieten. Wie sich das
gehört, wenn man Gäste hat.«

»Elisabeth, das geht nicht! Du wohnst hier doch nicht! Du
darfst nicht einfach die Tür aufmachen.« Wegener musste sich
räuspern. Es war, als spräche er mit einem Kleinkind. Kind,
dachte er, sie war doch noch ein Kind! »Wir haben doch darüber
gesprochen«, sagte er. »Es ist nicht gut, wenn du hier bist. Im
Moment. Niemand sollte dich hier sehen. Darüber haben wir
doch gesprochen.«

»Ach Jan«, seufzte sie. »Das ist nicht so einfach. Ich brauche
dich. Und du, du brauchst mich auch. Bald gehen wir weg. Es
ist doch Unsinn, jetzt so ein Theater zu machen!«

»Du hast es versprochen.« Wegener musste sich zusammen-
reißen, um sie nicht zu schütteln und anzuschreien. »Du hast es
auch Johannes versprochen!«

»Johannes versteht das nicht«, sagte sie. Sie neigte den Kopf nah
an Wegeners Ohr. »Er ist eifersüchtig«, flüsterte sie. »Schrecklich
eifersüchtig.«

Erneut ertönte die Klingel. Wer immer vor der Tür stand, war
nicht bereit, aufzugeben, sondern klingelte nun Sturm. Wegener
packte Elisabeth an den Schultern. »Bleib hier«, sagte er und

blickte in ihr Gesicht. »Elisabeth, versprich mir, dass du hier in der Küche bleibst und dich ruhig verhältst. Ich schaue nach, wer da ist. Aber wer immer es ist, er darf dich nicht sehen. Verstehst du das? Es ist wichtig!«

Elisabeths blaue Augen blickten trotzig.

»Elisabeth, tu es für mich! Bitte!«, flehte Wegener.

Der Blick wurde weicher. Elisabeth lächelte zögernd. Dann biss sie sich auf die Unterlippe und nickte. Wegeners Seufzer der Erleichterung wurde von einem neuen Sturm auf die Klingel übertönt. Fast rannte er zur Tür. »Ich komme!«, brüllte er. »Ich komme ja schon!«

***

»Wo zum Teufel hast du gesteckt? Wir haben auf dich gewartet.« Wörner hockte im Café und sah Sophie missmutig an.

Sie atmete tief durch. »Das tut mir schrecklich leid«, sagte sie, aber sie klang patzig. »Ich hab es leider nicht geschafft. Ist ein gutes Stück mit dem Fahrrad, weißt du. Abgesehen davon hatte ich damit zu tun, deine betrunkene Sippe im Altenheim abzuliefern.«

Für eine Sekunde huschte etwas über sein Gesicht. Etwas, was Sophie für Erkenntnis und schlechtes Gewissen zu halten beschloss.

»Du hast sie bis in die Residenz gebracht?«

»Natürlich. Hätte ich sie einfach nur außer Sicht- und Hörweite schaffen sollen? Ich dachte, du sorgst dich um ihre Sicherheit?« Sophie beschloss, das gemeinsame Mittagessen zu unterschlagen. Christian musste nicht alles wissen. Und eine Mittagspause stand ihr schließlich zu. Zumal die immerhin zu einer neuen Spur geführt hatte.

Er räusperte sich. »Ich, äh … das hatte ich vergessen. Das mit dem Fahrrad, meine ich, ich habe nicht daran gedacht. Und das andere … das war nett von dir. Danke.«

Es klang nicht, wie es sollte, fand Sophie. Es klang, als hätte sie ihm einen persönlichen Gefallen getan, dabei hatte er ihr die Anweisung gegeben, sich um seinen privaten Kram zu kümmern.

Sie beschloss, nicht kleinlich zu sein. Immerhin konnte man seine Aussage mit ein bisschen gutem Willen fast als Entschuldigung interpretieren. Es half nicht, wenn sie jetzt zickig war.

»Hat sich denn was Neues ergeben? Bei der Obduktion?«, erkundigte sie sich. Freundlich, wie sie fand.

»Ja, allerdings. Leider Ungereimtheiten. Dem Mann wurde der Schädel eingeschlagen. Mit Wucht. Allerdings überwiegend post mortem.«

Sophie sah ihn fragend an.

»Todesursächlich war ein Schlag auf den Hinterkopf. Stumpfes, flaches Tatwerkzeug, ziemlich schwer. Aber irgendwann später hat jemand auf seinen Schädel eingedroschen. Ein ganz anderes Schlagbild. Und er war schon tot. Der Spaten aus dem Gebüsch passt zu diesen Schlägen. Aber nicht zum ersten. Der ist von einer Person ausgeführt worden, die kleiner war als Lebrecht. Was den Kreis der Verdächtigen nicht wesentlich einschränkt, der Mann war gut eins achtzig. Keine Abwehrverletzungen, es gab keinen Kampf, das kam wohl aus heiterem Himmel.«

Er hielt kurz inne. »Aber immerhin ergibt jetzt die Aussage der Zeugin einen Sinn. Irgendwer hat ihn erschlagen, die Leiche zum Friedhof gebracht und dann noch mal wie ein Wilder auf ihn eingeprügelt. Das klingt ziemlich psycho, oder? Das gefällt mir nicht.«

Abermals seufzte er. »Und dann ist da noch diese Sache mit Johannes' Alibi. Er war nie und nimmer beim Kaplan. Ich glaub dem Jungen kein Wort. Und deshalb werden wir uns jetzt mit dem guten Mann noch mal unterhalten –«

»Ich war schon da«, unterbrach Sophie.

»Allein?«

»Natürlich allein! Du warst ja nicht da. Hätte ich vielleicht lieber Däumchen drehen sollen?«

»Nein, nein …« Abermals machte Christian Anstalten, zu seufzen, beherrschte sich aber im letzten Moment. Leider genügte der resignierte Ton, um Sophie deutlich zu machen, dass ihm ihr Alleingang gar nicht gefiel.

»Ich bin schon groß, Christian«, sagte sie. »Ich kann einen Zeugen befragen.«

»Natürlich. Ich … ich sage doch gar nichts. Komm, jetzt lass uns nicht streiten. Ich brauch wirklich dringend einen Kaffee und was zu essen. Und dann erzählst du mir, was der gute Mann gesagt hat.«

★★★

Johannes stürmte am Kaplan vorbei, kaum dass dieser die Tür geöffnet hatte. Er sah noch bleicher als sonst aus, sein Gesicht verzerrt vor Wut. »Wo ist sie?«, herrschte er Wegener an. »Habt ihr komplett den Verstand verloren?«

»Johannes, bitte, ich kann nichts dafür«, stammelte Wegener, ärgerte sich im gleichen Moment über sich selbst. Er sprach mit einem Teenager, verdammt, es war höchste Zeit, hier die Fronten zu klären. »Sie ist in der Küche.«

Für einen Moment wirkte Johannes erleichtert. Dann verfinsterte sich seine Miene wieder. »Was soll die Scheiße?«

»Sie ist einfach aufgetaucht«, verteidigte sich Wegener und hasste sich für den defensiven Ton. »Was hätte ich denn machen sollen? Hast du nicht gesagt, du passt auf sie auf?«, ging er zum Gegenangriff über.

Johannes trat einen Schritt auf ihn zu, und für eine Sekunde fürchtete Wegener, der Junge würde ihn schlagen.

»Soll ich sie festbinden? Du musst ihr klarmachen, dass es so nicht geht. Immerhin hält sie *dich* für Gott, nicht mich. Aber vermutlich willst du das gar nicht, oder? Vermutlich kommt dir ja ein kleiner Fick zwischendurch ganz gelegen.«

»Johannes!« Wegener wurde heiß, er schluckte. »Warum tust du das? Warum sagst du so etwas?«

»Weil es die beschissene Wahrheit ist«, fauchte Johannes. »Und weil du dich nicht an die Abmachung hältst.«

Erneut fühlte Wegener Wut in sich aufsteigen. »Ich?«, fauchte er. »Ich halte mich nicht an die Abmachung? Du lässt mich doch ins Messer laufen? Was sollte das mit dem Alibi? Das kannst du nicht einfach machen, ich … das sieht doch total seltsam aus. Wie konntest du sagen, dass du hier warst?«

Johannes schien seine Fassung zurückgewonnen zu haben. Er

grinste. »Was hätte ich sonst sagen sollen? Man darf die Polizei nicht anlügen, oder?«

Wegener holte Luft, schwieg dann aber. Es hatte keinen Sinn, jetzt darüber zu streiten. Es änderte nichts. Und es gab andere Dinge zu klären. »Und was sollte diese kindische Sauerei mit der Ratte?«

»Wovon redest du? Was für eine Ratte?«

In diesem Moment öffnete sich die Küchentür, und Elisabeth trat in den Flur. Ihr rechter Zeigefinger drehte eine lange blonde Haarsträhne, die sich aus ihrem Zopf gelöst hatte. »Zankt ihr schon wieder?«, fragte sie und lächelte. »Ihr solltet nicht zanken. Ich mag das nicht.«

Sie lachte leise. »Ich weiß, ich hab versprochen, in der Küche zu bleiben«, sagte sie dann zu Wegener. »Aber ich habe gehört, dass es Johannes ist.« Sie lächelte strahlend. »Vor Johannes muss ich mich ja nun wirklich nicht verstecken. Johannes ist mein Bruder.«

Johannes trat auf sie zu. »Nein, das musst du nicht. Aber du darfst nicht einfach weglaufen, Elisabeth. Ich habe mir Sorgen gemacht. Du musst Bescheid sagen, hörst du? Und wir hatten ausgemacht, dass du erst mal nicht hierherkommst. Das ist nicht gut im Moment.«

Elisabeths Finger drehte unablässig die Haarsträhne. Wickelte sie auf, bis er an die Kopfhaut stieß, und wickelte sie wieder ab, um dann erneut zu beginnen. »Das ist nicht so einfach«, sagte sie nach einem kurzen Moment des Schweigens. »Ich versuche ja, alles richtig zu machen. Aber manchmal geht das halt nicht. Kannst du das nicht verstehen?« Ihre Augen schimmerten verdächtig.

Johannes legte einen Arm um ihre Schulter. »Doch«, sagte er leise und mit so viel Zärtlichkeit, dass es Wegener fast peinlich war, die Szene zu beobachten. Es fühlte sich an, als störe er bei etwas. Etwas Intimem, etwas, zu dem er keinen Zugang hatte.

»Ich verstehe das gut«, sagte Johannes zu Elisabeth. »Aber jetzt müssen wir nach Hause. Ich bringe dich jetzt nach Hause.«

Elisabeth nickte nachdenklich. »Ja«, sagte sie, und es klang abwesend. »Ich würde jetzt gerne nach Hause gehen.« Sie machte sich von Johannes los und ging an Wegener vorbei. Ohne einen von ihnen eines Blickes zu würdigen, öffnete sie die Haustür und trat hinaus ins Sonnenlicht. Johannes machte Anstalten, ihr zu folgen, aber Wegener packte ihn am Arm.

»Wir müssen uns unterhalten«, zischte er. »So geht das alles nicht.«

Johannes machte sich los und hob den Mittelfinger, bevor er seiner Schwester nacheilte.

13

»Übernimm du das«, sagte Christian, als sie vor der Werkstatt von Bernhard Waldbroich standen. Sophie warf ihm einen Blick zu. Versuchte, sich nicht zu fragen, ob das eine Form der Wiedergutmachung war. Oder ob er einfach keine Lust hatte, der Sache zu wenig Bedeutung beimaß. Oder ob sie ihm zu heikel war – eine Überlegung, die angesichts der alkoholisierten Quelle, aus der sie stammte, nicht ganz abwegig schien.

Es spielte keine Rolle.

Bernhard Waldbroich begrüßte sie höflich, aber nicht übermäßig herzlich. Er wirkte nicht überrascht, sie zu sehen, bat sie in den kleinen Verschlag, der als Pausenraum und Büro gleichzeitig diente. Er schloss die Tür und wusch sich die Hände in einem tiefen Waschbecken, bevor er sie Sophie und Christian reichte und den obligatorischen Kaffee anbot. »Es geht um Herrn Lebrecht, nehme ich an?«, eröffnete er dann das Gespräch. »Ich fürchte, ich kann Ihnen nicht helfen. Ich kannte den Mann kaum.« Er strich sich über seinen sorgfältig gestutzten Vollbart.

»Tatsächlich?« Sophie sah ihn zweifelnd an. »Ich habe gehört, Sie waren Parteifreunde.«

Waldbroich griff nach seinem angeschlagenen Kaffeebecher und trank einen Schluck, bevor er antwortete. »Wir waren Mitglieder in derselben Partei, das ist richtig. Natürlich haben wir uns in diesem Rahmen regelmäßig getroffen. Aber ich stand ihm nicht nahe, persönlich, meine ich, privat.« Er legte die Stirn in nachdenkliche Falten. »Es ist eine furchtbare Geschichte. Ich kann das noch immer nicht richtig glauben.«

Sophie warf ihm einen Blick zu, den er richtig deutete. »Das ist mein Ernst«, beteuerte er. »Hören Sie, mir ist klar, warum Sie hier sind. Die Leute reden viel. Sie reden aber auch viel Unsinn. Ich streite ganz sicher nicht ab, dass unser Verhältnis ein bisschen problematisch war. Aber das heißt nicht, dass mich so etwas kaltlässt. Wenn ich an die Familie denke, er hatte ja auch Kinder, nicht wahr?« Er griff nach einem ölverschmierten

Lappen, der am Rand des Tisches lag, betrachtete ihn einen Moment nachdenklich, bevor er ihn auf den Boden fallen ließ.

»Es stimmt, die Leute reden«, sagte Sophie. »Es gehört zu unserem Job, dem nachzugehen, was die Leute so reden.« Sie holte tief Luft, beschloss, das Gespräch ein bisschen voranzutreiben. »Sie wollten in den Stadtrat, richtig? Sie waren der Spitzenkandidat für die nächste Wahl. Bis Herr Lebrecht Ihnen die Position streitig gemacht hat – mit Erfolg. Das finden viele verwunderlich, zumal Sie gute Aussichten gehabt hätten, glänzend abzuschneiden bei der Wahl.«

Waldbroich lachte leise. »Nun, gute Aussichten sind relativ. Wir reden immerhin von Politik.« Er sah sie an. »Aber gut, ja, im Grunde ist das zutreffend. Aber so dramatisch, wie es klingt, war es nicht. Mir geht es nicht um Listenplätze, mir geht es um die Sache.«

»Und das war bei Herrn Lebrecht anders?«

»Ich kann nur von meinen ganz persönlichen Eindrücken sprechen. Ich möchte nichts unterstellen. Er ist noch nicht lange Mitglied. Und – ja, ich hatte durchaus den Eindruck, dass er mehr an seiner persönlichen Karriere interessiert ist als an Inhalten. Er wirkte sehr zielstrebig, was gewisse Dinge anging.«

»Er hat Sie offen angegriffen. Und er hat das Rennen letztlich gemacht, obwohl er eigentlich nicht einmal beliebt war.«

Waldbroich blies die Backen auf und ließ langsam die Luft entweichen. »Gott«, sagte er dann. »Wenn Sie das sagen, dann klingt es so …« Er brach ab und starrte auf den Lappen zu seinen Füßen.

»Wie?«, hakte Sophie nach.

»So, als hätte ich einen einleuchtenden Grund, ihm den Schädel einzuschlagen«, erwiderte Waldbroich. »Was ich natürlich nicht getan habe. Davon abgesehen ist es ein bisschen komplizierter.«

»Erklären Sie es mir«, sagte Sophie. »Ich bin viel schlauer, als ich aussehe.«

Waldbroich hob den Kopf. Für eine Sekunde sah er irritiert aus, dann grinste er. »Ich bezweifle nicht, dass Sie schlau sind.« Er schien kurz zu überlegen. »Wissen Sie, ich habe Politik immer für den richtigen Weg gehalten, aktiv Einfluss zu nehmen.

Dinge zu verändern. Mag sein, dass ich naiv bin, aber so ist es wirklich.«

Er hielt kurz inne, griff wieder nach seinem Kaffee. »Lebrecht war übrigens nicht so unbeliebt, wie Sie anzunehmen scheinen. Seine Ansichten waren äußerst konservativ, anders als meine, aber es gibt eine Menge Leute, die diese Linie begrüßen. Viele haben ihn für den richtigen Mann gehalten.«

Sophie nickte. »Ich verstehe. Aber es erklärt nicht, warum Sie einfach aufgegeben haben.«

Waldbroich runzelte die Stirn. »Es fällt mir ein bisschen schwer … ich meine, er ist tot, immerhin. Aber es ist, wie es ist. Er war ein Intrigant. Er hat es verstanden, Menschen gegeneinander aufzubringen. Dabei hat er gerne mal die Tatsachen verdreht, wenn es ihm gerade in den Kram passte. Es war frustrierend. Unglaublich ermüdend. Natürlich habe ich versucht, mich zu wehren. Doch mir ist irgendwann klar geworden, dass ich mit den gleichen Waffen hätte zurückschlagen müssen. Das liegt mir nicht.«

»Jetzt machen Sie mich aber neugierig!« Sophie lehnte sich interessiert vor.

»Nein«, sagte Waldbroich. »Da muss ich Sie enttäuschen. Keine große Geschichte, kein Skandal, kein Eklat. Einfach eine Summe von Kleinigkeiten. Eine bewusst missverständliche Bemerkung hier, eine Andeutung da – ich sage ja, dafür hatte er ein gutes Gespür. Ich hatte irgendwann das Gefühl, mich ständig und überall erklären zu müssen. Dinge richtigstellen, mich rechtfertigen. Und dabei mit anzusehen, wie diese Sache dem Parteifrieden schadet. Das ging mir zu weit, das konnte ich nicht mehr.«

»Sie haben sich zurückgezogen, um den Frieden zu retten?« Sophie zog die Augenbrauen hoch.

Waldbroich lachte. »Der heilige Bernhard, ach ja …«, sagte er. »Klingt gut. Das wäre die offizielle Version. Aber ich ahne, dass Sie mir das nicht abkaufen. Ich kann es auch anders formulieren. Ich hatte irgendwann die Schnauze voll. Und die Hose, offen gestanden. Manchmal denke ich, dass er mir einen Gefallen getan hat. Denn durch ihn ist mir klar geworden, auf was ich mich da einlasse. Je höher man steigt in der Politik, je mehr Einfluss man

149

hat, desto mehr hat man es mit solchen Menschen zu tun. Ich war so oft wütend, empört, ich habe mich so hilflos gefühlt, dass ich mich irgendwann fragen musste, ob ich das wirklich will. Schauen Sie sich um …«

Er machte eine vage Handbewegung durch den Raum. »Es mag nicht beeindruckend aussehen, aber das Geschäft läuft ausgesprochen gut. Ich habe kleine Kinder, eine wunderbare Familie. Ein Leben, das mir genügt und das vielleicht ganz in Ordnung ist, wie es ist.«

»Heißt das, dass Sie damit abgeschlossen haben?«, erkundigte sich Sophie unschuldig. »Sie haben also grundsätzlich kein Interesse mehr an irgendeiner Form von politischer Karriere?«

»Die Umstände haben sich geändert.« Waldbroich räusperte sich. »Ich kann dazu im Moment nicht viel sagen. Wir müssen uns zusammensetzen, wir als Partei. Darüber reden. Darüber, was geschehen ist, und darüber, wie es weitergehen soll.«

»Ja. Ja, das müssen Sie wohl.« Sophie sah Christian fragend an. Der nickte fast unmerklich. »Dann wollen wir Sie auch nicht länger aufhalten, Herr Waldbroich«, sagte sie und erhob sich. »Nur eine letzte Frage noch – wo waren Sie in der Nacht von Sonntag auf Montag?«

Waldbroich zuckte nicht mit der Wimper. »Ich war hier«, sagte er. »Aber ich fürchte, das ist ein erbärmliches Alibi. Meine Frau war mit den Kindern bei ihren Eltern, und ich habe das Wochenende genutzt, um zu arbeiten. Wie ich schon sagte, das Geschäft brummt im Moment, und ich komme kaum nach. Ich bin irgendwann zwischen Mitternacht und eins nach Hause gegangen. Genau weiß ich das nicht. Aber es spielt vermutlich sowieso keine Rolle, weil keiner das bestätigen kann. Ich habe niemanden getroffen und niemanden gesprochen. Es kann sein, dass jemand das Licht gesehen hat von draußen. Aber selbst wenn, dann ist das kein besonders gutes Alibi, nicht wahr?«

Sophie lächelte ihn an. »Na ja, es ist so schlecht, dass es fast schon wieder gut ist. Wir danken Ihnen jedenfalls für Ihre Offenheit.«

»Keine Ursache. Ich weiß doch, wie wichtig Ihr Job ist. Und ich weiß um die Arbeitsbedingungen bei der Polizei. Nicht umsonst haben wir uns ja auf die Fahne geschrieben, die Probleme, mit denen Sie täglich zu kämpfen haben, endlich anzugehen. Sie halten den Kopf hin für die öffentliche Sicherheit, und dann gibt es nicht mal genug schusssichere Westen …«

Immerhin, dachte Sophie, immerhin war seine Lust am Wahlkampf doch noch größer, als er sich selbst eingestehen wollte.

★★★

Barbara Lebrecht stieg die schmale Treppe zum Keller hinab. Sie war froh, dass keiner der Polizisten auf die Idee gekommen war, sich hier umzusehen. Sie hatten sich nur für das Arbeitszimmer interessiert. Das jedenfalls hatten sie behauptet, obwohl ihr natürlich aufgefallen war, dass ihre Blicke heimlich überall umherschweiften. Sie kannte das. Ihr Leben lang verfolgten sie diese Blicke, die nach Schwächen und Fehlern suchten. Nach Staub und Schmutz, nach Makel und Versagen. Sie kannte die Stellen, an denen sich solche Blicke aufhängten. Tat, was sie konnte, um ebendiese sauber zu halten. Es war anstrengend. Aber sie tat, was sie konnte.

Der Keller war allerdings ein wunder Punkt. Sie konnte machen, was sie wollte – immer hingen irgendwo Spinnweben, immer roch es ein bisschen muffig. Die Kisten und Koffer, all das, was sie hier unten aufbewahrten, standen in korrekten Reihen, und doch war sie nicht gern hier unten. Nur im Raum mit dem Heizkessel, da, wo auch die Waschmaschine stand, war es besser. Diesen Raum konnte sie ertragen, mochte ihn sogar. Die aufgehängte Wäsche, ein leiser Duft nach Seife. Und Ruhe. Frieden. Niemand wollte in den Keller. Normalerweise.

Normalerweise, dachte sie und erinnerte sich daran, dass nichts mehr normal war, gar nichts.

Bei dem Gedanken traten ihr Tränen in die Augen. Sie presste die Backenzähne aufeinander, um sie zu vertreiben. Es half nicht, wenn sie wieder weinte. Es würde schon alles werden. Im Grunde, dachte sie, im Grunde änderte sich nicht viel. Sie tat, was sie konnte. So wie immer. Sie tat, wenn nötig, auch ein bisschen mehr. Es würde genügen. Es musste genügen.

Sie öffnete die Waschmaschine und zerrte die schwarzen Sachen aus der Trommel. Die Jeans, das T-Shirt, ein paar Socken und Unterwäsche. Sogar die Unterwäsche war schwarz. Johannes war Perfektionist. Genau wie sein Vater, dachte Barbara und lächelte. Kompromisslos war ihr Junge. Einer, für den es einen Weg gab, den richtigen Weg, von dem er keinen Zentimeter abweichen durfte. Genau wie Wolfram nahm sich Johannes nie Zeit, innezuhalten. Nach links und rechts zu schauen, um zu überprüfen, ob sich nicht längst Voraussetzungen und Rahmenbedingungen geändert hatten.

Er war wie sein Vater. Er würde einen Tobsuchtsanfall bekommen, wenn er das hörte. Ein Grund, dass sie es niemals aussprechen würde. Aber sie würde ihn trotzdem schützen, vor der Welt und sich selbst. Verhindern, dass er ein Gefangener wurde, so wie Wolfram. Gefangen in Ängsten und zerbrochenen Träumen.

Ihre Ehe war nicht glücklich gewesen, da machte sie sich keine Illusionen. Wolfram hatte ihr das Leben oft zur Hölle gemacht. Aber er hatte auch sich selbst das Leben zur Hölle gemacht. Sich niemals Zweifel oder Schwäche gestattet.

Sie hielt sich nicht für sonderlich klug. Sie wusste, dass sie nicht viel taugte als Ehefrau und Mutter. Aber sie war entschlossen, alles zu tun, was nötig war. Um ihre Kinder zu schützen. Sie wusste nicht, wie, aber es würde sich ein Weg finden.

Sie betrachtete die nassen Kleider im Wäschekorb genauer. Johannes würde sich ärgern. Er mochte nicht, wenn sie seine Sachen wusch. Er tat es lieber selbst. Aber in diesem Fall würde er möglicherweise dankbar sein.

Sie betrachtete die Stücke. Kritisch, akribisch, noch genauer als sonst. Suchte nach Resten von Flecken, Spuren von Schmutz, winzigen Partikeln. Man konnte krank werden davon. Und auch sonst konnte Schmutz einem gefährlich werden. Johannes war ihr Sohn. Es war ihre Aufgabe, ihn vor Schmutz zu beschützen. Und vor anderen Dingen.

Sie kniff die Augen zusammen. Nichts. Es war nichts mehr zu sehen. Trotzdem war es besser, auf Nummer sicher zu gehen, beschloss sie. Sie stopfte Jeans, T-Shirt und Unterwäsche zurück in die Trommel. Drehte den Knopf auf Kochwäsche. Mit Vorwäsche. Sie füllte Waschpulver in die Schächte. Vermutlich würden die Sachen einlaufen. Aber das war nicht so schlimm. Man konnte eine neue Hose kaufen, ein neues T-Shirt. Aber kein neues Leben.

***

»Ich denke, es reicht für heute.« Christian und Sophie waren schweigend von der Werkstatt in Richtung Pützstraße geschlendert, wo Sophies Fahrrad stand. Nicht etwa, weil er sich daran erinnerte, dass es da stand, das war Sophie klar. Er trottete einfach in Richtung Heimat. Dabei war es erst halb sechs. Reichlich früh, um Feierabend zu machen, wenn man mitten in einer Mordermittlung steckte.

»Ich muss das alles mal sortieren«, sagte er, als habe er ihre Gedanken gelesen.

Sophie dachte an ihre leere Wohnung, in der sie nur eine hungrige Katze erwartete. Jetzt, dachte sie, jetzt oder nie. »Vielleicht …« Sie räusperte sich. »Wir könnten ja noch ein Bier trinken, zusammen«, sagte sie. »Bisschen reden, zusammen sortieren. Vielleicht bringt uns das weiter.«

»Ein Bier?« Nun sah Christian auf die Uhr. Vorwurfsvoll.

»Oder einen Kaffee. Einen Kaffee meinte ich …« Verdammt! Was redete sie da? Man konnte doch um halb sechs ein Bier trinken gehen.

»Also, eigentlich gern«, sagte er. »Aber ich glaub, ich sollte lieber gleich … ich war ja gestern schon so spät und …«

Klar. Mutti Britta wartete vermutlich mit Nudelholz und Stoppuhr hinter der Tür. Oder mit einem Abendessen, dachte Sophie, einem schönen Essen, einem Glas Wein. Natürlich wollte er nach Hause. Trotzdem wäre es nett gewesen, wenn er wenigstens versucht hätte, so zu klingen, als täte ihm das leid. So, als wäre es eine normale, möglicherweise nette Sache, ein wenig Zeit mit ihr zu verbringen, außerdienstlich. Blödmann, dachte sie. »Klar«, sagte sie, kramte nach ihrem Fahrradschlüssel. »Ich bin auch ziemlich erledigt. Dann also … na dann …«

»Oh, schau an – die Schöne und das Biest«, unterbrach eine muntere Stimme. Margot Pütz näherte sich mit dem Rollstuhl, aus dem Agathe Hutschendorf albern winkte und »Huhu« rief.

»Das trifft sich gut, Herr Chefermittler.« Die Pütz grinste. »Macht ihr schon Feierabend?«

»Nein«, sagte Christian eilig.

»Ja«, sprach Sophie zeitgleich.

Agathe kicherte. »Wie auch immer – es trifft sich«, sagte sie. »Wir haben eingekauft. Wir kochen jetzt was Schönes und trinken ein feines Glas Wein.«

»Oh, das … also, das ist schlecht …«, stammelte Christian. »Ganz schlecht, weil Britta, sie, sie wollte was kochen. Für uns. Also – nur für uns beide, so ganz allein –«

»Trallala«, unterbrach Agathe. »Da hast du sicher was verwechselt, mein Guter. Heute ist Dienstag, da kommt sie nicht vor halb neun nach Hause, da turnt sie lange oben in Ippendorf. Und wenn Britta so spät nach Hause kommt, dann holt sie höchstens Pizza. Ihr könnt nicht jeden Abend Pizza essen, das macht fett. Und außerdem schulden wir Sophie etwas.«

»Sophie?« Christians Blick schien ein bisschen zu flackern.

»Sie heißt Sophie. Deine reizende Kollegin«, erklärte Agathe hilfreich. »Ich frage mich, warum du sie uns so lange vorenthalten hast. Sie ist wirklich sehr nett, weißt du. Und sie hat mir möglicherweise das Leben gerettet. Sie kann einen Rollstuhl schieben, dass es eine Lust ist! Also, Schluss mit Geschwätz, setzt eure Hintern in Bewegung.«

»Es ist nur … Sie wird müde sein. Britta. Wenn sie kommt …« Christian klang, als sei er den Tränen nahe.

»Sie kann ja schlafen gehen.«

»Ich … also, ich bin auch ziemlich müde«, unternahm Christian einen letzten, halbherzigen Versuch, während Sophie das Gefühl hatte, dass die Zwickmühle sie mit jeder Sekunde enger umschloss. Christian hatte offensichtlich keine Lust auf Gesellschaft, schon gar nicht auf ihre. Sie hingegen hatte sehr viel Lust auf Gesellschaft, sogar auf die der verrückten Weiber. Auf ein Abendessen, zu dem man sie einlud. Ohne dass sie sich aufgedrängt hätte.

»Interessant, Wörner«, befand Agathe. »Hochinteressant ist

das. Du bist also so müde, dass du um sechs schlafen gehen willst. Obwohl du mitten in einer Mordermittlung steckst. Nun, ich kann es kaum erwarten, zu hören, was dich so irre müde macht. Allerdings leben wir ja in einem freien Land. Du kannst ja auch schlafen gehen. Also – los jetzt. Ich bin am Verhungern.«

Knappe zehn Minuten später saß Sophie mit Agathe und Christian an seinem und Brittas Küchentisch, während Margot die Einkaufstasche ausräumte und Weinflasche und Gläser auf den Tisch stellte. Sie bewegte sich so unbefangen, als wäre sie hier zu Hause.

»Carbonara«, erläuterte sie, während sie ein Messer aus einer Schublade holte. »Ich hoffe, wir haben keine Fleischverächter unter uns.« Sie sah Sophie fragend an.

»Nein, ich …« Sophie errötete aus ihr nicht ersichtlichen Gründen. »Carbonara ist super.«

»Zum Wohl!« Agathe hob ihr Glas. »Und jetzt hör auf, so zu schauen, Wörner. Du kennst uns nicht erst seit gestern. Darum sollte dir klar sein, dass du uns sowieso nicht mehr loswirst jetzt. Mach einfach das Beste draus.«

Er verzog das Gesicht, als hätte er Zahnweh. Er tat Sophie ein bisschen leid. Andererseits war der Widerstand, den er Margot und Agathe entgegengesetzt hatte, wirklich derart erbärmlich gewesen, dass er es nicht besser verdiente. Abgesehen davon war das alles nicht ihr Problem. Sie wollte sich lieber auf den Wein konzentrieren, der ganz ausgezeichnet schmeckte und über ihren Magen schnell den Weg ins Gehirn fand, sie angenehm entspannte, während Margots Betriebsamkeit für einen verlockenden Duft von gebratenem Speck sorgte.

»Also, was haben wir?« Agathe blickte Christian und Sophie interessiert an.

»Wir? Wir haben eine polizeiliche Ermittlung, liebe Agathe, eine, deren Stand ich ganz sicher nicht mit dir diskutieren werde.« Christian bemühte sich hörbar um Autorität.

»Ich« hatte er gesagt, »*ich* werde nicht diskutieren«, nicht »wir«, dachte Sophie.

»Ach, trallala! Sei nicht so anal, Wörner! Dann spiel halt alleine. Mach, was du willst! Margot?«

»Das Opfer: bürgerlicher Mittelstand«, ließ sich Margot vom Herd vernehmen. »Oberstudienrat, korrekt, politisch konservativ, katholisch. Ehrgeizig. Einer, der immer alles richtig macht. Dabei alles andere als der Kumpeltyp – stocksteif und hyperkorrekt, vollkommen spaßfrei. Weder er noch seine Gattin scheinen echte soziale Kontakte gehabt zu haben. Und die Familie versinkt angesichts seines Ablebens nicht gerade in tiefe Trauer.«

»Das Mädchen leidet«, unterbrach Sophie. »Elisabeth ist fix und fertig.«

»Sophie!« Christian warf ihr einen strafenden Blick zu. Sie griff nach ihrem Glas, trank eilig einen großen Schluck.

»Das pfeifen die Spatzen von den Dächern, Wörner.« Margot stellte Teller auf den Tisch. »Das ist kein Staatsgeheimnis. Aber die Frage ist ja, ob es wirklich sein Tod ist, der das Mädchen so mitnimmt. Während ihr Bruder ihm keine Träne nachweint. Und bei der Mutter kann man es nicht genau sagen, weil die nicht alle Tassen im Schrank hat.«

»Jetzt hör aber auf … ›nicht alle Tassen im Schrank‹!«, mischte sich Christian ein. »Sie hat möglicherweise Probleme, aber …«

»Sie ist putzsüchtig. Und nimmt eine Menge Tabletten.«

»Woher weißt du …?« Christian starrte sie an.

»Gelbe Tonne«, erklärte Margot munter. »Wir waren eben noch mal da und haben einen Blick in die gelbe Tonne geworfen.«

»Ihr habt was? Margot, ihr könnt doch nicht im Müll von anderen Leuten schnüffeln!«

»Die Tonne steht an der Straße. Morgen kommt die Müllabfuhr. Und wir haben nicht geschnüffelt. Ich hatte nur zufällig eine Verpackung in der Hand, so eine mit dem gelben Punkt, und die habe ich korrekt in eine gelbe Tonne geworfen. Gut, eine fremde gelbe Tonne, aber dafür wird man ja nicht verhaftet, oder?«

Margot stellte einen großen Topf auf den Tisch.

»Ah, das riecht ja großartig!« Agathe strahlte. »Speck, Ei und Käse – was mehr braucht der Mensch zum Glücklichsein?«

Margot teilte großzügige Portionen aus. Ein paar Minuten aßen sie schweigend. Köstlich war es, köstlich und ganz und gar perfekt, dachte Sophie.

»Was ist da los?«, fragte Agathe, nachdem sie in beeindruckendem Tempo ihren Teller leer gegessen hatte. Sie griff nach dem Weinglas und drehte es nachdenklich in den leicht verkrümmten Händen. »Was ist mit dieser Familie los? So aus dem Bauch?« Sie sah Sophie auffordernd an.

»Missbrauch.« Bevor sie es verhindern konnte, war das Wort ihr entschlüpft. Sie musste aufhören, Wein zu trinken. Nun stand es da, ein Wort, das ihr schon ein paarmal durch den Kopf geschossen war. Obwohl sie sich nicht genug auskannte, um diesen Gedanken zu belegen oder ordentlich zu begründen. Sie hatte sich schlaumachen wollen. Bevor sie ein so großes Wort äußerte, einen Verdacht, der sich in diesem Moment verdammt voreilig anfühlte. Umso überraschter war sie, Christian gedankenverloren nicken zu sehen. »Hab ich auch schon dran gedacht«, brummte er. Seufzte tief.

Sophies iPhone gab ein Geräusch von sich. Sie zog es aus der Tasche. Eine Mail. Sie las, runzelte die Stirn.

»Was?«, fragte Christian.

»Spurensicherung«, sagte sie, reichte ihm das Gerät. Er fummelte ungeschickt damit herum. »Wie geht das denn hier?«, schimpfte er leise. »Verdammt, ich komm mit diesem neumodischen Scheiß nicht zurecht …«

»Neumodischer Scheiß?« Agathe lachte. »Wörner, seit fast zehn Jahren hat jeder, der sich auskennt, so ein Ding. Du bist technikfeindlich, weißt du das eigentlich? Und außerdem ist es sehr einfach, schau …« Mit flinken Fingern riss sie ihm das Telefon aus der Hand, wischte kurz auf dem Display herum.

»Anhaftungen«, erklärte sie. »Hier steht, dass sich an seiner Kleidung minimale Anhaftungen gefunden haben, der Regen hat nicht viel übrig gelassen, aber immerhin Spuren von allem, was zu einem guten Frühstück oder Abendessen gehört. Brötchenkrümel, gekochtes Ei, Katzenhaare …«

»Du isst Katzenhaare zum Frühstück?« Margot schob sich den letzten Bissen in den Mund. »Das erklärt einiges, meine Liebe …«

»Das ist dienstlich, das ist …« Sophie versuchte immerhin, den entstandenen Schaden wiedergutzumachen. Obwohl sie ja nichts dafür konnte. Immerhin war es Christian, der sich das

Gerät aus der Hand hatte nehmen lassen. Der schien allerdings in tiefe Resignation versunken, denn er protestierte nicht einmal mehr.

»Nach allem, was ich so erfahren habe über den Lebrecht«, erklärte Margot und schob den Teller von sich, »kommt er mir nicht wie einer vor, der mit vollgekrümeltem Hemd und Eierfleck das Haus verlässt, nachdem er noch mal ordentlich mit der Katze geschmust hat. Ey, lass das!« Sie schlug Christian, der eben nach dem großen Löffel im Topf greifen wollte, auf die Finger. »Wenn wir Britta nichts übrig lassen, wird sie sauer!«

»Der Tiger!« Christian zog eilig die Hand zurück. »Die Katze vom Kaplan …«

Sophie warf ihm einen irritierten Blick zu. Seine Wangen hatten sich sichtlich gerötet, und sie begriff, dass der Wein auch ihm langsam zu Kopf stieg.

Agathe prustete los. »Wörner, wir haben ja schon gehört, dass du sehr heldenhaft bist, was Katzen angeht, aber so eine Miez-Miez als Tiger zu bezeichnen … ich finde, du übertreibst.«

»Sie heißt so«, sprang Sophie ihrem Kollegen zur Seite. »Er nennt seine Katze Tiger.«

»Süß«, befand Agathe. »Heißt das, dass der Gottesmann verdächtig ist?«

»Nein«, widersprach Christian eilig. »Natürlich nicht.«

»Aber er hat eine Katze.« Agathe trank ihr Glas leer.

»Genau wie tausend andere Leute auch.«

Vom Flur hörte man das Geräusch eines Schüssels in der Tür. »Hallo«, rief eine Stimme. Wenige Sekunden später trabte die dicke Bulldogge in die Küche. Zielstrebig inspizierte sie den leeren Fressnapf, winselte beleidigt und wandte dann ihre Aufmerksamkeit dem Tisch und den daran sitzenden Menschen zu. Sie näherte sich Sophie, die sie abwesend zu kraulen begann.

»Jetzt guck dir das an!« Margot klang empört. »Was für ein verräterischer Köter! Kaum ist Sophie da, lässt er mich links liegen.«

»Mein Kurs ist ausgefallen. Riecht lecker, hast du etwa gekocht?«, hörte man Britta aus dem Flur. »Oh«, sagte sie dann, als sie in der Tür erschien und der Szene ansichtig wurde. »Ich, äh … hallo«, sagte sie, während ihr Blick sich an Sophie festzu-saugen schien.

Die lächelte, so freundlich sie konnte. »Hallo«, sagte sie.

»Na endlich!« Margot lächelte sie an. »Wird Zeit, dass du kommst. Wörner hätte dir um ein Haar alles weggegessen. Komm, setz dich …«

»Ach, lass nur …« Britta blieb in der Tür stehen. Natürlich, dachte Sophie, denn alle Stühle waren besetzt. Es gab keinen Platz für sie, die hier wohnte, weil jemand anders da war. Weil die anstrengende, aufdringliche Kollegin da hockte.

»Ich hab sowieso keinen Hunger«, hörte sie Britta sagen, während Hitze in ihre Ohren stieg.

»Red keinen Unsinn. Du hast immer Hunger. Du bist verfres-sen, das hast du von mir.« Agathe tätschelte zufrieden ihr mageres Bäuchlein. »Obwohl du im Unterschied zu mir leicht zusetzt, aber das macht ja nichts, du hast ja jetzt einen Kerl und kannst dich ruhig ein bisschen gehen lassen.«

»Ich geh duschen!« Britta klang barsch. »Christian, kannst du bitte den Hund füttern?« Ohne ein weiteres Wort wandte sie sich ab und verschwand.

»Hä?« Agathe sah ihr stirnrunzelnd nach. »Was hat der denn die Petersilie verhagelt?«

Sophie merkte zu ihrem Entsetzen, dass ihre Augen zu brennen begannen. Eilig stand sie auf. »Ich … ich geh dann mal. Ich muss los, es ist … es ist ja schon spät.«

»Es ist kurz nach sieben«, bemerkte Agathe.

»Sie will gehen, weil Britta sich so benimmt, du Klotz«, erklärte Margot und wandte sich an Sophie. »Mach dir nichts draus. Sie ist furchtbar nett eigentlich. Wenn sie erst mal kapiert, dass du nichts von Wörner willst, dann werdet ihr blendend miteinander auskommen.«

»Margot!« Christian klang empört. Er war aufgestanden. Sophie fragte sich, ob die Röte in seinen Wangen vom Wein herrührte. »Jetzt hör aber auf!«

»Meine Güte, man wird doch wohl sagen dürfen, wie es ist. Wir sind doch nicht im Kindergarten. Auch wenn manche Leute sich so benehmen.« Sie hob prüfend die Weinflasche. »Na, ist sowieso kaum noch was zu trinken da. Dann gehen wir eben. Und überlassen es dem guten Wörner, das zu tun, was man so tut in so einer Beziehungskiste, wenn irgendwer hysterisch ist. Sag Britta, ich ruf sie an.«

14

Irgendwo bellte ein Hund.

Edith Heckers Schritt stockte kurz. Zum Henker, dachte sie, es war Zeit, sich zusammenzunehmen. Wenn das so weiterging, dann wurde sie noch zu einer wunderlichen alten Schachtel. Ein Hund. Einfach ein Hund, der bellte, das hatte nichts mit gar nichts zu tun. Seit dieser Sache – Sache, so nannte sie es für sich –, dieser Sache mit dem Friedhof, war sie nervlich ein bisschen angegriffen. Aus gutem Grund natürlich, das alles war grauenhaft. Aber da sie plante, noch das ein oder andere Jahr zu leben, musste sie aufhören, jedes Mal zusammenzufahren, wenn irgendwo ein Hund bellte. Immerhin gab es Hunderte, ach, Tausende von diesen Viechern. Gott, sie hasste Hunde!

Sie setzte entschlossen ihren Abendspaziergang fort. Wann immer das Wetter es erlaubte, ging sie ihre Runde über den schmalen Pfad. Ein gesunder Geist wohnte in einem gesunden Körper, davon war sie überzeugt. Und sie liebte den schmalen Pfad, der unterhalb der Rosenburg über das sogenannte Plateau führte, vorbei an den rekultivierten Flächen, die schon vor Jahrhunderten bewirtschaftet und nun aus ihrem Dornröschenschlaf geweckt wurden. Etwas hier atmete Vergangenheit, auf eine beruhigende Weise. Neuerdings gab es sogar Hühner, die auf einer der Parzellen lebten. Im Unterschied zu Hunden mochte Edith Hühner sehr gerne. Nette Tiere waren das, freundlich und wohlschmeckend.

Schon hörte sie sie aufgeregt gackern. Sehr aufgeregt, dachte sie, verspürte selbst eine gewisse Aufregung. War da etwa der Fuchs unterwegs? Sie warf einen Blick gen Himmel. Zu hell, dachte sie, eigentlich war es viel zu früh für einen Fuchs, sich so weit aus dem schützenden Wald zu wagen. Zumal die Hühner durch einen hohen Maschendrahtzaun geschützt waren. Wenngleich Füchse natürlich immer einen Weg fanden, raffinierte Biester, die sie waren. Sie beschleunigte ihre Schritte.

Da! Da war etwas. Kein Fuchs, erkannte sie, vielmehr ein

Mensch war das, der gerade durch die Tür auf den Weg trat. Er trug etwas unter dem Arm. Ein Huhn, erkannte Edith, schlaffer Körper und baumelnder Kopf.

Nicht zu fassen – ein Hühnerdieb. Es erstaunte sie, dass es heutzutage so etwas noch gab. Menschen, die allen Ernstes ein Huhn stahlen. Wenngleich – vielleicht war das kein Dieb. Vielleicht war das der legitime Besitzer der Hühner, der sich gerade sein Abendessen geholt hatte. Seit der *Sache* neigte sie dazu, überall Schlechtes zu sehen in der Welt, mehr, als vermutlich da war.

Die Gestalt hatte sie erspäht. Für eine Sekunde starrten sich beide an. Ein Junge, dachte Edith, das ist ja noch ein halbes Kind.

»He!«, rief sie, so laut und bestimmt, wie sie es vermochte. »Was machst du da?«

Die Gestalt drehte sich um und rannte über den schmalen Pfad davon.

Edith sah davon ab, die Verfolgung aufzunehmen. Obwohl sie durchaus fit war für ihr Alter, hatte sie doch keine Chance, einen solchen Jungspund einzuholen. Nicht hier, auf diesem doch etwas holprigen Weg. Abgesehen davon – es ging um ein Huhn. Ein ganz gewöhnliches Huhn, das sicher nicht von hohem Wert war. Sicher gingen ständig Hühner verloren, wurden geholt von Fuchs, Marder oder Habicht.

Der Gedanke, auf die Sache zu reagieren, indem sie den Diebstahl meldete, war völlig absurd. Nach der *Sache* war ihr deutlich bewusst, dass die Polizei für derlei Kinkerlitzchen keine Zeit hatte. Nicht, solange es Mord gab. Dann noch all die Einbrüche, Autodiebstähle, Vandalismus, Körperverletzung. Es war davon auszugehen, dass sie wegen eines Hühnerdiebstahls keine Sonderkommission bilden würde. Abgesehen davon wusste Edith nicht einmal, wem diese Hühner überhaupt gehörten.

Die Hühner, die sich zudem vollständig von dem Schreck erholt und den Verlust der Kameradin bereits verschmerzt hatten, denn sie scharrten unbeteiligt herum und wirkten recht zufrieden. Als sei nichts vorgefallen. Es ist ja auch nichts vorgefallen, dachte Edith, nicht wirklich.

Sie warf einen letzten Blick durch den Maschendrahtzaun.

Dann seufzte sie leise und schritt langsam weiter in Richtung Heimat. Es war Zeit, dass sie in ihren Sessel kam.

Irgendwo bellte ein Hund. Gott, wie sie die Viecher hasste!

★★★

Bernhard Waldbroich warf einen Blick ins Wohnzimmer. Auf dem Sofa saßen in seltener Eintracht sein dreijähriger Sohn und die fünfjährige Tochter, eng aneinandergeschmiegt unter einer Decke. Über ihre Schöße hingegossen lag die alte Katze, räkelte sich zufrieden, während die Kinderaugen gebannt dem Animationsfilm folgten, der über die Mattscheibe flimmerte. Er genoss das Bild für einen Moment und schloss dann leise die Tür.

Thea war in der Küche. Sie deckte den Tisch für das Abendessen und sah ihn überrascht an. »Du schon?«

»Ich hab gedacht, ich komm zum Essen nach Hause«, erklärte er und gab ihr einen etwas zu mechanischen Begrüßungskuss. »Ich geh nachher noch mal in die Werkstatt, wenn die zwei im Bett sind.« Er nahm sich ein Bier aus dem Kühlschrank und setzte sich an den Tisch. »Die Polizei war heute da.« Er trank einen Schluck.

Sie fuhr herum. »Und?«

»Und nichts. Sie haben mich befragt.«

»Jetzt lass dir doch nicht alles aus der Nase ziehen.« Da war er wieder, dieser Ton. Dieser Ton, der Bernhard so fremd war. Seit wann sprach sie in diesem Ton mit ihm?

»Sie haben mich nach Lebrecht gefragt. Und ich habe geantwortet. Ganz normal.«

Sie legte ein Stück Käse auf ein Holzbrett, wandte sich der Arbeitsplatte zu. »Ganz normal, ja? Du hast Ihnen ganz normal erzählt, dass du kein Alibi hast für die Zeit, in der das Arschloch, das dich um ein Haar um deine Karriere gebracht hätte, umgebracht worden ist? Ganz normal?«

Er seufzte und betrachtete ihren Rücken, während sie mit wütender Energie Käsescheiben abschnitt. Nicht zum ersten Mal stellte er sich die Frage, was passiert war. Mit ihr und ihm. Er dachte an die Zeit rund um ihre Hochzeit. An die Geburt der

Kinder. Sie waren doch glücklich gewesen. Voller Erwartung und Hoffnung. Aber irgendwann unterwegs hatte sich alles geändert. Sie hatten aufgehört, die Welt mit denselben Augen zu sehen. Dasselbe zu wollen. Während er das Gefühl hatte, am Ziel zu sein, genau das zu haben, was er sich gewünscht hatte und was ihm wichtig war, schien sie immer unzufriedener zu werden. Ihr genügte das, was sie hatten, nicht. Nicht einmal annährend.

»Thea, das ist doch … ›Um deine Karriere gebracht‹. So war es doch nicht.« Seine Stimme klang fast flehend.

Sie legte das Messer auf die Arbeitsplatte und knallte das Holzbrett mit den Käsescheiben auf den Tisch. Dann atmete sie tief durch und sah ihn an. »Wie war es denn dann? Mein Gott, Bernhard, ich kapiere es einfach nicht. Ich kapiere es schon lange nicht mehr. Was ist denn mit dir los? Du hast diese Kandidatur gewollt. Es war deine Entscheidung! Du kannst nicht von mir erwarten, dass ich verstehe, dass du auf einmal alles hinschmeißt. Kampflos! Für so einen Widerling!«

»Ich habe es dir erklärt, ich habe —«

»Verschon mich!«, fauchte sie. »Verschon mich mit deinen Erkenntnissen, dass es Wichtigeres auf der Welt gibt als Politik. Verschon mich mit diesem Gewäsch!«

Er schwieg. Schuldbewusst. Sie hatte ja recht. Nicht, was das große Ganze anging. Aber in diesem Punkt. Sie verdiente Besseres als Lügen. Gewäsch. Es tat ihm leid, dass er ihr nichts Besseres bieten konnte. Aber er musste das schützen, was ihm wichtig war. Ihm und auch ihr. Er musste verhindern, dass alles auseinanderbrach.

Er hob eine Hand an die Stirn und rieb sich den Haaransatz. Sie trat neben ihn und berührte sanft seine Schulter. Es kostete ihn Mühe, nicht zurückzuzucken. »Entschuldige …«, sagte sie leise. Sie schlang die Hände von hinten um seinen Oberkörper und schmiegte ihr Gesicht an seinen Rücken. »Ich habe es nicht so gemeint. Ich habe nur … ich weiß nicht. Ich habe Angst. Du bist mir so fremd manchmal. Du schließt mich aus. Ich bin doch für dich da. Warum vertraust du mir nicht mehr?«

Er zwang sich, ihre Berührung auszuhalten. Schuldgefühle brannten in seinem Magen.

»Es tut mir leid, ich … ich weiß doch selbst nicht, was los ist mit mir.«

Sie drückte ihn sanft, bevor sie ihn losließ. »Du solltest weniger arbeiten. Konzentrier dich auf das, was dir wichtig ist. Du bist völlig ausgebrannt. Meine Güte, ich bin so froh, dass er tot ist!«

»Thea!«

Sie setzte sich. »Schon gut. Ich weiß ja, so was sollte man nicht sagen. Aber wir sind doch unter uns. Und du wirst mir das kaum verdenken können. Seit er auf der Bildfläche erschienen ist, hat er dir nur Ärger gemacht. Und du hast dich verändert. Ich habe keine Ahnung, wie er es geschafft hat, dich so kleinzukriegen, aber … aber jetzt ist das ja egal.« Sie sah ihn nachdenklich an.

»Habe ich mich wirklich so verändert?« Er versuchte, neutral zu klingen.

Sie kniff die Augen zusammen. »Bernhard, ich bitte dich! Du hast dir ein Bein ausgerissen für die Partei. Immer! Das war dein Leben, verdammt. Seit du klein beigegeben hast, verkriechst du dich nur noch in der Werkstatt. Du schuftest wie ein Blöder an deinen dreckigen Motoren. Und was mich angeht …« Sie schwieg einen Moment. »Du nimmst mich doch kaum noch zur Kenntnis, Bernhard. Ich kann mich nicht erinnern, wann du mich das letzte Mal angefasst hast!«

Er wich ihrem Blick aus. »Es tut mir leid.« Er wandte sich ab.

»Willst du wirklich noch in die Werkstatt heute Abend?«, erkundigte sie sich. »Wir könnten einfach eine Flasche Wein aufmachen und uns ein bisschen entspannen.«

»Ich muss!« Das kam zu abrupt, aber er konnte sich nicht bremsen. »Ich habe versprochen … ach Gott, Thea, mach es mir nicht so schwer!«

Sie stand auf und machte keinen Versuch, ihre Enttäuschung zu verbergen. »Schon gut. Kannst du bitte noch die Messer aus der Schublade holen?«

***

»Das sieht verdammt nach Regen aus.« Agathe spähte zum Himmel, der sich bedrohlich bezogen hatte. »Langsam überspannt

Britta den Bogen. Erst schiebt sie mich ins Heim ab, dann jagt sie mich im Regen auf die Straße. Ich sollte mein Testament ändern.«

Sophie räusperte sich. »Das hat sie ja nicht. Ich meine ...« Sie schluckte. Der Wein war ihr tatsächlich schrecklich zu Kopf gestiegen, machte sie ganz weinerlich. »Sie hat nicht dich rausgeworfen, sondern mich. Es war wirklich nett von euch, mich einzuladen, aber ich hätte nicht mitkommen sollen. Christian kann mich sowieso nicht leiden, und Britta hasst mich, und ... ach, egal. Es war nett von euch, wirklich, danke. Ich fahr dann mal besser los, sonst werde ich nass.«

»Was redest du denn da für einen Unsinn?«, unterbrach Margot.

Sophie schluckte. »Ich bitte dich! Ich bin vielleicht ein bisschen stumpf, aber ich bin nicht vollständig merkbefreit.«

»Trallala!«, unterbrach Agathe. »Das meint sie nicht. Sie meint den Unsinn, dass du nach Hause willst. Der Abend hat doch gerade erst angefangen. Und das mit Britta solltest du wirklich nicht so ernst nehmen. Sie hat Angst vor dir, das ist alles. Aber die kommt auch wieder runter. Ich kenne sie.«

Angesichts des verstopften Gefühls, das sich in ihre Nase geschlichen hatte, zog Sophie es vor, zu schweigen.

»Und Wörner mag dich gern. Er findet dich nett«, fuhr Agathe fort.

»Das tut er nicht. Er interessiert sich keinen Deut für mich. Als Mensch, meine ich, als Freund, als Kollege ...«

»Doch, das tut er«, sagte Margot. »Er ist nur ... Gott, er ist, wie er ist. Er kann nichts dafür. Außerdem will er unbedingt vermeiden, dass Britta sich aufregt.«

»Aber er weiß doch, dass ... Wir haben darüber gesprochen. Wir haben das geklärt. Ich war ganz neu hier, ich war allein und verzweifelt. Aber das ist vorbei, ehrlich, das ist absolut vorbei. Was muss ich denn tun, damit die Welt mir das glaubt?«

»Warten«, sagte Agathe. »Es gibt Sachen, die muss man aussitzen. Glaub der steinalten Frau im Rollstuhl.«

Sophie zog die Nase hoch. Und kramte ihren Fahrradschlüssel aus der Tasche.

»Was machst du da?«, fragte Margot.

»Sie heult«, sagte Agathe.

»Ich heule nicht«, widersprach Sophie.

»Noch nicht«, sagte Margot. »Aber jetzt rede ich eigentlich von dem Fahrradschlüssel.«

»Ich fahr nach Hause. Ich hab genug.« Sie zog die Nase hoch. »Ich kann noch fahren. Also – Fahrrad meine ich. Hätte ich ein Auto, dann würde ich natürlich nicht mehr fahren, aber mit dem Rad ...«

»Du wirst klitschnass!« Agathe deutete anklagend gen Himmel. »Abgesehen davon lassen wir uns einen schönen Abend nicht von einer Zicke wie Britta verderben. Glaub mir, Kind, die Zahl der schönen Abende im Leben ist begrenzt!«

»Aber ich hab ein bisschen zu viel getrunken. Und ... ich glaube, ich würde ganz gern nach Hause fahren.«

»Das kannst du vergessen!« Margot klang bestimmt. »Du willst heulen? Bitte! Aber nicht allein auf dem Sofa bei trauriger Musik und einsamem Wein. Das ist nicht gut fürs Herz.«

»Was? Ich wollte nicht, ich meine, das ist doch ...« Sophie war ein bisschen fassungslos angesichts der Präzision, mit der Margot ihren geheimen Plan erkannt hatte.

Mittlerweile regnete es dicke Tropfen.

»Sind wir vielleicht langsam mal fertig hier?« Agathe sah strafend gen Himmel. »Los, da oben, da ist der Spanier, da ist es nett. Ich lad euch ein. Ich hab keine Lust, mir den Tod zu holen. Nicht auf so eine jämmerliche Art und Weise.«

***

Elisabeth kämmte ihre nassen Haare nach hinten und betrachtete sich in dem kleinen Standspiegel, den sie auf ihren Schreibtisch gestellt hatte. Sie war hübsch. Und egal, was alle sagten, das war wichtig. Sie war hübsch, und sie war nicht allein. Sie legte die Hand auf ihren flachen Bauch. Sah zur Tür. Sie rechnete fast damit, dass Johannes auftauchte. Aber alles blieb ruhig. Zum Glück.

Sie liebte Johannes, sie liebte ihn wirklich, aber manchmal war er furchtbar streng, fast grob zu ihr. Manchmal machte er ihr

Angst. Es gab einfach zu viel, was er nicht verstand. Trotzdem wusste sie, dass er alles für sie tun würde. Er war ihr Bruder. Johannes würde sie nie im Stich lassen.

Eben darum musste sie gehen. Es ging nicht anders. Elisabeth wusste, dass er versuchen würde, sie zurückzuhalten. Schon jetzt schlüpfte er in die Rolle ihres Vaters. Gab ihr das Gefühl, keinen Schritt tun zu können ohne Kontrolle. Er meinte es gut, aber er hatte kein Recht, sich so zu benehmen. Kein Recht, ihr das zu nehmen, was sie endlich gefunden hatte.

Sie wollte ihm nicht wehtun. Aber sie wusste, dass es sich nicht vermeiden lassen würde. Sie musste weg. Weit weg von all den schlimmen Dingen, die in ihre Gedanken schlichen, sie einzwängten, erstickten. Es war fast vorbei. Fast geschafft.

Johannes würde das irgendwann verstehen. Irgendwann.

Gedankenverloren griff sie nach ihrem Stoffhasen, der im Regal hockte und sie aus kalten Glasaugen anstarrte. Sie drückte ihn an sich und streichelte das Fell, das mit den Jahren stumpf und struppig geworden war. Abermals fiel ihr Blick auf den Spiegel. Eilig setzte sie das Stofftier zurück an seinen Platz.

Sie ging zum Schrank und öffnete ihn. Sie zog eine Jeans und das gelbe T-Shirt, das ihr so gut stand, heraus, zog sich an und verließ ihr Zimmer. Sie ging nach unten in die Küche. Ihre Mutter saß am Tisch und starrte ins Leere.

»Mama?« Es überraschte Elisabeth, sie hier sitzen zu sehen. So untätig. »Ich habe Hunger«, sagte sie.

Ihre Mutter fuhr zusammen. Dann lächelte sie und stand auf. Ihre Bewegungen wirkten unsicher. »Kind, das … das ist gut. Ich mach dir was. Setz dich.«

Stumm folgte Elisabeth der Aufforderung und sah zu, wie ihre Mutter den Kühlschrank öffnete und verschiedene Schüsseln herausnahm. Die Alufolie darüber wölbte sich, und Elisabeth erkannte, dass es sich um ein komplettes Mittagessen handelte. Ein Mittagessen, um das niemand gebeten und nach dem niemand gefragt hatte. Ein Essen, vor dem sie vielleicht stundenlang gesessen hatte, hier, am Küchentisch, bevor sie es mit Alufolie bedeckt und in den Kühlschrank gestellt hatte. Ihre Mutter häufte Kartoffeln, Gemüse und ein Stück Fleisch auf einen Teller, den sie in die Mikrowelle schob. Während er sich brummend zu drehen begann, setzte sie sich ihrer Tochter gegenüber.

»Elisabeth, ich weiß nicht, was ich tun soll.« Sie klang müde. Elisabeth senkte den Blick. Sie wollte nicht, dass sie so redete. Sie verstand nicht, was sie meinte, und sie wollte es auch nicht verstehen. Aber ihre Mutter sprach einfach weiter. »So geht das alles nicht. Ich weiß einfach nicht, wie ich dir helfen soll. Und deshalb möchte ich, dass wir zu einem Arzt gehen –«

»Ich bin nicht krank«, unterbrach Elisabeth eilig. »Es geht mir doch viel besser.«

»Nein, das tut es nicht!« Unvermittelt schlug ihre Mutter mit der Faust auf den Tisch. Elisabeth starrte sie fassungslos an.

»Entschuldige, ich wollte nicht grob zu dir sein. Mir ist klar, was du durchmachst. Ich kann auch verstehen, dass du nicht mit mir redest. Aber du musst mit irgendjemandem sprechen. Es geht nicht nur um dich. Es geht auch um Johannes. Ihr seid erst siebzehn. Er tut, was er kann, dein Bruder liebt dich so sehr, aber er schafft das nicht. Es gibt Ärzte, die auf so etwas spezialisiert sind. Es ist keine Schande, sich Hilfe zu suchen. Man kann alle Probleme lösen.«

Und da verstand Elisabeth. Sie wurde blass. »Nein!«, brüllte sie. »Das hast du dir fein ausgedacht, was? Aber ich brauche keinen Spezialisten! Ihr könnt mir das nicht wegnehmen …«

»Elisabeth, es ist nicht so, wie du denkst!«

Ihre Mutter wirkte seltsam ungerührt. Als habe sie genau mit dieser Antwort gerechnet. Elisabeth lauerte darauf, dass sie anfangen würde zu weinen, so wie sie es im Laufe jeder Auseinandersetzung tat. Aber sie blieb völlig ruhig. Sie wandte nicht einmal den Blick ab.

»Du irrst dich, Elisabeth. Und ich verstehe, dass du das im Moment nicht einsehen kannst. Das musst du auch nicht. Alles, was ich möchte, ist, dass du über das, was ich sage, nachdenkst. Es gibt Menschen, die dir helfen können. Sie reden mit dir. Du musst nichts tun, was du nicht selbst willst. Das verspreche ich dir. Aber um deinetwillen, um meinetwillen, aber vor allem um Johannes willen denk darüber nach. Ich möchte dich nicht zwingen, wirklich nicht, aber …« Sie brach ab, ohne die Drohung auszusprechen, stand auf und ging zur Mikrowelle.

Bevor sie den Teller herausnehmen konnte, sprang Elisabeth vom Stuhl. »Lass mich in Ruhe!« Ihre Stimme klang schrill. »Lass mich bloß in Ruhe!« Sie drehte sich um, wollte die Küche verlassen.

»Du bleibst hier!« Der Ton ihrer Mutter ließ sie innehalten. Sie klang fremd. Entschlossen, böse fast. Sie klang so, dass Elisabeth Angst bekam. Langsam drehte sie sich um und betrachtete ängstlich das wutverzerrte Gesicht. »Mama«, sagte sie leise.

»Nenn mich nicht so! Solange du mich wie Dreck behandelst, will ich nicht mehr so genannt werden! Ich bin es so leid, hörst du! Ich weiß, was ich getan habe! Verdammt, ich bin mir jeder Schuld bewusst. Aber das gibt weder dir noch deinem Bruder das Recht, auf mir und meinen Gefühlen herumzutrampeln! Was soll ich denn noch tun? Was wollt ihr denn eigentlich von mir?«

Sie stand ganz still, den Blick starr auf Elisabeth gerichtet. »Ich bin ein Mensch, verstehst du? Ich bin eure Mutter. Und entweder ihr lasst euch helfen, oder ich werde euch dazu zwingen. Ist das klar? Ich werde nicht zulassen, dass die Dinge noch schlimmer werden, als sie ohnehin sind!« Sie war bleich.

Elisabeth wollte weglaufen, aber die Angst lähmte sie. Unvermittelt schien ihre Mutter in sich zusammenzufallen. Ihre Schultern sackten nach vorne, das Gesicht verzog sich, und sie begann zu weinen. Nicht wie sonst, nicht das stille Schluchzen, das Elisabeth so sehr zu hassen gelernt hatte. Es war ein hässliches, heiseres Heulen, das sich stoßweise seinen Weg nach draußen bahnte. Elisabeths Lähmung wich. Sie drehte sich um und floh aus der Küche.

15

»Das glaub ich einfach nicht!« Die Frau in Weiß, die nach kurzem Klopfen die Tür geöffnet hatte, starrte fassungslos in den Raum. »Das kann doch wohl nicht wahr sein!«

Sophie war nicht ganz klar, was sie meinte. Sie hatte genug damit zu tun, ihre schmerzenden Knochen zu sortieren und sich selbst ins Bewusstsein zu rufen, wo sie sich befand – und warum.

»Einen wunderschönen guten Morgen!« Margot, die sich gerade auf dem Sofa, das ihr als Nachtlager gedient hatte, aufgesetzt hatte, lächelte freundlich in Richtung Tür. »Entschuldigen Sie die Unannehmlichkeiten. Ich wünschte, ich könnte das erklären. Aber es hat sich einfach so ergeben.«

Sophie zog sich die Decke über den Kopf. Sie brauchte dringend einen Moment dunkler Ruhe.

»Das ist doch wohl ungeheuerlich!« Gedämpft, aber leider unüberhörbar drang die zeternde Stimme an ihr Ohr. »Das ist doch kein Obdachlosenasyl hier oder eine Jugendherberge!«

»Sicher nicht«, stimmte Margot fröhlich zu. »Denn wir sind weder obdachlos noch gar jugendlich. Obwohl … wie alt bist du, Sophie?«

»Ich verbiete euch, in meiner Anwesenheit über Alter zu sprechen!«

Eine weitere Stimme störte Sophies dunkle Einsamkeit. Sie gab auf, schlug die Decke zurück und sah Agathe, die in einem etwas pompösen dunkelroten Samtbademantel aus ihrem Schlafzimmer getreten war.

»Und Ihnen wünsche ich einen guten Morgen.« Agathe lächelte der Pflegerin zu.

»Frau Hutschendorf …«, setzte die an, aber Agathe winkte ab. »Ja, ich weiß schon. Übernachtungsbesuch anmelden, Gästezimmer benutzen, alles verboten, blabla. Haben Sie den Vorfall von gestern schon gemeldet? Was sagt die Anstaltsleitung?« Sie lächelte freundlich. »Jetzt gucken Sie doch nicht so böse. Es ist nichts Persönliches, wirklich nicht. Schon gar nicht, nachdem Sie gestern so nett waren mit dem Frühstück. Es ist eher politisch. Ziviler Ungehorsam. Gewaltfreier Widerstand. Gandhi und so.«

»Du vergleichst dich mit Gandhi?« Margot grinste. »Agathe, du hast wirklich eine gefährlich gestörte Selbstwahrnehmung.«

»Ich weiß, ich weiß.« Agathe musterte ihre Gäste gut gelaunt. »Seid ihr einigermaßen ausgeschlafen, Mädels? Ich will nicht drängen, aber Sophie muss ja vermutlich zur Arbeit. Sie ist nämlich bei der Polizei, müssen Sie wissen«, wandte sie sich an die Pflegerin. »Sie ist quasi im Einsatz, im Kriminaldauerdienst, darum konnte sie gestern Abend leider nicht hier weg.«

Die Frau öffnete den Mund. Schloss ihn dann wieder. Sie wiederholte den Vorgang, schien dann zu erkennen, dass ihr tatsächlich die Worte fehlten. Sie drehte sich um und verschwand.

»Ich schätze, heut stehen die Chancen auf ein leckeres Frühstück nicht wirklich gut«, bemerkte Agathe. »Aber das kriegen wir schon hin. Ich mach mich schnell parat, dann organisiere ich uns was.«

Ohne eine Reaktion abzuwarten, verschwand sie im Bad. Sophie ließ den schweren Kopf in die Hände sinken. Sie war mittlerweile wach, so wach, dass ihr bewusst wurde, wie peinlich die Situation war. Sie stöhnte leise, während sie den Abend rekapitulierte. Das Lokal, der wirklich ausgezeichnete Wein, den Agathe wieder und wieder bestellte. Sie hatten sich prächtig unterhalten, hatten über leere Wohnungen geredet, über einsame Abende, über Wörner, den Ignoranten, Britta, die Zicke.

Kurz und gut – sie hatten sämtliche Themen beackert, die man nicht besprach mit Leuten, die man kaum kannte. Es hatte sich gut angefühlt, daran erinnerte sie sich dunkel. Margot mit ihrer mitfühlenden Solidarität und Agathe mit dem unerschütterlichen Pragmatismus. Beide hatten den Eindruck gemacht, als interessierten sie sich tatsächlich für ihre, Sophies, Kümmernisse und Gedanken. Es war ein schöner Abend gewesen. *Wäre* ein schöner Abend gewesen, korrigierte sie eilig, wenn sie nicht viel zu viel getrunken hätte, wenn sie nicht nur Schwachsinn geredet, sich vollkommen blamiert und lächerlich gemacht hätte.

»Hör auf damit«, drang Margots Stimme in den Nebel aus Kater-Scham.

Sophie hob den Kopf und sah sie fragend an.

»Man kann in deinem Gesicht gerade lesen wie in einem Buch«, erklärte Margot. »Aber das ist alles Unsinn. Wir hatten es schön, wir hatten Spaß, wir haben uns sehr gut unterhalten. Wir haben alle zu viel getrunken, das hat sich leider so ergeben, aber das ist niemandem peinlich, warum auch? Alles, was wir jetzt brauchen, ist eine Dusche, ein starker Kaffee und eine Kopfschmerztablette. Auf keinen Fall werden wir schlecht über einen guten Abend denken, das gehört sich nämlich nicht.«

Sophie nickte gehorsam.

Margot stöhnte und rieb sich die Stirn. »Ich für meinen Teil werde heute möglicherweise gar nicht denken. Denken tut nämlich weh.«

»Jammerst du schon wieder?« Agathe kam aus dem Bad. Sie war vollständig bekleidet, dezent geschminkt und zeigte keinerlei Verfallsspuren.

»Ignorier sie«, wies Margot Sophie an. »Schau gar nicht hin. Sie ist eine Mutantin. Es ist unheimlich. Sie kriegt nie einen Kater. Ihre Leber ist aus Kryptonit.«

»Ich habe einen sehr leistungsfähigen Stoffwechsel, das ist alles«, erklärte Agathe zufrieden. »Und – apropos leistungsfähig – ich schlage vor, Sophie schwingt ihren hübschen Hintern jetzt mal ins Bad, sonst kommt sie zu spät und kriegt Schimpfe vom Wörner.«

★★★

Kaplan Wegener fühlte sich, als hätte er kein Auge zugetan. Dabei konnte das nicht sein, denn dann hätte er ja diese Träume nicht gehabt. Von Blut und toten Ratten, Schmutz und dieser Polizistin, die ihn durch endlose Gänge jagte. Das Laken war schweißnass, während die Morgensonne aufreizend harmlos in sein Schlafzimmerfenster schien. Er hörte die Vögel zwitschern.

Versuchte, sich vorzustellen, dass alles nur ein Alptraum war. Ein schrecklicher Alptraum, aus dem er nun erwacht war. Für eine Sekunde gelang das. Eine wunderbare Sekunde, in der er sich sicher fühlte. Dann drängte die Realität sich zurück in sein Bewusstsein.

Er setzte sich im Bett auf. Er musste sich konzentrieren. Auf das, was der Tag ihm abverlangen würde. Er hatte zu tun. Er hatte einen Job zu erledigen. Die Gemeinde brauchte ihn. Und er brauchte die Gemeinde, brauchte seinen Beruf. Er brauchte Normalität.

Altenkaffee, dachte er, heute Nachmittag ist Altenkaffee im Gemeindehaus. Er musste die Sache mit dem Friedhof klären, damit man aufräumen konnte. Frau Walter hatte sonst keine ruhige Minute. Er musste sich dringend um die Organisation des Herbstzeltlagers für die Messdiener kümmern. Die Einladungen mussten raus. Der Elternabend für die Kommunionkinder stand an. Er hatte zu tun. Er hatte eine Menge zu tun. Der Gedanke spendete ihm Trost und Zuversicht.

Er stand auf und ging hinüber zum Fenster. Er zog die Vorhänge beiseite, warf einen Blick in den Garten und erstarrte.

Alptraum, ein Alptraum, böse, hässlich, schlecht. Er stöhnte.

Vielleicht war es wirklich ein Traum, vielleicht war er gar nicht aufgestanden, sondern zurück in den unruhigen Schlummer gesunken. Aber er fühlte die billigen grauen Teppichfliesen unter seinen nackten Sohlen, er spürte die Wärme der Sonnenstrahlen. Die Staubkörnchen, die im grellen Licht tanzten, reizten seine Nase. Gleich würde er niesen, dachte er, und man nieste nicht im Traum.

Er starrte hinunter in den Garten auf den Baum und versuchte verzweifelt, dem, was er da sah, Sinn zu entnehmen. Kein Sinn, erkannte er dann, überhaupt kein Sinn, außer dem, ihn zu quälen. Ihm Angst zu machen. Aber warum? Warum tat Johannes das? Wenn irgendwer das sah, zufällig, dann würde es über kurz oder lang auch der Polizei zu Ohren kommen. Es würde Aufmerksamkeit auf ihn lenken, und das konnte Johannes doch nicht wollen.

Er verstand es nicht. Boshaft, widerlich, er verstand es einfach nicht.

Ein Krächzen ertönte und riss ihn aus seiner Schockstarre. Eine dicke Krähe war in einem der Bäume am Rand des Gartens gelandet und beäugte das, was da am Baum hing. Wegener schauderte. Er machte sich nicht die Mühe, sich etwas über Boxershorts und T-Shirt zu ziehen, sondern rannte die Treppe hinunter. An der Haustür erwartete ihn schon die Katze. Unruhig maunzend strich sie um seine Beine, aber er scheuchte sie weg. Er eilte in den Garten und näherte sich dem Baum.

Er schaffte es. Er war dem gewachsen. Er war ruhig. Betrachtete kühl, was er sah, ignorierte den Ekel. Er stand ganz nah davor. Vor dem Huhn, nur ein Huhn war das, ein Huhn ohne Kopf, genagelt an einen Baumstamm. Die Flügel ausgebreitet, der Hals zeigte zum Boden. Es tropfte kein Blut mehr aus dem Hals, und die Lache, die sich unten gebildet hatte, war schon geronnen. Kein Kopf, da war kein Kopf. Stattdessen eine Spur, eine Spur aus Blut, die sich bis hin ins Gras zog. Eine bizarre Verhöhnung des Gekreuzigten, das war es.

Er zwang sich, näher heranzugehen. Betrachtete die Stellen, an denen die Nägel ins Gefieder der Flügel geschlagen waren. Eine Zange, eine ganz einfache Zange war alles, was er brauchte, um die ekelhafte Sauerei zu entfernen.

Er atmete durch den Mund, tief und gleichmäßig. Handschuhe würde er mitbringen aus dem Keller. Und die Schweinerei beseitigen, bevor jemand sie sah. Er würde sich beeilen, dachte er, denn er hatte einiges zu tun. Frau Walter und der Friedhof und der Altenkaffee und der Elternabend. Er versuchte verzweifelt, sich auf den Gedanken zu konzentrieren.

Ein Geräusch ließ ihn zusammenzucken. Er fuhr herum und sah die Krähe, die eben mit triumphierendem Krächzen die Krallen in den Hühnerkopf schlug, der wohl irgendwo im Gras gelegen hatte, und sich mit ihm in Richtung Himmel schwang. Wegeners Körper entriss seinem Geist die Kontrolle. Er beugte sich vor und erbrach einen Schwall Galle auf den Rasen.

★★★

Britta joggte gemächlich den Berg hinauf in Richtung Wald. Sie hatte Louis von der Leine gelassen. Ausgelassen drehte das Tier seine Kreise rund um sie herum, stoppte hier und da kurz, um interessante Ecken zu beschnüffeln, holte aber immer wieder auf. Der Morgen war schön und frisch, es roch nach Regen und Wald. Alles war gut, eigentlich, alles war ganz wunderbar. Sie lief gleichmäßig, gute Pulsfrequenz, und langsam entspannte sie sich. Trotz all der Dinge, die quer in ihrem Hals und Kopf steckten.

Ihr war klar, dass sie am vergangenen Abend ein winziges bisschen zu zickig reagiert hatte. Obwohl sie im Kern natürlich recht hatte. Natürlich stand es Margot und Agathe frei, sich unmöglich zu benehmen und sie, Britta, immer wieder in die unangenehme Lage zu bringen, irgendwo zwischen den Fronten zu stecken, weil Christian sich furchtbar ärgerte. Natürlich konnten die beiden auch jeden nett finden, den sie eben nett finden wollten. Auch die Sophie Langes dieser Welt. Das stand ihnen frei, das war ihr, Britta, völlig egal, das interessierte sie gar nicht.

Dass die beiden aber quasi Wildfremde in Brittas Küche einluden, ohne auch nur zu fragen, das ging zu weit. Zumal Christian ihr versichert hatte, dass das nicht seine Idee gewesen war, als sie frisch geduscht und grundsätzlich kompromissbereit aus dem Bad gekommen war und festgestellt hatte, dass die ungebetenen Besucher bereits gegangen waren.

Ein wenig zu vehement waren ihr seine Beteuerungen vorgekommen, ein bisschen übereifrig. Warum betonte er so, dass er Sophie nicht eingeladen hatte? Sie war immerhin seine Kollegin, und er fand sie doch angeblich nett. Das sagte er jedenfalls. War es nicht eigentlich das Normalste der Welt, nette Kollegen spontan einzuladen, privat, mit ihnen etwas trinken zu gehen?

Dass Christian so betonte, dass er weder das eine noch das andere tat oder tun wollte, war verdächtig. Wo doch diese Sache, die im Grunde ja nicht einmal eine Sache gewesen war, längst geklärt war. Erledigt. Aus der Welt. Sagte Christian.

Britta beschleunigte ihren Schritt. Gott, wie sie das hasste! Diese Gedanken, die auf den ersten Blick hübsch ordentlich und harmlos daherkamen. Dann aber zu anderen Gedanken führten, Gedanken hinter den Gedanken, die heimtückisch auf immer brüchigeres Eis führten. Ein komplexer und unaufhaltsamer Prozess. Einer, den sie Christian, dem so etwas vollkommen fremd war, einfach nicht erklären konnte.

Es konnte schon sein, dass sie ein winziges bisschen eifersüchtig war. Aber das war doch völlig normal. Der Anblick dieser Sophie, wie sie da in ihrer Küche saß, nach eines langen Tages Ritt, und trotzdem so unverschämt gut aussah, dazu der Gedanke, dass Christian sich täglich von früh bis spät mit so einer Frau umgab, das war ein bisschen schwer zu ertragen. Und dass diese Person jetzt Margots und Agathes Herz im Sturm erobert hatte, machte die Sache nicht besser, hieß es doch, dass Sophie vermutlich tatsächlich nett und sympathisch war.

Es war einfach verdammt unfair. Denn wenn man so aussah, fand Britta, dann hatte man wenigstens eine doofe Tussi zu sein. Eine oberflächliche und seichte Person, die sich für Klamotten und Sonnenbank interessierte.

Sie keuchte. Zu schnell, verdammt, sie lief viel zu schnell jetzt. Mit jedem dummen, bösen, destruktiven Gedanken hatte sie ihr Tempo gesteigert. Sie sah sich nach Louis um, konnte ihn nirgends entdecken.

»Louis?«, rief sie, blieb stehen. Sie hob zwei Finger zum Mund und pfiff. Keine Reaktion. »Louis?« Sie ging ein Stück zurück zu der Stelle, an der der Weg sich gabelte. Ihr Atem beruhigte sich langsam. »Louis, wo bist du? Komm her, mein Dicker!«

»Suchen Sie den?« Die Stimme ließ sie zusammenzucken.

Die Frau saß auf einer Bank. Sie deutete auf Louis, der sich hechelnd unter die Sitzfläche gelegt und die Augen geschlossen hatte. »Der ist fix und fertig.« Die Frau lächelte.

Britta lächelte ihr zu. »Oh, entschuldigen Sie. Ich war in Gedanken. Ich bin zu schnell gelaufen. Er ist nicht gerade ein Hochleistungssportler.« Sie schämte sich ein bisschen. Sie kannte Louis' Grenzen schließlich. Wenn sie sich richtig austoben wollte beim Joggen, dann ließ sie ihn aus gutem Grund zu Hause. So eine Runde wie heute war hingegen ihr gemeinsames Vergnügen, eine passende Trainingseinheit für eine leicht adipöse Bulldogge.

»Setzen Sie sich doch«, sagte die Frau. »Ich glaub, der braucht einen Moment Erholung.«

»Ich will Sie nicht stören«, sagte Britta und meinte es so. Die Frau sah schlecht aus, graue Schatten unter verschwollenen Augen. Sie wirkte nicht, als sei sie hier, um mit irgendwelchen Passanten zu plaudern.

Sie fing Brittas Blick auf. »So schlimm?«, fragte sie.

Britta fühlte sich ertappt, setzte sich aus lauter Verlegenheit schnell hin.

»Ich weiß, ich sehe furchtbar aus im Moment.« Die Frau strich sich mit einer Hand durch die ungewaschenen Haare. »Ich stehe ein bisschen neben mir. Mein Mann ist tot. Er ist ermordet worden. Sie haben vermutlich davon gehört.«

Britta schluckte. Verdammt! Die Lebrecht. Das hatte ihr gerade noch gefehlt. Sie wünschte Louis und seine schwächliche Kondition zum Teufel, sich selbst weit weg. Vergeblich natürlich, denn hier saß sie, neben dieser Frau, die erschöpft wirkte, gleichzeitig entschlossen. Mit einer Aussage im Ohr, die eine Erwiderung forderte. Eine passende. Eine, die Britta nicht einfallen wollte.

Frau Lebrecht brach das Schweigen, fuhr einfach fort: »Außerdem bin ich süchtig. Ich bin tablettenabhängig.«

»Oh«, sagte Britta, die auch das nicht hören wollte, wirklich gar nicht, und sich nun ärgerte, weil ihr »Oh« unglaublich dumm klang. Sie musste etwas anderes sagen. Etwas, was man sagte in so einer Situation, mitfühlend, freundlich, etwas, was gleichzeitig auf sozialverträgliche Weise deutlich machte, dass sie nichts zu tun haben wollte mit den Problemen dieser ihr völlig fremden Frau.

»Ich werde das in den Griff bekommen.« Die Lebrecht sprach weiter, als wäre Britta gar nicht da. »Ich habe die Pillen weggeworfen. Alle. Natürlich geht es mir jetzt nicht gut. Ich habe rasende Kopfschmerzen. Angstgefühle. Ich kann kaum denken. Ich weiß nicht, ob ich das durchstehe. Aber ich muss es versuchen. Ich habe keine Wahl.«

Sie hielt einen Moment inne und strich sich eine Haarsträhne aus der Stirn. »Entschuldigen Sie, dass ich Sie damit belästige. Ich kenne Sie gar nicht. Aber komischerweise hilft es mir gerade, das einfach laut auszusprechen.«

»Das ist schon in Ordnung«, sagte Britta. Sie wäre gern aufgesprungen und weggelaufen. Zumal ihr nun bewusst wurde, dass Frau Lebrecht natürlich keine Ahnung hatte, dass sie sich gerade ausgerechnet der Frau anvertraute, die mit dem Ermittler eine intime Beziehung pflegte. Sie musste ihr das sagen, ganz dringend, auch wenn es natürlich im Grunde keine Rolle spielte. Sie musste sowieso etwas sagen. Irgendetwas. Und zwar jetzt.

»Wenn Sie tatsächlich abhängig sind ...«, setzte sie an, schluckte, brach ab. Es klang falsch. Sie unternahm einen zweiten Versuch. »Ich kenne mich da nicht aus, aber ein Entzug im Alleingang ist vermutlich keine gute Idee. Sie sollten sich an einen Arzt wenden. Es gibt Hilfe in solchen Situationen.«

Frau Lebrecht lächelte. »Oh, das weiß ich.« Sie wirkte jetzt, als plauderten sie gerade über das Wetter oder die aktuellen Gemüsepreise. »Das sagt mein Hausarzt auch. Ich brauche möglicherweise eine Entgiftung, muss in eine Klinik gehen, ich brauche Therapie. Aber das geht im Moment nicht. Meine Kinder brauchen mich jetzt. Meiner Tochter geht es nicht gut. Ich mache mir Sorgen um sie. Und mein Sohn ... mein Sohn braucht mich auch. Ich muss es versuchen, verstehen Sie, ich muss da sein, wirklich da. Das schulde ich den beiden. Und das schulde ich auch Wolfram.«

Sie seufzte leise. »Wir haben keine gute Ehe geführt. Er war kein einfacher Mensch. Er konnte mit Gefühlen nicht umgehen. Aber er war nicht böse. Kein schlechter Mann. Er hat es als Kind sehr schwer gehabt. Und er wollte alles besser machen als seine Eltern damals. Er wollte seinen Kindern Richtung geben, Stabilität, ordentliche Verhältnisse. Er hat es übertrieben, natürlich, er hat das nicht besonders gut hingekriegt. Es war ein großer Fehler, dass er ausgerechnet mich geheiratet hat. Ich war nie gut für ihn. Er hätte eine starke Frau gebraucht. Ich habe ihn verlassen. Ihn und meine Kinder. Nicht körperlich, das nicht. Aber innerlich. Ich bin in diese Scheinwelt geflüchtet mit den Tabletten, ich war gar nicht wirklich da.« Sie schluchzte.

Nein, dachte Britta, bitte nicht! »Frau Lebrecht«, sagte sie lahm.

Ihre Worte hatten eine erstaunliche Wirkung. Frau Lebrecht sprang auf. »Entschuldigung«, sagte sie und zerrte ein Taschentuch aus der Nase. »Bitte entschuldigen Sie! Ich weiß nicht, warum ich Ihnen das erzähle. Das ist mir entsetzlich peinlich.«

»Das ist in Ordnung«, sagte Britta wieder, und zu ihrem eigenen Erstaunen meinte sie es diesmal tatsächlich. »Setzen Sie sich wieder, bitte. Es ist nur ... ich bin ... wissen Sie, ich wohne noch nicht lange in Kessenich. Wir sind gerade erst hierhergezogen,

ich und mein Freund. Christian Wörner, er ist bei der Polizei ...
deshalb bin ich ... ich dachte, das sollten Sie wissen.« Sie brach
ab, fühlte sich schäbig.

Für einen Moment starrte Frau Lebrecht sie fassungslos an.
Dann lachte sie. Ein schrilles, etwas panisches Lachen war das.
»Oh Gott«, sagte sie und ließ sich wieder auf die Bank fallen.
»Das kann auch nur mir passieren. Ausgerechnet.«

Sie gab einen erstickten Laut von sich. »Aber es ist egal«,
sagte sie dann. »Das ist kein Geheimnis. Nichts von dem, was
ich gesagt habe, ist ein Geheimnis. Und vielleicht ist es sogar
ganz gut. Ich weiß ja nicht, was er Ihnen erzählt, Ihr Freund,
aber ... vermutlich wissen Sie, dass er meinen Sohn verdächtigt.
Johannes. Er ist kein ganz einfacher Junge, das nicht. Aber er hat
seinen Vater nicht umgebracht. Dazu wäre er nie und nimmer
imstande.«

Britta schwieg hilflos.

»Kennen Sie sich da aus? Braucht er einen Anwalt? Ich überlege die ganze Zeit, ob ich ihm einen Anwalt besorgen soll. Aber
das könnte falsch gedeutet werden, oder? Vielleicht halten sie das
für ein Schuldeingeständnis.«

Britta zögerte. »Offen gestanden habe ich keine Ahnung. Aber
ich vermute, dass es nicht schaden kann, einen Anwalt anzurufen.
Wenn Sie die Situation schildern, dann kann er Ihnen sicher einen
besseren Rat geben als ich.« Sie versuchte, nicht an Christian zu
denken. Daran, wie er reagieren würde, wenn er wüsste, was sie
hier gerade von sich gab.

Frau Lebrecht lächelte und nickte. »Ich liebe meinen Sohn«,
sagte sie dann. »Ich liebe ihn mehr als alles auf der Welt. Und ich
werde ihn beschützen. Unter allen Umständen. Komme, was da
wolle.«

»Natürlich«, sagte Britta. Griff nach Frau Lebrechts Hand,
drückte sie, hielt sie fest und wunderte sich über sich selbst.
Schweigend saßen sie da und starrten ins Grün des Waldes, während Louis neben der Bank zufrieden schnarchte.

★★★

Sophie fühlte sich nach der Dusche bei Agathe deutlich frischer und hinlänglich bereit, sich unter Menschen zu wagen. Die nicht gewechselte Garderobe verriet dem aufmerksamen Beobachter zwar, dass sie die Nacht nicht zu Hause verbracht hatte. Aber da Christian alles andere als ein aufmerksamer Beobachter war, jedenfalls wenn es Sophie betraf, nahm er das nicht zur Kenntnis. Er wirkte abwesend, verströmte diffus schlechte Laune. Offenbar war er entschlossen, den vergangenen Abend nicht zu erwähnen. Was grundsätzlich in Sophies Sinn war.

Sie fragte nach den Plänen für den Tag.

»Zu Lebrechts«, ordnete er knapp an. »Ich muss noch mal mit Johannes reden. Ich muss den Jungen knacken, ich muss an ihn rankommen.«

Ich, dachte Sophie, natürlich. *Er* musste etwas tun. Sie war einmal mehr Staffage. Blödmann, dachte sie.

»Wegen der Missbrauchssache?«, fragte sie. Achtete auf einen sachlichen, höflichen Ton. »Wenn da etwas dran ist, dann ist es eine ziemlich sensible Situation, oder? Vielleicht sollten wir uns erst ein bisschen informieren, Anzeichen, typische Muster —«

»Uns läuft die Zeit weg, verdammt!«, unterbrach er. Und klang, als wäre das Sophies Schuld. Sie schwieg. Nickte einfach. Das war ihr wirklich zu blöd hier. Vermutlich hatte er einen Einlauf von seiner Britta bekommen, gestern. Aber das war verdammt noch mal nicht ihre Schuld, nicht wirklich. Und ganz sicher nicht ihr Problem.

Bis sie vor der Lebrecht'schen Haustür standen, brach keiner das ungute Schweigen. Es dauerte eine Weile, bis auf Christians Klingeln hin Geräusche aus dem Haus erklangen. Schritte, dann wurde die Tür geöffnet.

Elisabeth stand vor ihnen. Noch immer wirkte sie, als sei sie von einem anderen Planeten zu Besuch. Sie trug einen rosa Schlafanzug, der mit kleinen Häschen bedruckt war und so ganz und gar nicht zu den Formen, die sich deutlich darunter abzeichneten, zu passen schien. Sie lächelte abwesend, wirkte kurz orientierungslos. »Meine Mutter ist nicht zu Hause«, sagte sie dann.

»Wir würden uns gern noch einmal mit Johannes unterhalten«, sagte Christian.

»Der ist zu Hause.« Ihr Lächeln wurde breiter, so als freue sie sich darüber. »Sie kennen ja den Weg«, sagte sie, wandte sich ab und ließ sie einfach stehen.

Sophie fühlte sich wie ein Eindringling, als sie den Flur betraten, die Treppe hinaufgingen. Christian klopfte an Johannes' Zimmertür, die Sekunden später aufgerissen wurde. »Was machen Sie hier? Wie sind Sie ins Haus gekommen?« Er wirkte verärgert.

»Wir haben geklingelt. Elisabeth hat uns reingelassen.«

»Was wollen Sie?«

»Wir haben noch ein paar Fragen.«

»Ich habe Ihnen alles gesagt.« Johannes machte Anstalten, die Zimmertür wieder zu schließen. Christians Hand verhinderte das. Er schob die Tür auf, ging einfach ins Zimmer. Sophie folgte ihm. Johannes wirkte kurz verblüfft und knallte die Tür dann zu. »Was soll das? Das dürfen Sie nicht. Ich kenne meine Rechte!«

»Ach, tatsächlich?« Wörners Stimme klang gepresst. »Johannes, Sie stecken in echten Schwierigkeiten. Wir ermitteln hier in einem Mordfall. Sie machen keinen Hehl daraus, dass Sie ein Motiv hatten. Ein Motiv und Zeit und Gelegenheit, diesen Mord zu begehen.«

»Was soll der Schwachsinn? Ich habe ein Alibi.«

»Ein mehr als fragwürdiges Alibi. Was glauben Sie, wie lange es dauert, bis wir Herrn Wegener im Verhör so weit bringen, die Wahrheit zu sagen?«

Sophie fragte sich, ob Christians aggressiver Ton einer überlegten Strategie entsprang oder ob er einfach seine schlechte Laune an dem Jungen ausließ. Weder das eine noch das andere schien ihr sinnvoll oder wünschenswert.

»Was wollen Sie eigentlich von mir?« Johannes' Ton war gelangweilt, ein bisschen herablassend.

Christian räusperte sich. »Johannes, Sie verbessern Ihre Lage doch nicht, wenn Sie sich so aufführen. Sie sind kein kaltblütiger Mörder. Wenn Sie einfach die Wahrheit sagen, wenn Sie uns erzählen, was in dieser Nacht vorgefallen ist, dann kriegen wir das schon hin.«

Johannes grinste, und wenn Sophie ehrlich war, konnte sie ihm das nicht verdenken. Zu künstlich war Christians versöhnlicher Ton.

»Jetzt kommt in Ihrem Plan der Teil, wo ich Ihnen heulend um den Hals falle und meine Sünden gestehe?« Er klang höhnisch.

»Es gibt Situationen, da hat man anscheinend keine Wahl«, fuhr Christian unbeirrt fort. »Dann geht es nicht um Mord, sondern um Totschlag. Jeder Richter der Welt würde verstehen, dass Sie sie schützen wollten. Sie lieben Ihre Schwester.«

Zu Sophies Überraschung schlug Johannes die Hände vors Gesicht. Sollte es tatsächlich funktionieren? Diese ebenso plumpe wie künstliche Art, das Guter-Bulle-böser-Bulle-Spiel, das Christian ganz allein spielen wollte? Sie war eben im Begriff, ihrem Kollegen geistig Abbitte zu leisten für ihre Zweifel, als sie verstand, dass dazu leider kein Anlass bestand. Die erstickten Geräusche, die hinter Johannes' Händen hervordrangen, rührten nämlich nicht von einem Weinkrampf her. Er lachte, fast hysterisch.

»Gott«, keuchte er, als er sich ein wenig beruhigt hatte. »Jetzt verstehe ich, was Sie sich da zusammengereimt haben. Gott, das ist … sorry, aber das ist echt ein Witz!«

»Nicht in diesem Ton!«, fauchte Wörner.

»Entschuldigen Sie«, sagte Johannes, und es klang überraschend ehrlich. »Wenn ich es recht bedenke, dann ist der Gedanke vermutlich nicht einmal abwegig. Sie kannten meinen Vater eben nicht. Sonst wüssten Sie, dass das absurd ist. Ich will keinesfalls sein Andenken rein halten, das wissen Sie. Er war ein Arschloch. Aber nicht pervers. Selbst wenn er so abartige Bedürfnisse verspürt hätte, er hätte nie im Leben etwas getan, was verboten ist. Und Sex …« Er hielt inne, grinste. »Wenn ich es nicht besser wüsste, ich würde sagen, dass er nie in seinem Leben Sex hatte. Etwas, was dem Lustgewinn dient. Derlei war ihm suspekt.« Er klang, als rede er über einen entfernten Bekannten und dessen putzige Schrullen. Er war zurück in seiner Pose. Stabil und ungerührt.

Es roch nach Haargel und Teenagerschweiß. Sophie fühlte sich auf einmal auf unbestimmte Weise deprimiert.

»Mein Vater hat meine Schwester nie angerührt.« Johannes

sah Christian an. »Das versichere ich Ihnen, ich schwöre gerne einen Eid, wenn das hilft. War es das dann? Ich bin wirklich sehr beschäftigt.«

Ein Kind, dachte Sophie, arrogant, herablassend, selbstherrlich, aber trotzdem ein Kind, furchtbar entschlossen, nichts und niemanden an sich heranzulassen.

»Wir sind fertig.« Auch Christian schien zu begreifen, dass sie so keinen Millimeter weiterkamen. »Wir haben verstanden. Das alles hat nichts mit Ihnen zu tun. Es ist Ihnen egal, dass Ihr Vater tot ist. Es ist Ihnen egal, dass es Ihrer Mutter schlecht geht und dass Ihre Schwester das alles nicht verkraftet. Ist das nicht furchtbar anstrengend, Johannes? Sich immer nur um sich selbst zu drehen? So zu tun, als ginge Sie das alles nichts an?«

»Es war toll, mit Ihnen zu quatschen.« Johannes' Ton war jetzt derart herablassend, dass Sophie einen Moment fürchtete, Christian würde die Beherrschung verlieren. Aber der wandte sich einfach ab, ging zur Tür und verließ grußlos das Zimmer.

16

Es wird gut, dachte Wegener, alles wird gut. Das Huhn war in der Biotonne verschwunden. Er hatte bei der Gelegenheit gleich die vermaledeite Sporttasche aus dem Keller geholt, sie unten in die Tonne gestopft. Mit dem Schlauch hatte er nicht nur das Blut, sondern auch sein Erbrochenes vom Rasen gewaschen. Er hatte, wo er gerade dabei war, gleich die Beete gewässert. Er war kein großer Gärtner, und wäre das Team vom Friedhof nicht hin und wieder vorbeigekommen, um das Nötigste zu erledigen – der Garten wäre längst ein Dschungel. Aber alles in allem war es ein schöner Garten. Die Stauden, vor Jahren gesetzt, blühten in den Beeten. Sie brauchten Wasser, es hatte nicht genug geregnet. Darum wässerte er sie. Erledigte ganz normale Dinge. Es tat ihm gut.

Wenig später saß er im Arbeitszimmer an seinem Schreibtisch. Er starrte auf die Schreibtischunterlage, versuchte, die Aufmerksamkeit auf sein Tagwerk zu richten. Obwohl er noch immer und schon wieder so müde war, entsetzlich müde. Vielleicht sollte er sich noch einmal hinlegen. Eine halbe Stunde nur. Er schob den Gedanken weg, wusste er doch, dass er keinen erholsamen Schlaf, sondern höchstens wirre Träume zu erwarten hatte.

Er legte den Kopf in den Nacken und versuchte nachzudenken. Er musste mit Johannes reden. Ruhig und vernünftig. Johannes musste begreifen, dass nicht er der Feind war.

Wegener zog sein Handy aus der Tasche und wählte die Nummer, die sich tief in sein Gedächtnis gebrannt hatte. Er lauschte dem Freizeichen. Dann hörte er die Stimme, die ihm mitteilte, dass »der Teilnehmer« zurzeit leider nicht erreichbar sei. Er sprach ruhig auf die Mailbox, ruhig, aber doch so, dass dem Jungen die Dringlichkeit klar werden musste. Sein Tonfall sollte Johannes zeigen, mit wem er es zu tun hatte. Er war ein erwachsener Mann. Der im Zweifelsfall am längeren Hebel saß.

Er erhob sich vom Stuhl und gähnte. Er brauchte einen

Kaffee. Dringend. Er ging hinüber in die Küche und setzte eine Kanne auf. Während die Maschine röchelnd ihren Dienst tat, schlenderte er zum Briefkasten. Er verspürte einen leisen Hauch Angst, als er den Schlüssel in das kleine Schloss steckte. Womöglich wartete auch hier eine ekelhafte Überraschung auf ihn. Aber es lagen nur ein paar Umschläge im Kasten, ordentliche, saubere Umschläge. Werbung, ein paar Rechnungen. Und ein Kuvert, das dazu führte, dass seine Hände zu zittern begannen.

Das konnte nicht sein, dachte er. Nicht gerade jetzt. Wie ein höhnischer Wink des Schicksals kam ihm der Brief vor. Er kehrte ins Haus zurück, die Post fest umklammert. Er legte die Umschläge auf den Schreibtisch. Da lag sie. Seine Zukunft. So albern und bombastisch der Gedanke war, es führte kein Weg daran vorbei. Da lag seine Zukunft – oder das, was von ihr übrig war. Und er hatte Angst. Er schlotterte buchstäblich vor Angst davor, diesen Umschlag zu öffnen.

Es gab Momente, in denen sich Jan Wegener nichts vormachen konnte. Momente, in denen er dem Wissen, dass er ein Feigling war, immer gewesen war, nicht ausweichen konnte. Dem Gefühl, dass alles an ihm lauwarm und lasch war, halbherzig und ohne Leidenschaft. Er hatte immer den Weg des geringsten Widerstands gewählt. Sich eingeredet, dass das vernünftig war. Vielleicht war es deshalb so weit gekommen mit ihm.

Vielleicht dienten all die schrecklichen Dinge, die geschahen, dazu, dass sich das änderte. Vielleicht war das die Chance, sich zu beweisen, dass er fähig war, Entscheidungen zu treffen, die nicht einfach waren, aber trotzdem richtig. Er brauchte möglicherweise eine zweite Chance. Und da lag sie, verpackt in diesem Umschlag, das war eventuell die Nachricht, für die er gebetet hatte.

Zum zweiten Mal an diesem Tag wurde ihm übel. Eilig sprang er auf und rannte ins Bad. Dort ließ er sich kaltes Wasser übers Gesicht laufen. Er betrachtete sein Spiegelbild. Er hatte abgenommen. Sein Gesicht wirkte fahl, die Wangen eingefallen. So konnte es nicht weitergehen, dachte er.

Zurück im Arbeitszimmer, griff er nach dem Umschlag. Er

schlitzte ihn sorgfältig mit dem Brieföffner auf, zog das Blatt hervor und entfaltete das Schreiben.

»... freuen wir uns, Ihnen mitteilen zu können, dass wir Ihrer Bitte um Versetzung entsprechen können ...«, las er, und der Rest der Buchstaben verschwamm vor seinen Augen. Schwindelig vor Erleichterung und Dankbarkeit sank er auf den Stuhl. Er war noch einmal davongekommen. Man gewährte ihm seine Chance, seine letzte Chance. Jetzt lag es an ihm. Und für diesen kleinen Moment glaubte Jan Wegener fest daran, dass es diesmal gelingen würde. Er faltete den Brief sorgfältig zusammen und schob ihn unter die Schreibtischunterlage. Dann nahm er sein Handy und wählte erneut Johannes' Nummer.

***

Britta betrachtete den Stapel mit Karteikarten. Übermorgen musste sie diesen Vortrag halten. Sie war nervös. Obwohl es inhaltlich kein Problem war. Sie war gut vorbereitet, kannte sich mit dem Thema aus. Auch wenn die Rolle der Referentin ihr nicht vertraut war, war sie sicher, dass sie die Sache meistern würde. Es war eine Frage der Vorbereitung. Und der Nerven. Sie würde alles noch einmal durchgehen. Oder dreimal. Sie hatte Zeit genug.

Obwohl es ihr in diesem Moment an Konzentration mangelte. Wieder wandte sie sich dem Laptop zu, wieder tippten ihre Finger Suchanfragen, von denen sie wusste, dass sie ihr nicht weiterhalfen. Sie hatte nach Medikamentenabhängigkeit gegoogelt, nach kaltem Entzug, nach Risiken, Nebenwirkungen. Alles, was sie bekam, war zu diffus, um sie zufriedenzustellen. Sie hatte ja nicht einmal gefragt, was Frau Lebrecht da eigentlich genommen hatte. Sie hatte keine Ahnung, auf was diese Frau sich da einließ, diese Frau, die sie nicht kannte, mit ihrer Einsamkeit, der Verzweiflung und dem Schmerz.

Sie hatte der Frau ihre Handynummer und ihre Adresse gegeben. Für den Notfall. Frau Lebrecht hatte auf diese Art gelächelt, die nahelegte, dass sie sich nicht melden würde. Was die Sache nicht wirklich besser machte. Britta war klar, dass dieses diffuse Gefühl von Verantwortung nicht einfach verschwinden würde.

Und daraus ergab sich das nächste Problem.

Sie würde am nächsten Morgen aufbrechen. Sie war nicht zu erreichen. Sie würde einen Vortrag halten, sie würde das Handy ausschalten, sie war weit weg. Im Notfall.

Natürlich konnte sie einfach Christian anrufen. Sie konnte ihm von der Begegnung erzählen, die Verantwortung auf ihn abwälzen.

Es schien naheliegend, folgerichtig.

Und roch nach Vertrauensbruch.

Sie kannte Christian. Er war kein Unmensch, aber wenn es ein Problem gab, dann wollte er es lösen. Zeitnah und pragmatisch. Emotionale Gemengelagen überforderten ihn leicht, er tendierte dazu, Befindlichkeiten und Sensibilitäten auszublenden. Das war manchmal gut. Aber eben nicht immer.

Er würde sie unter Druck setzen. Christian würde Frau Lebrecht dazu drängen, das zu tun, was vernünftig und richtig war. Das, was diese Frau im Moment aus nachvollziehbaren Gründen nicht tun wollte. Sie war noch nicht so weit.

Natürlich konnte Britta ihm das Versprechen abnehmen, die Geschichte für sich zu behalten und nichts zu unternehmen. Aber wenn dann irgendetwas passierte, würde er nicht nur ihr, sondern auch sich selbst ewig Vorwürfe machen.

Keine Option, beschloss Britta. Und damit blieb eigentlich nur eine Lösung.

Eine, die Christian nicht gefallen würde. Was keine Rolle spielte, denn er würde ja nie davon erfahren. Eine, die auch ihr im Moment nicht gefiel. Sie war immerhin sauer auf Margot. Das änderte aber nichts daran, dass sie genau die Richtige war für so eine Aufgabe. Denn Britta wusste, dass sich hinter Margots Rotzigkeit eine Glucke verbarg. Margot liebte es, die Flügel auszubreiten und schützend über die Mühseligen und Beladenen zu breiten.

Und wenn es sein musste, konnte sie sogar schweigen wie ein Grab.

Britta seufzte. Sie nahm mental Anlauf und sprang über den

Schatten, ihren großen, großen Schatten. Es half ja nichts, dachte sie, es half ja alles nichts. Sie griff nach dem Telefon.

★★★

Thea Waldbroich wagte kaum, zu atmen. Als Bernhard vor ein paar Minuten das Haus betreten und nach ihr gerufen hatte, hatte sie einfach nicht geantwortet. Sie hätte nicht einmal sagen können, warum. Es war so ein Gefühl, etwas Instinktives, was sie veranlasst hatte, den Mund zu halten und leise zur Treppe zu schleichen. Und nun kauerte sie hier an der obersten Stufe und fragte sich, was er wollte, mitten am Tag, zu Hause.

Es war kein gutes Gefühl. Aber sie konnte nicht anders. Sie musste wissen, was in ihm vorging. Mit ihm. Und wenn er nicht mit ihr redete, dann musste sie eben andere Wege finden.

Er war im Wohnzimmer und schien zu telefonieren. Thea schlich Stufe für Stufe die Treppe hinunter und näherte sich der Tür. Spionierte, ja, sie spionierte ihrem eigenen Mann nach. Der ihr keine andere Wahl ließ.

»Die Polizei war da«, hörte sie ihn sagen. »Nein, natürlich haben sie keine Ahnung.« Er klang ungeduldig. »Entschuldige«, sagte er dann, die Stimme auf einmal sehr weich. »Ich bin … das geht mir an die Nieren. Natürlich ist das gefährlich, ja. Aber ich kümmere mich darum. Versprochen. Mach dir keine Sorgen.«

Thea drückte sich an die Wand. Sie versuchte, sich zusammenzureimen, mit wem er da sprach.

»Hör auf! Bitte, das ist Unsinn.« Bernhard wurde lauter. »Nein, du wirst gar nichts tun. Überlass das mir.« Er schwieg wieder, lauschte. Er schien sich zu beruhigen. »Das weiß ich«, sagte er. »Das weiß ich doch. Es ist schwer. Aber wir können nur abwarten. Es wird schnell Gras über die Sache wachsen. Mach dir einfach keine Sorgen. Versprich mir, dass du ruhig bleibst, ja? Dass du nichts unternimmst.«

Um Thea Waldbroichs Lippen spielte ein Lächeln. Sie drehte sich um und schlich die Treppen so leise nach oben, wie sie heruntergekommen war. Das schlechte Gefühl hatte sich in Luft aufgelöst. Sie hatte keine Ahnung, mit wem er gesprochen hatte oder worum es im Detail gegangen war. Aber das war auch nicht nötig. Sie fühlte sich besser. Denn der Mann, den sie eben belauscht hatte, war der Mann, den sie kannte. Ihr Bernhard. Einer, der die Dinge in Angriff nahm. Der die Fäden in der Hand behielt. Ihr Bernhard, der noch lange nicht am Ende war.

***

Johannes legte das Handy auf den Schreibtisch, ließ sich auf den Stuhl sinken und starrte an die Wand. Er fühlte sich leer. Ausgelaugt. Gleichzeitig zornig, denn der Scheiß-Bulle mit seiner Psychonummer hing ihm nach. Der Typ bluffte, das war klar. Er hatte keine Ahnung. Aber mit dem, was er über den Kaplan gesagt hatte, lag er trotzdem völlig richtig. Das war Johannes schon vor diesem Telefonat klar gewesen.

Wegeners Geheule ging ihm auf die Nerven. Zumal er nicht kapierte, was dieser Mist sollte. Tote Ratten und Hühner – das war völlig bescheuert. Unter anderen Bedingungen hätte ihn das vielleicht amüsiert. Aber nicht im Moment.

Ihm war natürlich klar, wer dahintersteckte. Ihm war klar, dass er etwas unternehmen musste. Dringend. Er griff wieder zum Handy. Wählte zum dritten Mal die Nummer. Erneut forderte die Stimme ihn auf, eine Nachricht zu hinterlassen. Was er erneut tat. Er sah auf die Uhr. Es war Mittagspause in der Schule. Auch in der Mittagspause war es offiziell nicht erlaubt, eingeschaltete Handys bei sich zu tragen. Aber kaum ein Schüler scherte sich darum. Schon gar nicht einer wie Falk. Nein, dass Falks Handy nicht an war, bedeutete ganz einfach, dass er nicht erreicht werden wollte. Von niemandem. Und das, dachte Johannes, das war nicht gut. Das war neu und beunruhigend. Er musste mit ihm reden. Aber er konnte hier nicht weg. Er durfte sich nicht zu weit von Elisabeth entfernen im Moment, sie war nicht stabil, sie war unberechenbar.

Er wählte Niklas' Nummer.

***

Bernhard Waldbroich versuchte, sich das Entsetzen nicht anmerken zu lassen. Er hatte sich auf die Begegnung mit einer trauernden Witwe eingestellt. Die Frau, die ihm gegenüberstand und ihn mit flackerndem Blick musterte, sah allerdings derart schlecht aus, dass er nicht recht wusste, ob er sie in den Arm nehmen oder sich vielmehr umdrehen und davonlaufen wollte. Sie sagte kein Wort, sah ihn nur an, als habe sie keine Ahnung, wen sie vor sich hatte.

»Waldbroich«, sagte Bernhard daher. »Ich bin Bernhard Waldbroich. Wir sind uns schon einmal vorgestellt worden. Ich bin ein Parteifreund Ihres Mannes. Gewesen, meine ich.« Er räusperte sich.

»Ich weiß, wer Sie sind!« Die Stimme klang heiser.

»Im Namen der Partei wollte ich Ihnen mein herzliches Beileid aussprechen.«

Frau Lebrecht nickte. »Danke«, sagte sie mechanisch und strich sich die fettigen Haare aus der bleichen Stirn. Sie machte keinerlei Anstalten, ihn ins Haus zu bitten. Er kämpfte gegen die aufsteigende Verzweiflung.

Er kannte diese Frau nicht gut, aber er hatte sie als eine jener überkorrekten Hausfrauen in Erinnerung, eine, die nie einen Besucher auf der Schwelle hätte stehen lassen. Eine unscheinbare Erscheinung, nicht attraktiv, viel zu bieder. Aber fettige Haare und eine fleckige Bluse – das passte nicht zu ihr. Nicht zu dem, was er erwartet hatte.

Sie nickte noch immer, mechanisch, wie eine Puppe. »Das ist sehr nett von Ihnen«, sagte sie dann. »Vielen Dank!« Zu Waldbroichs Entsetzen machte sie Anstalten, die Tür zu schließen.

»Frau Lebrecht«, sagte er schnell. »Entschuldigen Sie bitte, aber ... ich hätte da noch ein Anliegen.« Er schämte sich. Nicht so sehr für das, was zu tun er im Begriff war. Er hatte keine Wahl. Und er tat niemandem weh. Wenn er es genau betrachtete, dann hatte er jedes Recht der Welt, es zu tun. Und doch schämte er sich dafür, diese Frau zu belügen. Diese Frau, die offensichtlich nur einen Wimpernschlag von einem Zusammenbruch entfernt war. Er schob den Gedanken weg.

Eins nach dem anderen, dachte er und sagte: »Es ist mir unangenehm, Sie zu stören in Ihrer Trauer. Aber es gibt da ein paar Unterlagen, Protokolle, die Ihr Mann verwaltet hat. Wir haben morgen ein Treffen, und da wäre es wichtig, dass uns diese Dinge vorliegen. Darum dachte ich, dass es vielleicht möglich wäre, dass ich mir die Sachen schnell hole. Wenn es Sie nicht stört, es dauert nicht lange.«

»Natürlich.« Ihr Gesicht verzerrte sich zu etwas, was wohl ein Lächeln sein sollte. »Das Leben geht ja weiter, nicht wahr?«

Sie trat einen Schritt zurück. »Papier«, wisperte sie leise. »Verdammtes Papier. Es ist alles voll davon im Arbeitszimmer. Lauter Papier, Papier und Akten. Nehmen Sie alles mit, wenn Sie wollen. Sie können das haben. Die Polizei ist fertig damit, und ich will es nicht.«

»Die Polizei?« Waldbroich wurde kurz schwindelig.

»Sie haben sich alles angeschaut. Aber was immer sie da gesucht haben, sie haben nichts gefunden«, erklärte Frau Lebrecht.

Gut, dachte er, das war gut. Sie hatten ganz sicher nichts gefunden, sonst hätten sie anders mit ihm geredet. Sie hatten nichts gefunden, das war auch schlecht, denn dann würde er womöglich auch nichts finden. Es war egal. Er musste es trotzdem versuchen.

»Ist Ihnen nicht gut?«, fragte Frau Lebrecht. »Sie sind auf einmal so blass!«

Fast hätte Bernhard laut gelacht.

»Möchten Sie ein Glas Wasser?«

Bernhard verneinte.

»Am besten, Sie nehmen alles mit«, wiederholte sie mit festerer Stimme. »Nehmen Sie einfach die ganze Scheiße mit!«, schrie sie dann unvermittelt.

Waldbroich sah sie erschrocken an.

»Ich weiß nicht, wo ich hinsoll mit all dem Kram. Ich werde es verbrennen. Ich werde das ganze Zeug aus dem Fenster werfen und anzünden.« Sie lachte leise, als amüsiere sie sich über sich selbst.

»Frau Lebrecht!« Waldbroich überwand seine Irritation. »Das sollten Sie nicht tun. Nicht, bevor alles geklärt ist, meine ich. Mit den Versicherungen und dergleichen. Das ist sicher im

Moment alles sehr viel für Sie. Haben Sie jemanden? Einen Anwalt, einen Notar, jemanden, der sich auskennt mit dem Papierkram?«

Frau Lebrecht warf ihm einen überraschten Blick zu. Dann senkte sie den Kopf. »Nein, aber das kriege ich schon hin. Entschuldigen Sie, ich habe das nicht so gemeint eben. Das ist dummes Zeug, das weiß ich doch. Ich werde mich darum kümmern. Ich verliere im Moment schnell die Nerven.«

»Wenn Sie Hilfe brauchen …« Bernhard bereute die Worte in dem Moment, in dem er sie aussprach, aber er konnte nicht anders. »Ich habe nicht viel Zeit heute, aber wenn Sie nicht klarkommen mit diesen ganzen Formalitäten und Unterlagen, dann rufen Sie mich an«, fuhr er trotzdem fort. »Ich bin kein Fachmann, aber vielleicht kann ich helfen.«

Sie hob den Kopf. Starrte ihn für einen Moment ungläubig an. Dann breitete sich auf ihrem Gesicht ein Lächeln aus. Ein schmales, kleines Lächeln, gleichzeitig so echt und dankbar, dass Bernhard nicht ganz sicher war, ob es tatsächlich ihm und seinem eher läppischen Angebot galt.

»Danke«, sagte sie. »Sie sind ein sehr netter Mensch«, fügte sie dann hinzu, und aus unerfindlichen Gründen klang es weder albern noch pathetisch. »Kommen Sie. Geradeaus durch ist das Arbeitszimmer. Ich mache Ihnen einen Kaffee.«

Bernhard Waldbroich schluckte und folgte dann der Einladung.

★★★

Niklas hatte sich mit dem Handy in eine Ecke am Rand des Schulhofs verdrückt, lehnte an der warmen Mauer. Er lauschte dem, was Johannes sagte, und schloss kurz die Augen.

»Er ist total komisch«, sagte er dann. »Ich hab keine Ahnung, was mit ihm los ist. Er guckt mich jedenfalls mit dem Arsch nicht an.«

»Ich glaub, er baut Mist«, hörte er Johannes' Stimme. »Er macht dem Wegener Scherereien. Das muss aufhören.«

Niklas merkte, dass er wütend wurde. Er war froh, dass Johannes sich meldete. Aber nach Tagen des Schweigens war dieser Kommandoton echt daneben. Johannes war sein Freund, und natürlich wollte er ihm helfen. Aber er hatte keinen Bock, den Handlanger zu spielen. Noch viel weniger, mit Falk zu reden.

»Ich kann es versuchen. Aber er hat noch nie auf mich gehört, das weißt du. Es wäre besser, wenn du direkt mit ihm redest.«

»Er geht nicht ans Handy«, sagte Johannes. Er klang ungeduldig.

»Vielleicht hat sein Alter es ihm wieder abgenommen«, sagte Niklas. »Ich glaub, da ist grad richtig dicke Luft.«

»Ja, ja.« Johannes klang, als interessiere ihn das nicht im Mindesten. »Ist auch egal. Sag ihm einfach, dass das aufhören muss. Es ist wichtig, es ist wirklich verdammt wichtig, Niklas.« Seine Stimme klang auf einmal ganz anders. Brüchig fast, ein bittender Unterton, der jeden Widerstand von Niklas im Keim erstickte.

»Ich versuche es«, sagte er. »Aber im Ernst, ich weiß nicht, ob das was bringt. Er ist echt schräg drauf.« Er zögerte. »Johannes, ich … wie geht es dir? Ist alles in Ordnung? Kommt ihr klar?«

»Ja. Ja, alles klar! Scheiße, nein. Nein, gar nichts ist klar. Die Bullen schnüffeln überall rum. Meine Alte dreht durch. Elisabeth ist völlig durch den Wind. Ich bin ziemlich fertig, glaube ich.«

»Soll ich vorbeikommen? Heute Nachmittag?«

Johannes schien zu zögern. »Lieber nicht«, sagte er dann. »Nicht heute«, fügte er hinzu, als hätte er die wortlose Enttäuschung von Niklas wahrgenommen. »Vielleicht können wir uns morgen irgendwo treffen. Ich ruf dich wieder an, okay? Und du redest mit Falk!«

»Sicher!« Niklas' Blick schweifte über den Schulhof und blieb prompt an Birske, der sich mit triumphierendem Blick näherte, hängen. »Scheiße, ich muss Schluss machen! Birske im Anmarsch!«

Blitzschnell schaltete er das Gerät aus und bemühte sich um eine möglichst unschuldige Miene. Er hatte Glück. Birske beschränkte sich auf einen wissenden und mahnenden Blick. Niklas lächelte ihn dankbar an. Dann setzte er sich in Bewegung und machte sich auf die Suche nach Falk.

Er fand ihn am Rand des Schulhofs. Aus den Stöpseln, die in seinen Ohren steckten, konnte man dröhnende Bässe und Geschrei hören. Er zuckte zusammen, als Niklas ihn anstieß.

»Bist du bescheuert?«, fragte er, während er an seinem MP3-Player herumnestelte. »Was willst du?« Es klang nicht, als wolle er das wirklich wissen.

»Ich muss mit dir reden!« Niklas räusperte sich. Wie sollte er mit irgendwem reden, irgendwen gar zur Vernunft bringen, wenn er nicht einmal genau wusste, worum es eigentlich ging?

Falk grinste ihn hämisch an. »Reden, ach Gott, ach Gott! Über deine Gefühle zu mir? Oder Schmerz und Trauer und so?«

Niklas atmete tief durch und versuchte, die Wut zu kontrollieren. »Falk, sei nicht so ein Arsch. Johannes hat gerade angerufen.«

»Johannes, ja?« Für eine Sekunde blitzte so etwas wie Unsicherheit auf, verschwand aber sofort wieder. »Johannes hat dich also angerufen. Dich!«

»Was soll denn der Scheiß?« Niklas ballte die Faust. »Du tust ja so, als wäre das …«

»Als wäre das was? Sprich dich ruhig aus!«

Niklas' Faust verkrampfte sich. Er atmete tief durch und dachte an Johannes. Seinen Freund, der ihn gebeten hatte, das zu tun. Es war wichtig für Johannes. Er versuchte, Falks höhnisches Grinsen zu ignorieren.

»Du sollst aufhören mit dem Scheiß«, sagte er.

»Mit was für Scheiß?«

»Du weißt, wovon ich rede«, improvisierte Niklas schnell.

Abermals flackerte es kurz in Falks Blick. »Nein, keine Ahnung, Uschi«, sagte er. »Aber war nett, mit dir zu plaudern. Kannst jetzt wieder spielen gehen.«

Im Grunde hätte Niklas nichts lieber getan in diesem Moment. Er hatte echt keine Lust mehr auf diesen Typen. Auf sein blödes Getue, den pubertären Scheiß. »Du hast sie echt nicht mehr alle«, sagte er. »Du bist total durchgeknallt, weißt du das?«

Falk nickte. »Ja«, sagte er. »Ja, da könntest du recht haben! Kluger Junge. War es das dann?« Er wandte den Kopf zur Seite, zog ordentlich Rotz und spuckte dann direkt neben Niklas' Füße, während er gleichzeitig den Wiedergabeknopf an seinem Player drückte.

»Ruf ihn an«, sagte Niklas. »Verdammt, ruf Johannes an, klär das mit ihm direkt, okay?«

Gedämpfte Geräusche aus den Ohrstöpseln machten klar, dass Falk für Kommunikation nicht länger zur Verfügung stand.

17

Johannes hatte Elisabeth im Treppenhaus gehört und abgefangen. Grob packte er sie an der Schulter und zerrte sie zurück in ihr Zimmer.

»Was soll das?«, protestierte sie und rieb sich vorwurfsvoll den Arm.

»Wo willst du hin?«

»Raus«, sagte Elisabeth. »Spazieren!« Sie starrte auf ihre Fußspitzen.

»Elisabeth!«, sagte Johannes, und er hörte sich an, als habe er Schmerzen. »Bitte, Elisabeth, wir haben doch darüber gesprochen!«

»Ich kann doch wohl spazieren gehen!« Elisabeth zog die Nase hoch. »Ich muss doch mal an die frische Luft.«

»Ich weiß genau, wo du hinwillst.« Er sah sie an. »Das geht nicht. Es geht einfach nicht!«

Elisabeth verzog das Gesicht. »Lass mich in Ruhe!«

»Elisabeth, du hast es versprochen. Nicht nur mir. Du hast es auch ihm versprochen.«

»Du verstehst das nicht!« Elisabeth wandte sich ab. »Du verstehst nichts, und mir wird das langsam zu viel! Ich bin froh, dass ich bald weg bin!«

»Was soll das denn jetzt heißen?« Johannes zitterte vor Nervosität. Eine Sekunde verspürte er den Wunsch, sie zu schlagen.

»Ich gehe weg! Wir gehen weg! Wir fangen irgendwo ganz neu an! Ein neues Leben.« Elisabeths Stimme wurde weich, und ein verträumter Ausdruck breitete sich auf ihrem Gesicht aus. Sie schwebte vor Johannes' Augen davon, und es gab nichts, was er dagegen tun konnte.

»Wovon sprichst du?«, fragte er trotzdem.

Sie schien ihn gar nicht zu hören. »Wir ziehen in ein kleines Haus. Irgendwohin, wo uns keiner kennt. Auf dem Land am besten. Das ist gut für die Kinder. Kinder brauchen Natur. Zum Spielen. Wir können lange im Wald spazieren gehen, auf dem Land. Und danach gehen wir nach Hause und trinken Kakao!«

Wie eine Schlafwandlerin ging sie hinüber zu ihrem Bett und legte sich auf den Rücken. Das Lächeln auf ihrem Gesicht wirkte geradezu debil. »Wir werden sehr glücklich sein. Er und ich und …« Sie legte eine Hand auf ihren flachen Bauch, begann ihn zu streicheln.

Johannes starrte sie an. Auf einmal fühlte er sich so schwach, dass er sich am Schreibtisch festhalten musste. »Du meinst … du … bist du …?« Es war monströs. So monströs, dass er es nicht einmal aussprechen konnte.

Sie lag auf dem Bett, hatte die Augen geschlossen und erweckte nicht den Anschein, als plane sie, seine Frage zu beantworten.

Johannes schaffte es gerade noch ins Bad.

★★★

Louis begrüßte Agathe fröhlich und warf sich dann vor Margot auf den Rücken, um sich den Bauch kraulen zu lassen.

Britta setzte sich und sah sich nach der Kellnerin um. Die näherte sich gerade mit einem Tablett, servierte Kaffee. Auch für sie, wie sie erfreut zur Kenntnis nahm.

»Schön, nicht wahr?« Agathe sah sie an. »Wir haben dir Kaffee bestellt. Weil wir deine Entschuldigung annehmen.«

»Welche Entschuldigung? Ich entschuldige mich nicht. Ich wüsste nicht, für was.« Augenblicklich bereute Britta es, sich auf das Treffen eingelassen zu haben. Leider war sie nicht in der Position, zu verhandeln. Sie brauchte Margot. Und auch Agathe, die sich bereit erklärt hatte, sich um Louis zu kümmern, während sie weg war.

Agathe winkte ab. »Wir können die Sache doch einfach schnell hinter uns bringen. Du entschuldigst dich sowieso irgendwann, weil du harmoniesüchtig bist. Und eigentlich viel zu weich, um deine greise Großmutter vor die Tür zu jagen. Du entschuldigst dich außerdem, weil ich dich sonst enterbe und all mein Geld dem dicken Köter hinterlasse, obwohl er stinkt und ziemlich dumm ist. Abgesehen davon weißt du, dass du dich wie eine blöde Ziege aufgeführt hast.«

»Du bist nicht meine Großmutter. Und du enterbst mich

alle paar Tage. Ist mir egal. Ich bin nicht käuflich. Ich glaub, ich spinne …«

»Das glaub ich allerdings auch.« Agathe hieb die Gabel in das Stück Sahnetorte, das auf dem Teller vor ihr lag.

»Außerdem habe ich niemanden rausgeworfen. Ich war müde und wollte duschen, und das ist ja wohl mein gutes Recht, wenn ich am Abend nach Hause komme, in meine Wohnung. Und du sollst nicht immer so einen Mist essen, das ist wirklich nicht gesund.«

»Trallala«, unterbrach Agathe. »Gut. Wenn du es so haben willst. Meinetwegen. Ist mir zu blöd, das Ganze, ich vergebe dir einfach. Allerdings musst du dich bei Sophie entschuldigen. Sie hat es sich furchtbar zu Herzen genommen.«

»Den Teufel werd ich tun«, grummelte Britta. Und beschloss, das Thema zu wechseln. »Geht denn das wirklich, das mit Louis? Ich dachte, Hunde sind nicht erlaubt in der Residenz.«

»Wen kümmert's?«

»Mich«, sagte Britta. »Mich kümmert das, ich will nicht, dass du Ärger bekommst.«

Agathe und Margot prusteten los. »Da mach dir mal keine Sorgen«, sagte Margot, als sie sich einigermaßen beruhigt hatte. »Überhaupt gar keine Sorgen musst du dir da machen. Aber was Sophie angeht, da hat Agathe leider recht. Du solltest dich entschuldigen.«

»Ist es jetzt mal gut?«, fauchte Britta.

»Nein, es ist nicht gut. Du kannst gern sauer auf uns sein. Wir können damit umgehen. Uns kannst du auch jederzeit vor die Tür setzen«, bemerkte Agathe mit vollem Mund. »Das arme Mädchen hingegen −«

»Das arme Mädchen ist eine erwachsene Frau. Und ich glaube nicht, dass sie von euch adoptiert werden muss«, unterbrach Britta. »Abgesehen davon kann ich mir immer noch aussuchen, wen ich in meiner Küche bewirte.«

»Du bist wirklich eine sehr blöde Kuh manchmal.« Margot trank einen Schluck Kaffee. »Und ziemlich herzlos. Sie ist wirklich nett. Sie ist reizend. Sie ist einsam und allein. Und sie will nichts, aber auch gar nichts von Wörner.«

»Können wir vielleicht das Thema wechseln? Mit Verlaub, das geht euch nichts an. Abgesehen davon hat das arme Ding ja plötzlich zwei wundervolle neue Freundinnen. Das sollte doch genügen, oder?«

»Du würdest sie mögen«, sagte Margot. »Das würdest du wirklich. Aber gut. Mach, was du willst. Benimm dich wie ein eifersüchtiges Schulmädchen, wenn es dir guttut. Ist mir egal. Erzähl lieber, was das mit der Lebrecht war.«

***

Barbara Lebrecht wollte schlafen. Es schien ewig her, seit sie das letzte Mal geschlafen hatte. Eben noch war sie so müde gewesen, dass sie sich voll bekleidet in ihr Bett hatte sinken lassen. Kaum lag sie da, hatte die Augen geschlossen, war allerdings an Schlaf nicht zu denken. Es war, als funktioniere ihr Körper ohne die Tabletten unentwegt in einer Art Sparmodus, irgendwo zwischen Wachen und Schlafen und unfähig, sich auf einen der Zustände einzulassen.

Dabei sehnte sie sich nach Schlaf. Nach ein paar Stunden, in denen sie nicht denken musste. Im Haus war es still. Sie fragte sich, ob Johannes da war und Elisabeth. Sie konnte nachsehen, aber sie merkte, dass sie nicht wollte. Sie fühlte sich zerbrechlich, als wäre sie aus dünnem Glas, sie war dem nicht gewachsen. Sie hatte Angst, Angst vor ihren eigenen Kindern und deren Feindseligkeit. Das war alles so schrecklich falsch.

Auf einmal fühlte sie sich schmutzig. Sie brauchte eine Dusche.

Im Bad sah es aus, als hätte eine Bombe eingeschlagen. Feuchte Handtücher lagen auf dem Boden, der Spiegel war beschlagen, das Fenster geschlossen, und auf den Fliesen klebten einzelne Haare. Ein beruhigendes Bild. So sah es immer aus, wenn Elisabeth geduscht hatte. Die Normalität tat gut. Sie zwang sich trotzdem, Schmutz und Unordnung zu ignorieren. Sie musste haushalten mit ihren Kräften.

Sie duschte, heiß, zu lang. Verschwendung war das. Wolfram hatte Verschwendung gehasst. Sie wischte mit einer Hand den Dampf vom Spiegel und betrachtete das Bild, das ihr fremd vorkam. Eine alte Frau sah sie an, braun und grau und mausig. Kein Wunder, dachte sie, kein Wunder, dass Wolfram sie nicht mehr geliebt hatte. Obwohl sie wusste, dass es nichts damit zu tun hatte, wie sie aussah.

Jetzt war es zu spät, es half nicht, darüber nachzudenken. Sie wollte weinen, lächelte stattdessen ihr Spiegelbild an. Nahm sich vor, zum Friseur zu gehen. Bald. Irgendwann. Ein neuer Schnitt. Vielleicht sogar färben. Sie konnte solche Dinge tun. Sie würde solche Dinge tun, sobald das hier überstanden war. Nicht heute. Nicht morgen. Aber bald. Sie würde das schaffen. Vielleicht nach der Beerdigung.

Sie kämpfte die Panik nieder, die sie beim Gedanken an die Beerdigung überkam. Das war kompliziert. Sie musste den Beerdigungsunternehmer anrufen. Er hatte auf den Anrufbeantworter gesprochen, um Rückruf gebeten. Es war viel zu tun. Ein Termin. Die Traueranzeigen. Einen Sarg musste sie aussuchen, Blumen, den Trauerkaffee organisieren. Sie musste mit dem Kaplan über die Predigt sprechen. Sie musste all die Dinge tun, um die sich immer Wolfram gekümmert hatte.

Sie dachte an den Anwalt. Einen Anwalt für Johannes. Sie kannte keinen Anwalt. Es würde Geld kosten. Ein Anwalt, die Beerdigung, all das würde viel kosten. Sie wusste nicht, wie das gehen sollte. Das mit dem Geld. Sie würde eine Rente bekommen, aber darum musste sie sich kümmern. Sicher gab es Versicherungen, Wolfram hatte doch immer vorgesorgt. Sie musste nach den Unterlagen suchen. Sie musste so viel. Unendlich viele Dinge musste sie, und sie konnte doch so wenig.

Vielleicht würde sie wirklich diesen Waldbroich anrufen. Er war nett gewesen. Vielleicht würde er ihr tatsächlich helfen. Ein erstaunlicher Gedanke. Sie kannte diesen Mann doch gar nicht.

Und diese Frau. Sie dachte an diese Frau im Wald. Eine wildfremde Frau, der sie all das erzählt hatte, lauter Dinge, die sie nichts angingen. Sie dachte daran, dass es sich gut angefühlt hatte. Etwas zu tun, was sie nie hatte tun dürfen. Wolfram war sehr empfindlich gewesen, was das anging.

Sie zog den Bademantel über und ließ die schmutzigen Kleider einfach auf dem Boden liegen. In der Küche setzte sie Kaffee auf.

Dieser Waldbroich hatte sich nicht wohlgefühlt, das hatte man gemerkt. Sie sah sich um. Natürlich hatte er sich nicht wohlgefühlt! Wie es hier aussah! Grauenhaft! Alles war unordentlich, alles voller Schmutz! So ging das nicht. Sie verlor die Kontrolle. So ging das alles nicht!

Er war im Arbeitszimmer gewesen. Wo all diese Kartons standen, Umzugskartons, in die sie wahllos alles, was im Regal stand, geworfen hatte. Ein Chaos, unerträglich unordentlich, Staub überall. Vermutlich hatte er sich geekelt, hier in diesem Haus voller Dreck und Schmutz und Unordnung.

Sie sprang auf und lief hinüber. Die halb geleerten Regale – so staubig. Wolfram hatte ihr nie gestattet, hier zu putzen. Das hier war sein Reich gewesen. All der Staub! So viel Staub! Er kitzelte in der Nase.

Ihr fiel die Tasse ein, ihre schmutzige Kaffeetasse, die in der Küche stand. Die Kleider, Handtücher und Haare im Bad. Wenn jetzt jemand käme, dachte sie, was sollten die Leute denken! Schmutz überall, Chaos, das nach ihr griff. Scham, die heiß zu brennen begann.

Sie holte ein Staubtuch und begann zu wischen. Sie würde die Kisten mit den Ordnern wegschaffen. Nicht verbrennen, das wäre wirklich dumm. Aber der Keller war groß, sie würden nicht stören. Sie würde sie wegschaffen, und dann würde sie Werkzeug suchen und die Regale auseinanderschrauben. Die Möbel konnten weg. Sie würde sie verschenken. Oder einfach auf den Sperrmüll stellen. Die Regale und den großen, hässlichen Schreibtisch. Sie würde alles rauswerfen, würde das Zimmer neu streichen. Nicht weiß. Vielleicht rot, dachte sie. Oder grün. Bunt, dachte sie, sie würde die Wände bunt streichen. Einen Sessel würde sie sich kaufen, einen großen Sessel, den sie so stellen würde, dass man in den Garten schauen konnte.

Sie holte den Staubsauger, um die Staubflocken, die von den Regalen auf den Teppich gefallen waren, aufzusaugen. Als der Teppich sauber war, entfernte sie den Saugaufsatz und fuhr mit dem Stahlrohr unter den Schrank. Der Schrankboden schien kaputt zu sein. Das Rohr stieß gegen etwas, was auf den Boden hing. Sie schaltete den Staubsauger aus und tastete mit der Hand vorsichtig unter dem Schrank entlang. Nein, das war kein Holz. Das war nicht der Schrankboden. Es fühlte sich an wie Papier. Sie zerrte daran. Ein reißendes Geräusch war zu hören, dann hatte sie einen großen braunen Umschlag in der Hand.

Offenbar war er mit Reißzwecken unter dem Schrank befestigt gewesen. Zögernd öffnete sie den Umschlag. Bilder waren darin, Fotos. Größer als normale Fotos. Ihr wurde schlecht. Sie ließ die Bilder fallen, als hätte sie sich verbrannt. Sie atmete tief durch. Dann griff sie nach dem Bild, das zuoberst lag. Sie konnte nicht fassen, was sie da sah. Das war widerlich. Unglaublich. Ekelhaft. Aber da war noch etwas. Etwas, was sich ganz langsam in ihr Bewusstsein kämpfte, was sich an Ekel und Abscheu vorbei einen Weg bahnte. Etwas, was schließlich ein Lächeln auf Frau Lebrechts Gesicht zauberte.

***

Falk drückte sich in die Büsche, die den Garten zur Seite gegen die Straße abschirmten. Zweige kratzten an seinen nackten Armen, und es roch unangenehm modrig, aber das störte ihn nicht weiter. Es tat gut, hier zu kauern, ungesehen, ungehört, unbemerkt. Es gab ihm ein Gefühl von Macht, das Haus zu beobachten, ihn durchs Fenster da sitzen zu sehen. Zu beobachten, wie er aufstand, wieder und wieder, ans Fenster trat und hinausstarrte in den ungepflegten Garten.

Beim ersten Mal war Falk erstarrt vor Angst. Er hatte direkt in die Richtung geschaut, wo er sich versteckte. Schon hatte er sich bereit gemacht zum Rückzug, dann aber begriffen, dass der Kaplan gar nichts sah. Er starrte einfach ins Leere, bevor er sich umdrehte, zurück zum Schreibtisch ging und auf die Tischplatte glotzte. Gelegentlich zog er ein Blatt Papier unter der Schreibtischunterlage hervor, studierte es, versteckte es wieder und versank in Brüten. Falk konnte förmlich sehen, wie sein Leben zu Bruch ging. Es machte ihn froh. Es machte ihn glücklich.

Es war gerecht, dass auch der Herr Kaplan am eigenen Leib erfuhr, wie es sich anfühlte. Wenn man allein war. Wenn keiner da war, dem man vertrauen konnte.

Falk sah auf die Uhr. Noch Stunden, dachte er. Er konnte die Dunkelheit kaum erwarten. Denn heute, heute war die Nacht. Heute würde er ausholen und so zuschlagen, dass es schlimmer wehtat, als der arme Pfaffe da drin ahnte. Die Ungeduld kribbelte in seinem Magen. Aber erst musste er nach Hause. Seine Mutter kam gleich von der Arbeit. Und bevor sie kam, hatte er noch eine Menge vorzubereiten.

Er warf einen letzten Blick auf die Silhouette, die sich hinter der Gardine des Arbeitszimmers abzeichnete. Am liebsten hätte er laut gelacht, hätte die Vorfreude, die Spannung und die Energie, die ihn durchströmte, herausgelacht. Aber er grinste nur. »Wir sehen uns später, Wichser«, sagte er zu der Gestalt hinter dem Fenster. Dann zog er sich vorsichtig zurück.

***

Britta starrte aus dem Fenster. Das Gewitter schien am Horizont zu lungern. Bedrohliche Blitze am Horizont, ab und zu ein dumpfes Grollen, und doch schien die Luft schwer und unbeweglich.

Sie versuchte, ihre Aufmerksamkeit wieder den ordentlich sortierten, markierten Unterlagen zuzuwenden. Noch ein Durchgang vielleicht. Nicht weil es nötig war. Sondern einfach zur Sicherheit. Nein, dachte sie, es reichte.

Sie sah auf die Uhr. Fand die Wohnung auf einmal einsam, so ohne Louis. Obwohl eine ewig schnarchende Bulldogge keine wirklich anregende Gesellschaft war. Sie hoffte, dass Christian bald kam. Am besten vor dem Gewitter. Es wäre schön, ihn hier zu haben, wenn es da draußen losging. Hier in Sicherheit.

Ein alberner Gedanke. Es war Zeit, sich zu entspannen.

Sie packte die Karteikarten zusammen, verstaute sie in der Mappe, die sie anschließend griffbereit auf den Tisch legte. Dann ging sie in die Küche, nahm sich ein Bier aus dem Kühlschrank. Sie setzte sich auf den winzigen Balkon. Obwohl sie nur Jeans und ein T-Shirt trug, sorgte die schwüle Luft dafür, dass sich umgehend ein klebriger Schweißfilm auf ihre Haut legte. Sie platzierte die nackten Füße auf dem Balkongeländer, öffnete die Flasche und starrte in Richtung der dunklen Gewitterwolken.

Das Telefon klingelte. Sie unterdrückte den Impuls, aufzuspringen. Eigentlich hatte sie keine Lust, zu telefonieren. Nicht jetzt. Nachdem der Anrufbeantworter mit schrillem Pfeifen seine Bereitschaft bekundet hatte, hörte sie Christians Stimme durch die Wohnung. Er komme später, sagte er. Später als was?, fragte sich Britta. Und warum? Hatte er noch zu arbeiten? Oder ging er vielleicht noch etwas trinken? Womöglich mit Sophie?

Sie trank noch einen Schluck aus der Flasche, legte den Kopf in den Nacken und schloss einen Moment die Augen. Es war egal. Das war alles egal. Sie wollte so nicht sein – kleinlich und eifersüchtig. Sie wusste es eigentlich besser. Sie führte nicht die Art Beziehung, in der sie darüber herumgrübeln musste, wo und mit wem sich ihr Lebensgefährte herumtrieb.

Und sie konnte auch ganz allein hier sitzen. Sich entspannen, zur Ruhe kommen, ein Bier trinken. Eigentlich genau das, was sie brauchte.

In dem Moment, in dem sich der Gedankengang rund und richtig anfühlte, machte die Türklingel ihr prompt einen Strich durch die Rechnung.

Sie warf einen Blick auf die Uhr. Es war reichlich spät für Besuch. Eigentlich konnten es nur Margot und Agathe sein. Keine ganz schlimme Vorstellung, wie sie heimlich feststellte. Sie musste früh raus, aber es war noch nicht so spät, dass das ein Problem war. Und ein bisschen Gesellschaft wäre nicht verkehrt, nicht einmal dann, wenn die Gesellschaft sich vermutlich schlecht benehmen würde.

Wenig später stand sie zu ihrer Überraschung Frau Lebrecht gegenüber.

»Guten Abend.« Sie klang verlegen. »Ich … entschuldigen Sie, ich weiß, es ist spät. Ich wollte nur … Ist Herr Wörner da? Es ist wichtig.«

Britta verfluchte still den Moment, in dem sie sich auf die Bank gesetzt hatte. Ein egoistischer Impuls war das, unangenehm. Nutzlos außerdem, denn sie hatte ja keine Wahl. Sie öffnete die Tür weit, führte Frau Lebrecht in die Küche. Sie vermied es, der Besucherin zu nahe zu kommen. Obwohl sie nur ein halbes Bier getrunken hatte, hatte sie bestimmt eine Fahne. Es war ihr peinlich, obwohl sie nicht recht verstand, warum.

»Ich will Sie wirklich nicht belästigen, es ist ja schon spät«, sagte Frau Lebrecht. »Das ist mir sehr unangenehm.« Sie stand herum und wirkte unschlüssig.

»Das ist kein Problem«, log Britta, griff nach dem feuchten Lappen in der Spüle und wischte eilig die Krümel vom Tisch. »Setzen Sie sich! Möchten Sie etwas trinken? Ein Bier, ein Glas Wein? Oder vielleicht einen Tee?«

Tee? Was redete sie da nur? Kein Mensch wollte bei so einer Schwüle Tee trinken.

»Ein Tee wäre schön«, erwiderte Frau Lebrecht trotzdem. »Obwohl ... also, nicht meinetwegen, machen Sie sich keine Umstände.« Es klang, als würde sie jeden Moment anfangen zu weinen. Sie ließ sich zögernd auf einen Stuhl sinken. Ihre Hände umklammerten einen braunen Umschlag, als sei er ein Rettungsring.

Britta stellte den Teekessel auf den Herd. »Er kommt später«, sagte sie. »Christian, er hat gerade angerufen. Aber vielleicht kann ich Ihnen ja helfen.«

Herrgott! Warum tat sie das? Warum sagte sie so etwas, ohne es zu meinen? Sie setzte sich der Frau gegenüber.

»Ich glaube, es ist umgekehrt«, sagte Frau Lebrecht. »Ich glaube, dass ich helfen kann. Herrn Wörner, meine ich, der Polizei.« Sie hob den Umschlag, den sie nach wie vor umklammerte, in die Höhe. »Die Sache ist mir ziemlich unangenehm. Ich weiß nicht, was ich davon halten soll, ich verstehe das nicht.«

Der Kessel begann, schrill zu pfeifen. Britta fuhr hoch. So schnell, wie es eben ging, goss sie den Tee auf. In Windeseile standen Becher und Tassen auf dem Tisch.

»Worum geht es denn?« Am liebsten hätte sie Frau Lebrecht den Umschlag aus der Hand gerissen.

Die schluckte. Zögernd streckte sie den Arm aus. »Sehen Sie selbst!« Sie lief rot an.

Als Britta ungeduldig die Bilder aus dem Umschlag zog, verstand sie, warum. Sie bemühte sich, ruhig zu bleiben. Dachte an Fingerabdrücke. An Kriminaltechnik. Aber dazu war es jetzt ohnehin zu spät.

»Wo haben Sie das her?« Sie bemühte sich, ruhig zu sprechen. So, als wäre das, was sie da sah, das Normalste der Welt.

»Es war in seinem Arbeitszimmer. Unter dem Schrank. Es war gut versteckt, deshalb haben die Polizisten es nicht gefunden.«

Britta hörte sie, konnte aber nichts sagen. Wie Magnete zogen die Fotos ihre Blicke an.

Obwohl es unangenehm war, sie anzusehen. Nicht wegen dem, was sie zeigten. Britta war nicht prüde, und sie hatte schon drastischere Abbildungen solcher Aktivitäten gesehen. Was schwer zu ertragen war, war der offensichtliche Umstand, dass diese beiden Menschen sich bei dem, was sie da taten, absolut unbeobachtet fühlten.

»Das ist Herr Waldbroich«, hörte sie Frau Lebrecht sagen.

Jemand hatte ein Teleobjektiv verwendet. Und dieser Jemand war kein beliebiger Spanner, sondern ein Profi, der darauf geachtet hatte, dass sowohl das Gesicht der Frau als auch das des Mannes deutlich zu erkennen waren.

Britta räusperte sich. »Ich nehme an, die Frau ist nicht seine Frau?«

Frau Lebrecht schüttelte den Kopf. Tränen schimmerten in ihren Augen. »Ich wollte sie wegwerfen. Im ersten Moment wollte ich sie einfach wegwerfen. Ich meine, das ist ekelhaft. Das ist privat. Das geht niemanden etwas an. Aber dann habe ich nachgedacht. Und so wie die Dinge liegen … Ich müsste sie der Polizei doch zeigen, nicht wahr? Obwohl ich mir nicht erklären kann, was das alles zu bedeuten hat!«

»Kennen Sie die Frau?«

»Nein«, sagte Frau Lebrecht hastig. »Um Himmels willen, ich … was tue ich nur hier?«

»Sie tun das Richtige«, sagte Britta. »Machen Sie sich keine Sorgen.«

Frau Lebrecht nickte.

Ein Motiv, dachte Britta. Christian würde sich freuen. Sie hielt ein erstklassiges Mordmotiv in den Händen. Das war möglicherweise ein Durchbruch. Er würde sich freuen. Obwohl das hier nicht erfreulich war. Aber trotzdem musste sie nachfragen. Nach dem, was ihn vermutlich interessieren würde.

»Wissen Sie, woher Ihr Mann das hat? Warum er diese … Bilder aufbewahrt hat?«

Frau Lebrecht räusperte sich. »Ich bin nicht dumm«, erklärte sie dann. »Er war da. Herr Waldbroich. Er hat mir kondoliert und mir etwas von Parteiunterlagen erzählt. Wichtigen Dokumenten, die er braucht. Er hat nach diesem Schmutz da gesucht, nehme ich an. Und nichts gefunden. Ich wünsche mir sehr, dass ich mich irre. Aber es liegt auf der Hand, dass mein Mann ihn erpresst hat. Auf diese widerliche Art und Weise. Ich hätte nie gedacht, dass Wolfram zu so etwas imstande ist. Aber ich habe ihn vielleicht nicht wirklich gekannt. Meinen Mann.«

Sie brach ab und schluckte. »Es ist ekelhaft«, wiederholte sie. »Es ist widerwärtig. Gott, ich wünschte, er hätte das gefunden. Waldbroich, meine ich. Ich wünschte, ich hätte diesen Dreck nie gesehen. Aber Ihr Mann … Ihr Freund, Herr Wörner … er muss das wissen, oder? Er wird es sicher diskret behandeln. Herr Waldbroich hat eine Familie, kleine Kinder.«

Herr Waldbroich hat vielleicht deinen Mann umgebracht, dachte Britta.

Frau Lebrecht wischte sich mit dem Handrücken über die Stirn. »Ich will ihn nicht in Schwierigkeiten bringen. Aber ich muss ja auch an Johannes denken. Ich habe doch keine Wahl.«

Für einen Moment herrschte Schweigen. Dann stand Frau Lebrecht auf. »Ich muss nach Hause. Ich muss zu meinen Kindern! Danke, dass Sie mir zugehört haben!«

Britta versuchte nicht, sie zurückzuhalten. Sie brachte sie zur Tür. Erst nachdem sie vom Fenster aus beobachtet hatte, wie sie eilig die Straße hinunterlief, stieß sie einen gotteslästerlichen Fluch aus. Sie goss den Tee aus den nicht angerührten Bechern in die Spüle. Dann griff sie nach dem Telefon und wählte Christians Nummer.

★★★

Ein Gewitter war ein gutes Omen. Wie in dieser Nacht, dachte Falk, in der Nacht, in der es Johannes' Vater erwischt hatte. Er hockte wieder im Busch. Der Wind hatte aufgefrischt, kühle Böen überzogen seine nackten Arme mit Gänsehaut.

Da war sie! Grüne Katzenaugen starrten ihn an. Sie war aufmerksamer als Menschen, hatte ihn sofort bemerkt. Ein würdiger Gegner.

»Komm«, flüsterte er und kramte in seiner Tasche. Er zog eines der kleinen Pakete heraus, in die er das Hackfleisch gepackt hatte. »Na, komm schon«, flüsterte er wieder und streckte seine Hand mit dem Fleischpaket in ihre Richtung. Die Katze maunzte. Sie wandte den Kopf nach links und rechts. Einen Moment schien sie zu zögern. Dann setzte sie sich mit eleganten Schritten in Bewegung. »Feine Miez«, flüsterte Falk. »Ich wusste, dass wir Freunde werden!«

18

Waldbroich öffnete ihnen die Tür. Er warf einen Blick auf den Umschlag, den Christian in der Hand hielt. »Verdammt«, sagte er leise. »Oh, verdammt noch mal!« Er trat einen Schritt vor und zog die Haustür hinter seinem Rücken so weit wie möglich zu.

»Können Sie mir einen Gefallen tun?«

Christian räusperte sich. »Das kommt darauf an.«

»Können wir uns woanders unterhalten? Im Präsidium? Die Kinder sind noch wach, wir essen gerade, und Thea, also meine Frau, sie … sie wird es früh genug erfahren. Ich möchte nicht … nicht vor den Kindern, verstehen Sie?«

Das hättest du dir vielleicht eher überlegen sollen, dachte Sophie, während Christian nickte.

»Ich sage rasch Bescheid!« Waldbroich verschwand.

Sophie machte Anstalten, ihm zu folgen, aber Christian hielt sie zurück. »Der läuft uns nicht weg!«

Sophie war da nicht so sicher. Aber Christian behielt recht. Waldbroich kam zurück, trug einen Regenmantel über dem Arm. Er rechnet damit, heute noch zurück nach Hause zu kommen, dachte Sophie, und der Gedanke machte sie traurig. Aus dem Haus war kein Mucks zu hören.

Nach einer schweigenden Fahrt führte Christian Waldbroich ins Verhörzimmer. Er bot etwas zu trinken an. Während er unterwegs war, um Wasser zu besorgen, machte sich Sophie angelegentlich am Aufnahmegerät zu schaffen. Das Schweigen war unangenehm und peinlich. Der braune Umschlag lag zwischen ihnen auf dem Tisch, die Bilder darin so lebhaft vor Sophies Augen, dass sie es kaum über sich brachte, Waldbroich ins Gesicht zu sehen. Ihm schien es ähnlich zu gehen.

Christian kehrte mit einer Flasche Wasser und drei Gläsern zurück. Er nahm Platz. »Sie wissen, worum es geht?«

Waldbroich versuchte ein Lächeln. »Wahrscheinlich haben Sie diesen Satz schon oft gehört, aber … ich kann das erklären.«

»Tun Sie das. Tun Sie das bitte.« Christians Stimme klang

freundlich. »Aber vorher möchte ich Sie darauf hinweisen, dass wir das Gespräch aufzeichnen. Wenn Sie wünschen, dann können Sie jetzt einen Anwalt anrufen ...«

Waldbroich winkte ab. »Kein Anwalt«, sagte er.

»Ihnen ist bewusst, dass die Lage ernst ist, oder?« Christians Hand schwebte über der Aufnahmetaste des Tonbandgeräts. »Sind Sie sicher, dass Sie auf die Anwesenheit eines Anwalts verzichten möchten?«

Sophie widerstand der Versuchung, ihm unter dem Tisch einen Tritt zu versetzen. Was tat er da bloß? Ging die männliche Solidarität tatsächlich so weit, dass er ihnen das Leben schwerer machen wollte, als es sein musste?

»Kein Anwalt!« Waldbroich klang entschlossen, und Christian drückte endlich die Taste und gab all die Floskeln von sich, die nötig waren.

»Mir ist klar, wie das alles aussieht«, sagte Waldbroich, als er fertig war. »Zu sagen, dass die Sache mir peinlich ist, trifft es nicht annähernd. Ich habe mich noch nie in meinem Leben so geschämt. Und ich habe Angst! Das, was hier gerade passiert, ist ein Alptraum. Ich hätte mich nie auf diese Erpressung einlassen dürfen. Aber ich war verzweifelt.«

Er senkte den Kopf und räusperte sich leise, bevor er fortfuhr. »Er hat es nicht mal ausgesprochen, nicht so richtig. Hat nur gesagt, dass es wohl verfehlt wäre, wenn jemand wie ich, jemand, der so einen ...« Er räusperte sich. »... so einen Lebenswandel führt, für ein öffentliches Amt kandidiert. Mir war natürlich klar, was er wollte. Und das hat er dann ja auch bekommen. Seinen Listenplatz.«

Er starrte auf den Umschlag. »Ich gebe gerne zu, dass ich noch nie in meinem Leben so nah dran war, jemandem den Schädel einzuschlagen. Ich war wie gelähmt. Ich stand da vor ihm, es war am Tag, mitten in der Werkstatt, rundherum meine Angestellten, meine Kunden, mein Leben, mein ganz normales Leben. Und in seiner Hand etwas, was alles mit einem Schlag in Schutt und Asche legen würde. Es war so irreal. Er stand da und hat gelächelt. Er hat mich die ganze Zeit über angelächelt.«

Er griff nach dem Wasserglas und trank einen Schluck. »Aber

das Schlimmste war …« Er schluckte. Seine Augen schimmerten verdächtig. Sophie merkte, wie ihre Schultern sich verkrampften. Heul nicht, dachte sie, wag es nicht, jetzt auch noch zu heulen.

»Das Schlimmste war, dass er ja völlig recht hatte. Ich bin keinen Deut besser als er. Ich bin ein Schwein, einer, der seine Frau betrügt, die Mutter seiner Kinder. Einer, der lügt. Ich liebe meine Kinder. Ich liebe auch Thea, das tue ich wirklich. Ich habe kein Recht, diese Familie zu zerstören. Probleme gibt es in jeder Beziehung.«

Er hielt inne, lachte dann leise. »Ich kann diese Schuld nicht wegschieben. Und gleichzeitig kann ich es auch nicht ändern. Es klingt so blöd, aber es ist einfach passiert. Mit ihr und mir. Wir sind uns begegnet, und es war wie ein Blitzschlag. Ich habe in jeder Sekunde gewusst, dass es falsch ist. Aber selbst wenn ich geahnt hätte, in was für eine Situation es mich bringt, ich hätte es nicht lassen können. Mit dieser Schuld muss ich leben. Aber ich schwöre bei allem, was mir heilig ist – ich habe nichts mit dem Tod von Lebrecht zu tun.«

Sophie massierte ihre Nasenwurzel. Sie hatte Kopfschmerzen.

»Wer ist sie?«, fragte Christian.

»Das kann ich Ihnen nicht sagen«, erklärte Waldbroich.

»Herr Waldbroich, Sie werden als Verdächtiger in einem Mordfall vernommen. Sie haben kein Alibi. Sie haben ein Motiv.«

»Ich habe ihm nichts getan«, beteuerte Waldbroich.

Christian winkte ab. »Wie ist Lebrecht an diese Fotos gekommen?«

»Geahnt hat er sicher nichts. Dazu waren wir viel zu diskret. Ich nehme an, er hat jemanden auf mich angesetzt. Wie im schlechten Film. Hat gehofft, dass er schon irgendeinen Dreck finden wird.« Er lachte bitter. »Die Investition hat sich gelohnt, würde ich sagen.«

»Und er wollte die Kandidatur. Sonst nichts?«

Waldbroich nickte.

»Und warum haben Sie dann die Bilder nicht bekommen, als die Sache erledigt war? Läuft das nicht so bei einer Erpressung? Man tut, was verlangt wird, und dann erhält man das belastende Material?«

Waldbroich lachte bitter. »Ich kenne mich da nicht so aus. Aber er hat keine Anstalten gemacht. Was hätte ich tun sollen? Nachfragen? Ihn anzeigen?« Er seufzte. »Abgesehen davon ... es mag naiv klingen, aber ich war mir ziemlich sicher, dass die Sache damit ausgestanden war. Er war nicht so einer. Ich habe diesen Mann wirklich nicht gemocht, aber er war keiner, der etwas anderes gewollt hätte. Geld oder so. Das wäre nicht sein Stil gewesen.«

»Das klingt tatsächlich sehr naiv. Offen gestanden klingt das ein bisschen zu naiv. Das nehme ich Ihnen nicht ab.«

Er nickte resigniert. »Kann ich verstehen. Aber ich sage die Wahrheit. Ich habe ihm nichts getan, ich schwöre!«

»Herr Waldbroich, ich rate Ihnen dringend, einen Anwalt anzurufen.«

Waldbroich schien nachzudenken. »Ich bin unschuldig«, erklärte er dann. »Ich brauche keinen Anwalt.«

»Ich würde Ihnen das gerne glauben. Aber ohne Alibi ...«

»Ich habe ein Alibi.«

»Was? Warum sagen Sie das erst jetzt?«

Christian klang erleichtert. Sophie warf ihm einen irritierten Blick zu, den er aber nicht bemerkte.

»Weil es nichts ändert.« Waldbroich verschränkte die Arme vor der Brust. »Ich war bei ihr. Und ich kann sie nicht in diese Sache reinziehen. Sie ist ... sie ist nicht irgendwer. Ihr Mann ... wenn die Presse davon Wind bekommt, dann ist die Hölle los. Mich wird diese Sache womöglich den Kopf kosten und die Familie. Aber ich glaube an den Rechtsstaat. Ich bin unschuldig.«

Christian lehnte sich auf dem Stuhl zurück und verschränkte die Arme vor der Brust. Er sah auf einmal müde aus. »Bitte«, sagte er. »Wie Sie wollen. Dann fangen wir jetzt mal ganz vorne an ...«

Sophie unterdrückte einen Seufzer. Das würde eine lange Nacht werden.

***

Die ersten dicken Tropfen fielen vom Himmel. Es war fast elf. Falk taten die Knochen weh. Die Katze neben ihm atmete unregelmäßig, so unregelmäßig, dass es ihn nervös machte. Er hatte im Internet nachgesehen, aber natürlich gab es keine klaren Angaben zur Dosierung. Er hatte geschätzt, eher großzügig, denn es war ein ziemlich fettes Tier. Er hoffte, dass sie nicht zu viel abbekommen hatte. Obwohl auch das letztlich egal war.

Vorhin hatte sie mit den Ohren gezuckt. Als der Kaplan an der Tür gestanden und ihren Namen gerufen hatte. Er hatte sorgenvoll in den Himmel geschaut und seine bescheuerte Katze gerufen, wieder und wieder. Erst nach einer gefühlten Ewigkeit hatte er endlich aufgegeben und die Tür geschlossen. Dann hatte es eine weitere Ewigkeit gedauert, bis die Lichter im Erdgeschoss gelöscht wurden und dann auch oben im Schlafzimmer. Jetzt schlief er sicher, dachte Falk, genau wie seine Miezekatze. So sollte es sein. Ein kleines Schläfchen, dann ein böses Erwachen für alle beide.

Der Regen wurde heftiger, der Donner grummelte näher. Es war Zeit. Es war riskant, noch länger zu warten. Er holte Seil, Hammer und die Nägel aus dem Rucksack. Vorsichtig trat er aus seinem Versteck, trug alles zum Baum, der fast in der Mitte des ungepflegten Rasens stand. Dann kehrte er ins Gebüsch zurück und griff nach dem nassen, zuckenden Katzenkörper.

***

»Ich fasse es einfach nicht.« Christian machte den Eindruck, als würde er am liebsten gegen eine Wand treten. Sie hatten Waldbroich im Vernehmungszimmer zurückgelassen, bewacht von einem Uniformierten, und waren in ihr Büro gegangen. »Der Typ schaufelt sich sein eigenes Grab mit seinem ritterlichen Getue!«

»Vielleicht ist es kein Getue. Vielleicht lügt er einfach.« Sophie versuchte, ihr Gähnen hinter einer Hand zu verstecken. »Entschuldigung, ich bin echt müde.«

»Nicht nur du.« Christian sah auf die Uhr. »Ich glaub, wir machen für heute Schluss. Ich verliere sonst die Beherrschung da drinnen.«

»Du willst ihn laufen lassen?« Sophie sah ihn ungläubig an.

»Auf keinen Fall. Er bettelt ja geradezu um eine Nacht in Gewahrsam. Ich schätze, er braucht ein bisschen Zeit, um über Ehre und Gewissen nachzudenken. Gott, wie kann man so blöd sein!«

»Was genau findest du so blöd?«, erkundigte sich Sophie. »Seine Frau zu betrügen? Sich dabei fotografieren zu lassen? Oder seine Geliebte aus der Sache rauszuhalten?«

Er warf ihr einen irritierten Blick zu. »Keine Ahnung. Die Kombination? Herrgott, Sophie, es geht um Mord. Er muss doch begreifen, was auf dem Spiel steht.«

»Ich habe das Gefühl, dass ihm das sehr klar ist. Und im Grunde hat er recht, oder? Das Alibi einer geheimnisvollen Geliebten ist nicht gerade Gold wert.«

Christian griff nach einem der Fotos, studierte es. »Wer kennt sich denn aus mit Promis? Vermutlich hat sie was mit Politik zu tun …«

»Ihr Mann«, sagte Sophie. »Er hat von ihrem Mann geredet. Eine Gattin also.«

»Wir müssen da irgendwen dransetzen. Morgen. Wir kriegen das schon raus. Aber ich muss jetzt schlafen. Ich bin hundemüde.«

Sophie griff nach ihrer Tasche. »Du glaubst ihm, oder?«, fragte sie, als sie schon fast an der Tür war. »Du nimmst ihm dieses Alibi ab?«

»Schon«, sagte er. »Obwohl das Motiv eindeutig überzeugender ist als jedes Alibi. Es kann natürlich sein, dass er richtig hoch pokert. Oder er ist tatsächlich ein derartig naiver Schwachkopf … ach, verdammt, dieser Fall fängt an, mich echt zu nerven«, murrte er.

»Dann sollten wir uns morgen mal ein bisschen ins Zeug legen und ihn lösen.«

***

Es war viel schwieriger, als er es sich vorgestellt hatte.

Der nasse, schlaffe Körper der Katze glitt immer wieder durch die Seilschlingen, mit denen er ihn am Baumstamm zu fixieren suchte. Der fehlende Muskeltonus machte das fette Tier außerdem irgendwie glitschig und elastisch. Falks Hände waren kalt, statt machtvollen Hochgefühls machte sich eine ungeduldige Wut breit.

Erneut zog er am Seil, fest, sehr fest. Die Katze gab ein leises Keuchen von sich. Falk wartete einen Moment, bis sie wieder atmete. Ein bisschen hektischer als vorher, aber regelmäßig. Er schlang das Seil noch einmal um die Mitte des Tiers, dann um den Hals und verknotete es sorgfältig. Ein Blitz erhellte die Szene. Schlaff hing das Tier da, der Kopf zum Boden. Und Falk spürte es. Endlich war es richtig, das Gefühl. Endlich konnte er anfangen, wirklich anfangen.

Er griff nach dem Hammer und einem Nagel. Er nahm eines der Katzenbeine und zog es zur Seite. Das Tier ließ ein Wimmern vernehmen und fuhr die Krallen aus. Aber der Widerstand war schwach. Trotzdem musste er sich beeilen. Er fixierte die Katzenpfote vorsichtig mit dem Nagel am Baumstamm, holte mit dem Hammer aus und schlug zu.

★★★

Christian stellte den Motor ab. Einen Moment blieb er im Auto sitzen, blickte hinaus in das Unwetter. Der Regen spritzte vom Pflaster hoch, und es donnerte und blitzte in rascher Folge. Er hatte keinen Schirm dabei, aber bei dem Weltuntergang da draußen hätte das ohnehin nicht viel genutzt. Ein paar Meter nur, dachte er, ein kleiner Sprint, dann war er zu Hause. Eine warme Wohnung, eine kuschelige Decke, neben sich Brittas leises Schnarchen.

Vermutlich schlief sie schon. Sie musste früh raus morgen, zu dieser Tagung. Sie würde nur eine Nacht weg sein. Und ihm trotzdem fehlen. Und darum war es gut, dass sie wenigstens jetzt noch da war. Sie würde die ganze Nacht neben ihm liegen, er würde mit diesem Gefühl einschlafen, dass er eine Menge Glück hatte im Leben. Trotz der kleinen Irritationen, trotz der anstrengenden Agathe und der omnipräsenten Margot. Es ging ihm gut, verdammt gut, weil er diese Frau hatte. Er schwor sich, nie so ein

Vollidiot zu werden wie Waldbroich. Ohne ersichtlichen Grund zu zerstören, was er hatte.

Er öffnete die Tür, stieg aus. Während er den Wagen abschloss, meinte er, irgendwo eine Katze schreien zu hören. Erstaunlich, dass nicht einmal so ein Unwetter die Tiere von ihrem Liebesleben abzuhalten schien, dachte er, während er in Richtung Heimat rannte.

***

Jan Wegener saß aufrecht im Bett. Der Donner, dachte er, der Donner hat mich geweckt. Ein unsinniger Gedanke. Er wusste es besser.

Gänsehaut kroch ihm über die Arme. Er hörte den Regen rauschen, ein Blitz tauchte das Schlafzimmer in unheimliches Licht. Und dann kam der nächste Schrei. Ein Schrei voll Schmerz und Todesangst.

In Windeseile war er am Fenster. Er schob die Gardine beiseite und blickte hinunter in den Garten. Abermals zuckte der Blitz und tauchte die Szene in grelles Licht. Den Kampf. Die Gestalt, die ihr das antat, das, für das Wegener in diesem Moment nicht einmal Worte fand, hatte offenbar die Kraft unterschätzt, die eine Katze hatte. Eine Katze, die um ihr Leben kämpfte.

Wegener sah die schlagenden Pfoten. Und er sah den Hammer. Bevor sein Gehirn wirklich begriffen hatte, was er da sah, war er schon auf der Treppe. Er stürzte hinaus, in den Garten und zum Baum. Er sah, wie die Gestalt erneut mit dem Hammer ausholte, sah den Nagel in der Pfote stecken. Er hörte die Schmerzensschreie der Katze. Er sah den Hammer niederfahren, abgleiten von der Pfote, sah, wie er den Kopf der Katze traf.

Er packte die Gestalt, schüttelte sie. Die machte sich los, fuhr herum und begann sofort, mit dem Hammer nach ihm zu schlagen. Erwischte ihn an der Nase. Blut lief über sein Gesicht, aber Wegener spürte keinen Schmerz. Kein Raum für Schmerz, denn da war nur ungläubiger Zorn und Abscheu. Es gelang ihm erstaunlich schnell, dem Angreifer den Hammer zu entwinden. Ohne nachzudenken, holte er aus, schlug zu. Die Gestalt hob die Hände, taumelte rückwärts. Wegener holte erneut aus. Hieb um Hieb versetzte er dem Angreifer, der längst kein Angreifer mehr war. Er heulte und wimmerte. Aber Wegener schlug zu. Erst als die Gestalt am Boden lag, ganz still, hörte er auf.

Er stand da, den Hammer in der Hand, und starrte auf den reglosen Körper zu seinen Füßen. Für einen Moment fühlte er Zufriedenheit. Nie wieder, dachte er, wirst du mich quälen.

Dann fiel ihm die Katze ein. Eilig wandte er sich dem Baum zu. Wie besessen zerrte er an dem Nagel, der aus der Pfote ragte. Der Regen rauschte laut. Der Nagel steckte zu fest. Die Katze schrie nicht mehr. Eine Zange, dachte Wegener, ich brauche eine Zange.

Die Katze war ganz still.

***

Nirgendwo bellte ein Hund.

Wie ein Gummiball schoss der alberne Gedanke in Edith Heckers Kopf herum, half dem Gehirn, sich gegen das zu wehren, was ihre Augen da sahen. Sie stand in der Küche, das Wasserglas, das sie eben durstig geleert hatte, in der Hand. Sie verfluchte den Moment, in dem sie erwacht war. Donner und Blitz, ihr Hals trocken wie die Wüste Gobi. Deshalb hatte sie die Decke zurückgeschlagen, war in ihre Pantoffeln geschlüpft, in die Küche gegangen.

Deshalb stand sie jetzt hier, starrte auf die Gestalt am Grab. An *dem* Grab.

»Ein Alptraum«, wisperte sie. Es war den Versuch wert. Aber es funktionierte nicht.

Sie stellte das Glas ab, kniff sich kräftig in den Arm. Es tat weh. Verdammt!

Die Gestalt wandte sich ab, rannte davon.

»Verdammt«, fluchte Edith. Endlich kam Leben in sie.

Verdammt, verdammt, verdammt, dachte sie und eilte zum Telefon.

19

»Verdammt!«, knurrte Christian eine knappe halbe Stunde später und trat mit dem Fuß gegen das Friedhofstor. Immerhin hatte der Regen aufgehört, das Gewitter zog ab.

Die Sanitäter hatten den Jungen eben in den Krankenwagen gebracht, der nun mit eingeschaltetem Blaulicht davonbrauste. Die Kollegen von der Spurensicherung begannen, die Stelle zu sichern, an der er gelegen hatte. Leblos, aber noch nicht tot.

Der Notarzt hatte sich nicht mit Prognosen aufgehalten.

»Verdammt, verdammt, verdammt«, fluchte Christian weiter.

»Das kannst du laut sagen.« Zum Glück hatte Christian sich nicht gewundert, dass Sophie so schnell zur Stelle gewesen war. Sie hatte keine Lust, ihm zu erzählen, dass sie, nachdem sie sich am Präsidium verabschiedet hatten, mit Margot telefoniert und sich zu einem Schlummertrunk hatte überreden lassen. Einen, von dem der Anruf sie glücklicherweise abgehalten hatte, denn es war jetzt wichtig, einen klaren Kopf zu bewahren.

Jemand hatte den Jungen auf das Grab gelegt. Dasselbe Grab, auf dem man Lebrechts Leiche gefunden hatte. Ein Halbwüchsiger war das, ein Teenager, der furchtbar kindlich wirkte, fast zart in den vom Regen durchweichten Kleidern. Regen, der schon wieder Fußabdrücke und andere Spuren ruiniert hatte. Nur hellrotes Blut war noch zu sehen, hier und da auf der blassen Haut. Kein Lebenszeichen.

Aber er lebt, dachte Sophie, noch lebt er.

Jemand hatte ihn einfach dahin gelegt. Er wäre gestorben, hätte nicht Frau Hecker angerufen. Jemand hatte ein Kind halb totgeschlagen und dann hier abgelegt. Jemand, der wollte, dass dieser Junge starb, es wenigstens in Kauf nahm.

Sie hörte ein unterdrücktes Schluchzen. Es kam von Frau Hecker. Die alte Dame trug einen Bademantel und Pantoffeln. Sie schien zu zittern. »Wird er wieder gesund?«

»Ja«, sagte Sophie, obwohl sie keine Ahnung hatte. Aber angesichts des Entsetzens, das sie in den Augen der Frau sah, gab es keine andere Möglichkeit.« »Er ist in guten Händen«, fügte sie hinzu.

»Gott, der arme Falk!«

Sophie schnappte nach Luft. »Sie kennen ihn? Sie wissen, wer das ist?«

»Ja, ich … ich glaube schon.« Frau Hecker schniefte. »Der Falk, glaube ich, ein Freund vom Niklas, das ist mein Großneffe, der Sohn von … ach, ist ja egal, jedenfalls … ich bin nicht ganz sicher, aber … doch. Doch, ich kenne den Jungen.«

Sophie griff nach ihrem Arm. Drückte ihn kurz. »Ganz ruhig«, sagte sie. »Ganz ruhig. Wie heißt er weiter? Wissen Sie, wo er wohnt?«

»Nikolaisen. Falk Nikolaisen. Ich weiß es nicht, nein, doch, ja, ich glaube, sie wohnen noch da, er und seine Mutter. Der Vater ist wohl … ich glaube, der Vater ist ausgezogen, und darum … Gott, ich bin ganz durcheinander. Ich kann meine Nichte anrufen.«

»Das ist nicht nötig«, sagte Sophie. »Das finden wir heraus. Legen Sie sich wieder hin. Versuchen Sie, ein bisschen zu schlafen. Soll ich Sie hochbringen?«

»Ja, nein, ich … das ist nicht nötig«, stammelte die alte Dame.

»Aber wollen Sie denn nicht wissen, wer das war?«

»Ich bringe Sie nach oben.« Ganz offensichtlich war es zu viel für die arme Frau Hecker, dachte Sophie, aus verständlichen Gründen war das alles zu viel. »Wir wissen genug, Falk Nikolaisen, wir werden zu seiner Mutter …«

»Nein, das meine ich doch nicht. Wollen Sie denn nicht wissen, wer das getan hat?«

»Sie haben ihn erkannt?« Es kostete Sophie Mühe, die Fassung zu wahren.

Frau Hecker sah sie mit einem Blick an, als leide sie die schlimmsten Zahn-, Bauch- und Kopfschmerzen, die ein Mensch sich vorstellen kann, gleichzeitig. »Ja«, sagte sie unglücklich. »Ich verstehe das nicht, aber … es war der Kaplan. Der Kaplan hat das getan!«

★★★

»Was wollen Sie?« Wegeners Überraschung war ziemlich schlecht gespielt. Er stand im Flur, offensichtlich frisch geduscht, und betrachtete fassungslos die beiden Beamten in Uniform, die für den Fall der Fälle mitgekommen waren.

Christian wirkte wie ausgewechselt. Alle Müdigkeit schien von ihm abgefallen zu sein. Auch Sophie erfüllte eine fiebrige Energie. Sie verstand noch nicht, was das alles zu bedeuten hatte. Aber das hier fühlte sich wie ein Durchbruch an.

»Ich verstehe nicht, was das alles soll!«, lamentierte der Kaplan und bemühte sich, seiner Stimme mehr Nachdruck zu verleihen.

»Das ist schnell erklärt.« Christian trat näher an ihn heran. »Ich verhafte Sie wegen des Verdachts der versuchten Tötung von Falk Nikolaisen. Und Sie sollten sich und uns den Gefallen tun, jetzt hübsch kooperativ zu sein, uns zu begleiten und uns die ganze Geschichte zu erzählen.«

»Aber das ist doch …« Der Kaplan wurde bleich. Mit einer routinierten Handbewegung zog Christian ihm die Arme auf den Rücken und legte ihm Handschellen an.

»Was tun Sie denn? Bitte, das ist nicht nötig, ich … Das ist doch absurd!«

»Sie haben das Recht, sich mit einem Anwalt zu beraten, bevor Sie mit uns reden …«, begann Christian mit der Belehrung. »Sie haben das Recht, zu schweigen —«

»Hören Sie auf! Was reden Sie denn da?« Der Kaplan hatte angefangen zu weinen. Ein dünner Rotzfaden lief aus seiner Nase. Sophie reichte ihm ein Taschentuch, erkannte dann, wie sinnlos die Geste jemandem gegenüber war, dem die Hände mit Handschellen am Rücken gefesselt waren. Rasch zog sie die ausgestreckte Hand zurück. Der Kaplan schniefte laut.

»Ich denke, wir besprechen das lieber auf dem Präsidium.« Mit sanfter Gewalt zog Christian den Kaplan aus dem Haus in den Garten. Um den Baum, der auf der Wiese aufragte, war ein Seil gewickelt. Ein Spurenteam war damit beschäftigt, Stamm und Umgebung zu untersuchen. Zwei weitere Beamte öffneten eine frisch gegrabene Grube. »Was machen Sie da?«, brüllte der Kaplan. »Hören Sie auf damit!«

»Kommen Sie!« Christian zerrte den sich sträubenden Mann weiter.

»Aber da ist … das ist … mein Tiger! Er ist tot, es ist … es ist nicht nötig, dass Sie … Lassen Sie ihm seine Ruhe, wenigstens jetzt, bitte, ich …« Die Stimme des Kaplans brach.

Sophie warf einen Blick auf das kopflose Huhn und das, was nur bei genauerem Hinsehen als verweste Ratte zu erkennen war, die die Kollegen offenbar aus der Biotonne gezogen hatten.

Sie unterdrückte ein Würgen. Krank, dachte sie. Das ist alles total krank!

Als sie fast am Wagen waren, ertönte eine schrille Stimme. »Mörder!« Eine Frau mittleren Alters stürzte auf die Gruppe zu. »Du Mörder! Warum hast du das getan? Wie kannst du meinen Sohn … ich … wie konntest du? Ich habe dir vertraut, ich …« Ungelenk schlug sie auf den Kaplan ein, bis ein uniformierter Kollege und die Psychologin, die ihr im Laufschritt folgte, sie zurückzogen und mit sanfter Stimme zu beruhigen versuchten.

»Brigitte«, sagte der Kaplan, und es klang wie ein Schluchzer. »Das ist doch alles ein Missverständnis. Ich … das ist doch absurd. Bitte! Ich habe doch nicht … Ich wollte doch nicht …«

Obwohl Sophie gerne gehört hätte, was er eigentlich sagen wollte, erschien es ihr angebracht, ihn so schnell wie möglich hier wegzubringen. Sie öffnete die Wagentür, Christian schob den Mann auf die Rückbank.

Mit quietschenden Reifen fuhr der Wagen an.

★★★

Die Klingel schrillte in rascher, ohrenbetäubender Folge. Am liebsten hätte Barbara Lebrecht sich die Hände über die Ohren gelegt und einfach gewartet, bis es vorbei war. Niemand klingelte so bei ihnen. Ein solches Klingeln war kein gutes Zeichen. Schon gar nicht um diese Zeit. Es war mitten in der Nacht. Alle schliefen doch, alle außer ihr, deren Körper sich nach wie vor weigerte, ohne die gewohnte Schlaftablette auch nur liegen zu bleiben. Darum saß sie hier auf dem Sofa, starrte auf den laufenden Fernseher, ohne zu verstehen, was sie da sah. Sie starrte auf bewegte

Bilder, weil es besser war, als im dunklen Schlafzimmer auf die Leuchtziffern des Radioweckers zu schauen.

Wer so klingelte, der hatte einen Grund. Um diese Zeit. Einen wichtigen Grund, sicher keinen guten, aber das änderte nichts.

Endlich kam Leben in ihren matten Körper. Sie stand auf, eilte zur Tür.

Vor ihr stand Niklas. Er war völlig außer Atem.

»Niklas! Was ist in dich gefahren? Weißt du, wie spät es ist?« Sie trat einen Schritt zurück, musterte den Jungen. »Was ist passiert?«

»Entschuldigen Sie die Störung, aber ich … Ich muss zu Johannes, ich … mein Beileid übrigens, ich meine, das mit Ihrem Mann …« Er brach ab, schien kurz davor, in Tränen auszubrechen.

Barbara Lebrecht lächelte. Ein wohlerzogener Junge war das. Sie hatte ihn immer gemocht. Seine Eltern konnten stolz auf ihn sein, dachte sie, dann fiel ihr wieder ein, dass das alles äußerst merkwürdig war.

»Johannes schläft«, sagte sie. »Niklas, es ist halb zwei in der Nacht.«

»Es ist … bitte, ich muss …« Er klang flehend.

»Komm rein.« Barbara Lebrecht trat einen Schritt an die Seite. »Möchtest du etwas trinken? Du bist ja völlig aufgelöst …«

Aber Niklas war bereits an der Treppe. Er nahm mehrere Stufen pro Schritt und schien sie gar nicht mehr zu hören.

***

»Ich habe niemanden ermordet!« Der Kaplan starrte auf die Tischplatte.

Christian ließ den Satz einen Moment im Raum stehen.

»Wenn die Zeugin Sie nicht beobachtet hätte«, sagte er, »dann wäre er mit an Sicherheit grenzender Wahrscheinlichkeit gestorben. Es wird kein Problem sein, nachzuweisen, dass der Kampf in Ihrem Garten stattgefunden hat. Machen Sie sich und uns das Leben leichter. Sagen Sie einfach die Wahrheit.«

Wegener presste die Lippen aufeinander.

»Was ist passiert?«, bohrte Christian weiter.

»Es war ein Unfall.« Wegener sprach so leise, dass er kaum zu verstehen war.

Sophie, die ihre Ungeduld immer schlechter in den Griff bekam, platzte der Kragen. »Ein Unfall, ja? Wie darf ich mir das denn vorstellen, diesen Unfall? Sie wollten gerade einen Nagel einschlagen, und da ist Ihnen der Junge in den Hammer gelaufen?«

»Sophie«, mahnte Christian, ohne die Augen von Wegener abzuwenden. »Er hatte Kratzspuren an den Armen«, sagte er. »Kratzspuren, die man vermutlich der Katze zuordnen kann, die Sie in Ihrem Garten vergraben haben!«

Wegener schluchzte auf. »Tiger! Oh Gott!«

Der Tod der Katze schien ihm näherzugehen als der Zustand des Jungen.

»Was ist passiert?«, wiederholte Christian. »Hatten Sie Streit? Ist die Sache einfach aus dem Ruder gelaufen? So wie neulich, mit Herrn Lebrecht?«

»Was?« Der Kopf des Kaplans fuhr hoch. »Was reden Sie da?«

»Ich versuche, mir einen Reim auf die Ereignisse zu machen«, erklärte Christian. »Und Sie sind nicht eben hilfreich!«

Der Kaplan blickte auf und sah Christian direkt ins Gesicht. »Es war Notwehr«, sagte er. »Er hat … das ist kein harmloses Kind, verstehen Sie? Er hat mich gequält! Sie haben doch gesehen, was er Tiger angetan hat.«

»Falk hat die Katze getötet?«

»Sie hat noch gelebt.« Wegener schluchzte auf. »Er hat sie … lebendig, er hat sie lebendig an den Baum genagelt, Gott! Wie kann ein Mensch so etwas tun?«

»Wie kann man einen Menschen niederschlagen, brutal niederschlagen und ihn dann irgendwo ablegen? Einfach so? Entsorgen, quasi, dabei in Kauf nehmen, dass er nicht überlebt? Einen Siebzehnjährigen? Sie hätten um ein Haar ein Kind getötet!«

Wegener vergrub das Gesicht in den Händen. »Ich kann nicht …«, hauchte er. »Ich kann nicht mehr. Ich sage nichts mehr.«

»Herr Wegener, Sie können sich und uns eine Menge Zeit sparen, wenn Sie reinen Tisch machen. Wir finden sowieso heraus, was passiert ist. Da war eine Sporttasche in Ihrem Müll, in der ein schwarzer Kapuzenpulli war. Ich bin ziemlich sicher, dass die Kriminaltechnik den sehr interessant finden wird. Und dann haben wir diese Katzenhaare an der Kleidung von Herrn Lebrecht gefunden. Es ist schon ein Glück für uns, dass Ihr Tiger nicht für immer in einem Loch im Garten verschwunden ist. Ich bin nämlich fast sicher, dass seine Haare und die an Lebrechts Pullover identisch sind. Was beweisen würde, dass er in Ihrem Haus ermordet wurde, verstehen Sie? Das muss nicht heißen, dass Sie der Mörder sind. Vielleicht decken Sie ihn ja einfach. Johannes zum Beispiel. Aber es ist sinnlos, jetzt weiter zu lügen. Sagen Sie einfach die Wahrheit. Jetzt!«

Der Kaplan starrte Christian mit offenem Mund an. »Sie lügen«, sagte er. »Sie wollen mich in die Enge treiben!«

Christian erwiderte seinen Blick. »Sie stecken mittendrin«, sagte er. »Mitten in einer ziemlich ernsten Enge, wenn Sie mich fragen!«

»Ich sage nichts mehr!« Der Kaplan verschränkte die Arme. Tränen schimmerten in seinen Augen und machten den entschlossenen Eindruck, den er zu vermitteln versuchte, zunichte. »Ich sage kein Wort mehr!«

∗∗∗

Johannes starrte Niklas an, als hätte er ihn noch nie gesehen. Sein Gehirn versuchte verzweifelt, das, was er da eben gehört hatte, zu sortieren.

»Und du bist sicher?«, fragte er, als das Gefühl, irgendetwas sagen zu müssen, übermächtig wurde.

»Natürlich bin ich sicher!« Niklas klang gereizt. Gereizt und verzweifelt. Er ist den Tränen nahe, erkannte Johannes. Und das war ja auch kein Wunder. Falk lag im Krankenhaus. Ohne Bewusstsein. Es war nicht sicher, ob er durchkommen würde. Das war schlimm, kaum auszuhalten für jemanden wie Niklas. Der in einer normalen Welt lebte, in der man normal reagierte auf schreckliche Dinge.

»Wenn Tante Edith nicht gesehen hätte, wie der Kaplan ihn

da abgelegt hat, dann wäre er gestorben, da auf dem Friedhof. Er lag genau da … da, wo dein Vater … das ist doch kein Zufall, verdammt. Sie haben den Kaplan verhaftet. Der Scheiß-Wegener, warum hat er das gemacht?«

»Ich weiß es nicht«, behauptete Johannes. Verhaftet, dachte er, jetzt würden sie ihn verhören. Wegener. Den Schwächling. »Sie haben ihn wirklich verhaftet? Bist du sicher?«

»Sag mal, ist bei dir alles in Ordnung? Hörst du mir überhaupt zu? Ja, sie haben ihn verhaftet! Natürlich bin ich sicher!«

Einen Moment schwiegen beide.

»Johannes«, sagte Niklas dann. Er klang müde. Traurig, resigniert, er klang nicht gut. »Ich weiß nicht, was ich tun soll. Ich habe Angst. Ich bin dein Freund, verstehst du. Ich bin Falks Freund, obwohl er so war in letzter Zeit. Ich will doch nur … ich will etwas tun, verstehst du. Ich will dir helfen.«

»Das weiß ich. Aber es ist in Ordnung. Wirklich. Alles in bester Ordnung.«

Niklas biss sich auf die Unterlippe. Er versuchte, die Tränen zurückzuhalten.

»Ich weiß doch nicht mehr als du!« Johannes ließ sich auf sein Bett fallen. »Ehrlich, Niklas, ich habe keine Ahnung, was da abgeht. Aber Falk kommt durch. Alles wird gut, bestimmt, und das hat nichts mit dir zu tun, echt nicht.«

Niklas starrte ihn an. »Du bist so ein Arsch, weißt du das? ›Alles in bester Ordnung‹ und ›Falk kommt durch‹? Das ist Bullshit, das weißt du! Verdammt, ich dachte, wir sind Freunde! Aber du …« Er stand auf. »Was ist nur mit dir passiert, Johannes?« Er wandte sich ab und ging langsam aus dem Zimmer. Er machte sich nicht einmal die Mühe, die Tür zu schließen.

20

Sophie musterte Christians Bartstoppeln, die sich langsam zu einem ernsten Schatten verdichteten.

»Zwei Festnahmen in knapp zwölf Stunden.« Er starrte unglücklich auf seinen Schreibtisch. »Ich würde mich möglicherweise freuen, wenn ich nicht so müde wäre.«

»Was machen wir mit Frau Waldbroich?«, erkundigte sich Sophie. Besagte saß draußen auf dem Flur, hatte brav gewartet, bis die Befragung Wegeners, der leider seinen Vorsatz, kein Wort mehr zu sagen, in die Tat umgesetzt hatte, unterbrochen wurde.

»Eigentlich kann sie ihn gleich mitnehmen, ihren guten Gatten«, sagte Christian. »So wie die Dinge liegen. Sobald ein Anwalt im Spiel ist, müssen wir ihn sowieso gehen lassen. Wir haben zu wenig in der Hand.« Er kratzte sich am Kinn, sah auf die Uhr. »Verdammt, jetzt ist Britta bestimmt schon losgefahren, ich wollte sie doch wenigstens noch anrufen ...«

Sophie blätterte in den Akten. »Die Katze vom Kaplan war ziemlich übel zugerichtet. Sediert, Nägel in den Pfoten, halb stranguliert. So leid der Junge mir tut, normal ist der nicht. Ich verstehe, dass der Typ so ausgerastet ist.«

»Er hat einen Teenager fast totgeschlagen. Wegen einer Katze!« Christian sah sie empört an. »Einer blöden Katze.«

Sophie seufzte. »Hab ich fast vergessen«, murmelte sie. »Dass du Katzen so hasst, meine ich.«

Er sah sie verblüfft an. »Woher weißt du das?«

Sophie seufzte erneut. So verdammt hoffnungslos, dachte sie, und gleichzeitig so lächerlich unwichtig im Vergleich zu all dem anderen, was ihr gerade Kummer bereitete.

»Ich bin jedenfalls echt gespannt, ob der Abgleich mit den Katzenhaaren von Lebrechts Jackett ein Treffer ist.«

Christian winkte ab. »Selbst wenn. Das zerreißt uns jeder Anwalt in der Luft. Herr Lebrecht war ein frommer und engagierter Mann. Sicher häufiger zu Besuch bei seinem Seelsorger, in einem Haus voller Katzenhaare, wo er sicher mal sein Jackett ablegt.«

»Ich habe Kopfschmerzen«, bemerkte Sophie. »Aber wie dem auch sei«, besann sie sich wieder auf das Ursprungsthema. »Eine zu Tode gequälte Katze, ein geköpftes Huhn, eine halb verweste Ratte – warum macht ein Junge das? Was hat der Kaplan ihm getan?«

Christian seufzte. »Ich fürchte, das müssen wir wohl selbst herausfinden. Vernehmungsfähig ist er vermutlich nicht so bald. Die Kopfverletzungen sind ziemlich ernst. Er liegt im künstlichen Koma, vorerst keine Chance, ihn zu befragen, hat der behandelnde Arzt gesagt. Am besten wir reden mit seiner Mutter, mit seinen Freunden ...« Er seufzte erneut. »Was für eine wunderbare Perspektive nach einer wunderbaren Nacht.« Er öffnete eine seiner Schreibtischschubladen. »Ich hatte hier irgendwo eine Zahnbürste ... Ich muss mir die Zähne putzen. Und ich brauche Kaffee. Ich brauche jetzt jede Menge Kaffee.«

***

Sie darf es nicht erfahren. Der Gedanke war so beherrschend, dass es Johannes schwerfiel, etwas anderes in seinem Kopf zuzulassen. Fragen wie die, was der Kaplan der Polizei vielleicht gerade erzählte. Wegener hatte viel zu verlieren. Darum standen die Chancen gut, dass er den Mund halten würde. Trotzdem war es kein gutes Gefühl, dass sein Schicksal in der Hand des Mannes lag, der so weich und schwach war.

Und dann war da Falk. Der verdammte Idiot. Aber Falk war nicht wirklich seine Sorge, nicht jetzt. Er war im Krankenhaus, man würde sich um ihn kümmern. Falk war ein Idiot, und er würde durchkommen. Alles andere war undenkbar.

Sie darf es nicht erfahren. Das war das Wichtigste jetzt. Elisabeth durfte nicht erfahren, was geschehen war. Sie würde es nicht verkraften. Sie stand dicht vor dem Abgrund, zu dicht. Ein Schritt noch, und sie würde abstürzen. Ein Schritt, und er würde sie verlieren. Sie würde die Flügel ausbreiten und einfach davonfliegen, dorthin, wo die reale Welt sie nicht mehr erreichen konnte.

Traumtänzerin. Die Kindergärtnerin hatte das Wort einst

benutzt. Johannes hatte das nie vergessen, weil ihn dieses Wort, das er noch nie zuvor gehört hatte, fasziniert hatte. Er hatte sich vorgestellt, wie seine Schwester nachts heimlich aufstand, zu tanzen begann in einem rosa Nachthemd. Es hatte eine Weile gedauert, bis er begriff, dass dem schönen Wort etwas Gefährliches innewohnte. Etwas, was jetzt gerade außer Kontrolle zu geraten drohte.

Aber auch sie würde sich erholen. Genau wie Falk. Da war Johannes sicher. Er musste es nur schaffen, sie bei der Stange zu halten. Und das würde er. Er würde das schaffen, es ging ja nicht anders.

Es klopfte. Ohne eine Antwort abzuwarten, betrat seine Mutter das Zimmer. Sie sah schlecht aus, müde, blasser als sonst.

»Niklas hat es dir erzählt?«, fragte sie. »Er war wegen Falk hier, nicht wahr?«

Johannes widerstand dem Impuls, sie mit einer Frechheit aus dem Zimmer zu jagen. Nickte stattdessen.

»Frau Weingarten hat mich angerufen«, erklärte seine Mutter. »Sie hat es erzählt, als wäre es irgendein Klatsch!« Sie schüttelte ungläubig den Kopf. »Sie reden darüber, als wäre es eine interessante Neuigkeit, verstehst du? Alle im Ort reden darüber.«

»Große Überraschung.« Johannes sah sie böse an. »All diese guten und braven Leute, wer hätte gedacht, dass sie sich am Unglück anderer aufgeilen?«

»Ich bin nicht hier, um zu streiten.« Seine Mutter trat einen Schritt auf ihn zu. »Wir werden noch oft die Gelegenheit haben, zu streiten. Aber jetzt nicht. Jetzt müssen wir zusammenhalten, Johannes, du und ich. Wir müssen verhindern, dass Elisabeth etwas von der Sache mitkriegt. Ich glaube nicht, dass sie das im Moment verkraftet.«

Johannes wich einen Schritt zurück. Fassungslos starrte er seine Mutter an. »Wie meinst du das?«

Frau Lebrecht legte eine Sekunde den Kopf in den Nacken und atmete tief durch. Dann sah sie Johannes in die Augen. »Du glaubst im Ernst, ich wüsste es nicht?«

Johannes konnte nicht anders, als stumm zu nicken. Ihm war auf einmal heiß, er schwitzte. Er sah sie lächeln, nicht froh, sondern resigniert. »Ich bin ihre Mutter, Johannes. Auch deine. Mir gefällt nicht, wie ihr mich behandelt. Mir gefällt nicht, wie wir zueinander stehen. Es kann sein, dass ich selbst schuld bin daran. Aber das spielt jetzt keine Rolle. Ich sehe, was du tust. Ich liebe dich dafür, weil ich weiß, dass du es gut meinst. Aber alleine schaffst du das nicht. Lass mich dir helfen. Lass uns wenigstens dieses eine Mal an einem Strang ziehen. Nicht für mich, sondern für Elisabeth. Bis die Sache ausgestanden ist.«

Johannes war schwindelig. Der Gedanke, dass seine Mutter tatsächlich Bescheid wusste, die ganze Zeit Bescheid gewusst hatte, überforderte ihn völlig. Es passte nicht, fiel aber gleichzeitig wie ein Puzzleteil an eine Stelle, an die es zu gehören schien. Seine Augen brannten. Sein Hals tat weh. Da war ein fast hilfloser Drang, dieser Frau um den Hals zu fallen, seiner Mutter. In Tränen auszubrechen. Er schluckte ihn weg.

»Wir können sie nicht einsperren«, sagte er.

»Wir haben keine Wahl. Sie darf nicht telefonieren. Sie muss ihre Tabletten nehmen —«

»Nein«, unterbrach er. »Sie soll das Zeug nicht schlucken.«

Seine Mutter lächelte zittrig. »Vertrau mir einfach, bitte. Ich behalte das im Blick. Ich weiß, warum du … Johannes, ich bin abhängig. Aber bei ihr ist es etwas anderes. Ich kenne mich aus. Glaub mir, wenn Dr. Linger ihr etwas verschreibt, dann wird sie nicht … es wird nicht so weit kommen wie bei mir.«

»Darum geht es nicht!«

»Worum geht es dir dann?«

Johannes schluckte erneut. Er senkte den Kopf und starrte auf den Boden. Auf einmal war ihm das, was er nun sagen musste, peinlich. Erneut ein Gefühl, das fremd war und ihn durcheinanderbrachte. »Das Baby …«, sagte er leise. »Das ist doch nicht gut für das Baby!«

Seine Mutter stieß einen erstickten Laut aus. Als Johannes hochblickte, sah er, dass sie die Hand vor den Mund geschlagen hatte. »Oh Gott«, sagte sie dann. »Johannes, das ist …«

»Ich dachte, du weißt das auch«, sagte er kläglich. »Ich … ich weiß doch nicht, was ich tun soll!«

Verdammt! Jetzt hatte er es doch gesagt. Jetzt war er so weit, er verlor die Kontrolle. Ein hässlicher, schmerzvoller Schluchzer drang aus seiner Kehle. Er wehrte sich nicht, als sie nach ihm griff. Ihn in den Arm nahm. Er schluchzte wie ein kleines Kind, ließ sich von ihr festhalten, über den Kopf streicheln.

»Johannes«, sagte sie. »Mein armer Johannes. Was mutest du dir zu?« Sie schwieg einen Moment, ließ ihn weinen. »Das ist Unsinn«, sagte sie dann. »Johannes, mach dir keine Sorgen. Das ist Quatsch.«

Schlagartig versteifte sich Johannes' Körper, und auch sein Gehirn realisierte auf einmal, was er da tat. Er befreite sich aus der Umarmung und wich zurück. Er mied ihren Blick, und auch sie schien die Situation als vage peinlich zu empfinden.

»Wie meinst du das?«, fragte er.

»Sie ist nicht schwanger«, erklärte seine Mutter.

»Aber sie hat es mir gesagt!«

»Ich weiß, dass sie das gesagt hat. Sie glaubt es, sie glaubt das wirklich. Aber es ist nicht wahr.«

Er betrachtete sie zweifelnd.

»Du kannst mir glauben«, versicherte sie. »Johannes, ich wasche eure Wäsche. Es gibt durchaus klare Anzeichen …«

Johannes spürte Erleichterung. Und etwas Fremdes, gleichzeitig vage Vertrautes. Ein Gefühl, das er lange nicht gehabt hatte, an das er sich aber erinnern konnte. Das mit dem Gedanken zu tun hatte, dass es vielleicht einen Ausweg gab. Dass alles doch noch gut werden konnte. Dass er nicht allein war.

***

Die kahlen Wände der Zelle schienen immer näher zu rücken. Jan Wegener fiel das Atmen schwer. Genau wie das Denken. Das Schweigen. Etwas in ihm wollte reden, alles erklären, wollte um Absolution betteln. Aber er wusste es besser.

Andere Dinge wusste er nicht. Wie lange sie ihn hierbehalten durften, etwa. Er hatte nicht richtig zugehört, als der Polizist ihm seine Rechte erklärt hatte. Er fragte sich, ob es möglich war, mit seinem Priester zu sprechen.

Er hatte Angst vor dem Moment, in dem sie ihn wieder holten.

Und Angst davor, weiter hier zu sitzen, in diesem leeren, kleinen Raum, in dem Sekunden so langsam tropften. Der immer enger wurde, nichts hergab, um sich abzulenken von den Gedanken.

Unfall, dachte er, kein Unfall. Er sah Brigittes Gesicht, hörte ihre Worte, hasserfüllte und zornige Worte einer Mutter. Er hatte ihr doch helfen wollen. Er hatte vermitteln wollen zwischen ihr und dem Mann, ihnen helfen, das zu tun, was am besten war, auch für den Jungen. Stattdessen hatte er alles noch schlimmer gemacht. Hatte sich Falks Hass zugezogen, einen Hass, der ihn hierhergeführt hatte.

Er schluchzte auf. »Gott! Mein Gott! Was habe ich getan?«

Gott lachte laut in seinem Kopf. Die Spitze des Eisbergs, sagte Gott, das ist nur die Spitze des Eisbergs.

★★★

Es war still. Die Straßen wirkten wie ausgestorben. Es war schon hell. Elisabeth wusste nicht, wie spät es war. Ihr war der Rhythmus der Tage abhandengekommen. Sie schlief und wachte auf, Dinge geschahen und geschahen doch nicht, alles in ihrem Leben schien eigentümlich stillzustehen. Sie schlief furchtbar viel. Aber wenn sie aufwachte, fühlte sie sich nie ausgeruht, sondern immer benommen und schlapp. Es lag an den Tabletten. Johannes hatte recht. Die Tabletten waren nicht gut.

Aber auch Johannes war nicht gut im Moment. Er schien ständig da zu sein, genau wie ihre Mutter. Sie meinten es gut, beide, das wusste Elisabeth. Sie kümmerten sich um sie. Aber sie brauchte Luft. Und sie brauchte ihn. Sie sehnte sich nach Jan. Darum hatte sie sich aus dem Haus geschlichen. Sie wollte ihn nur ganz kurz sehen. Sie würde ihn nicht lange aufhalten. Darauf achten, dass niemand sah, wie sie ins Haus ging.

Sie hörte die Vögel in den Bäumen. Es roch nach nassem Gras, nach Blumen, und Elisabeth freute sich, hier draußen zu sein. Als sie auf den Plattenweg zu Jans Haus kam, sah sie rund um den Garten ein Absperrband, das müde herunterhing. Elisabeth fragte sich, was das zu bedeuten hatte. Die Friedhofsgärtner fielen ihr ein, ja, sie hatten versprochen, den Garten in Ordnung zu bringen, irgendwann. Vermutlich war der Rasen neu eingesät. Schade, dachte Elisabeth, der der Garten eigentlich ganz gut gefiel, so wild. Aber es war ja egal, fiel ihr ein, denn sie konnten ja nicht bleiben. Schade, dachte sie wieder. Sie mochte das Haus. Aber woanders würden sie auch ein schönes Haus finden.

Sie konnten hier nicht bleiben. Das ging auf keinen Fall. Sie musste weg, weg von Johannes. Er würde einsehen, dass es nicht anders ging.

Sie schob den Gedanken beiseite und klingelte. Nichts rührte sich. Sie bemerkte das Klebeband an der Tür. Sie fragte sich, ob das etwas mit dem Garten zu tun hatte. Sie klingelte erneut. Er schläft, dachte sie und lächelte. Sie stellte sich vor, wie er aussah beim Schlafen. Die Locken wirr. Vielleicht stand sein Mund ein wenig offen. Vielleicht schnarchte er leise. Tief und fest war sein Schlaf. Sicherlich sah er schön aus. Friedlich. Sie hatte ihn nie schlafen sehen. Sie freute sich darauf.

Sie trug nur einen dünnen Rock, und hier im Schatten vor der Haustür kroch auf einmal die Kälte an ihren Beinen hoch. Sie bekam eine Gänsehaut. Der Gedanke, gleich zu Jan ins warme Bett zu kriechen, entlockte ihr ein Lächeln.

Es war Unsinn, ihn zu wecken. Sie würde ihn einfach überraschen. Sie ging um die Hausecke und hob den geheimen Stein, der im Beet lag, ein Stück. Sie fischte den Ersatzschlüssel aus dem Versteck und schloss die Tür auf. Das Klebeband zerriss mit einem knisternden Geräusch.

Sie lief zur Treppe. Es war unordentlich. Schmutzig. Jan hatte keine Putzfrau. Er mochte das nicht, sagte er, wenn jemand ihm hinterherputzte. Er konnte das gut allein, sagte er, und Elisabeth musste lächeln. Er würde sich wundern, wenn er sah, wie schön alles war, wenn sie ihm das abnahm. Wenn sie sich um diese Dinge kümmerte. Denn das würde sie tun, fürs Erste jedenfalls. Wenn sie zu Hause war, mit dem Baby, dann verstand es sich ja von selbst, dass sie das Putzen und Kochen übernahm.

Sie öffnete leise die Tür zum Schlafzimmer. Das Bett war leer. Eigentlich kein Wunder, denn es war ja mitten in der Woche. Da schlief er nicht lange, da musste er ja arbeiten. Er war sicher unterwegs, hatte einen wichtigen Termin. Vielleicht mit den Messdienern. Sie seufzte leise. Sie war lange nicht bei den Gruppentreffen gewesen. Es war schwierig geworden, es wurde immer schwieriger, überhaupt irgendwohin zu gehen.

Es war nicht schlimm, dass er nicht da war. Er hatte ja nicht wissen können, dass sie kam. Elisabeth ging hinüber zum Bett. Es war nicht gemacht. Sie griff nach dem Kopfkissen, hob es an ihr Gesicht und atmete seinen Duft ein. Dann gähnte sie. Sie war schon wieder müde. Sie ließ die Flip-Flops von ihren Füßen gleiten und hob die Beine auf die Matratze. Kaum war sie unter die Decke gekrochen, war sie schon eingeschlafen.

***

Sophie war klar, dass die Idee ein winziges bisschen fragwürdig war und Christian vermutlich nicht gefallen würde. Auf der anderen Seite war sie allerdings derart naheliegend, dass sie nicht widerstehen konnte. Und fühlte sich umso richtiger an, als sie Agathes Zimmer betrat und sie missmutig in ihrem Sessel hocken sah.

»Schön«, sagte sie. »Schön, dass wenigstens du dich daran erinnerst, dass es mich gibt. Die abgeschobene alte Schachtel hockt im Heim, und alles, was sie hat, ist ein blöder Köter, der sich schlecht benimmt.« Sie deutete vorwurfsvoll auf Louis, der im Tiefschlaf auf dem Sofa ruhte.

»Was hat er getan?«

»Er hat die Schnapspralinen gefressen. Alle! Jetzt schläft er seinen Rausch aus.«

»Was?« Sophie musterte den schlafenden Hund alarmiert. »Agathe, Schokolade ist Gift für Hunde. Und Alkohol auch. Und die Kombination … vielleicht solltest du einen Tierarzt anrufen.«

»Hab ich schon gemacht. Der sagt, alles ist gut, weil das Vieh den Mist rausgekotzt hat. Oh, frag nicht! Oder doch – frag, frag mich mal, wer diese Sauerei wegmachen musste, weil eine gewisse Pflegerin der Ansicht ist, dass das nicht zu ihrem Aufgabenbereich gehört, zumal Hunde ohnehin nicht erlaubt sind in dieser Anstalt und besoffene und kotzende Hunde schon gar nicht.« Sie grunzte missmutig. »Trinkst du einen Kaffee mit mir?«

»Tut mir leid, ich muss gleich weiter. Wo ist denn Margot?«

»Gute Frage. Sehr gute Frage. Das wüsste ich nämlich auch gern. Sie musste weg. Sie hat einen Termin, hat sie gesagt, sie hat sehr geheimnisvoll getan. Sie lässt mich hier einfach hocken. Die kann mich mal. Aber echt!« Agathes Gesicht verzog sich anklagend. »Und du kannst mich auch mal, eigentlich, obwohl du im Unterschied zu Margot ja immerhin einen Job hast und Morde aufklären musst. Das kann ich möglicherweise als Entschuldigung durchgehen lassen. Wie läuft es denn? Gibt's was Neues?«

»Jede Menge«, sagte Sophie. »Aber das erzähl ich dir später. Ich wollte dich um einen Gefallen bitten. Wenn du Zeit hast, meine ich.«

Agathe sah sie misstrauisch an.

»Die Sache ist delikat«, sagte Sophie. »Ich muss dich um absolute Diskretion bitten.«

Der misstrauische Blick wich einem Hauch von Interesse. »Spuck es schon aus, Mädchen!«

***

»Wo ist sie?« Johannes stürmte in die Küche, in der seine Mutter gerade stand und ein Mittagessen vorbereitete, das wieder niemand essen würde. Sie fuhr herum.

»In ihrem Zimmer«, antwortete sie ganz automatisch, obwohl ihr klar war, dass das nicht stimmen konnte. »Sie schläft noch …«, fügte sie hoffnungsvoll hinzu.

»Eben nicht«, fauchte Johannes. »Verdammt, wie konnte das passieren?«

Frau Lebrecht versuchte, nicht an die Tablette zu denken, die sie vorhin genommen hatte. Sie hatte gewusst, dass es falsch war. Aber sie war so verzweifelt gewesen. Verzweifelt und traurig und allein. Unfähig, all das eine einzige wache Sekunde länger zu ertragen. Sie hatte die Tablette genommen, und sie hatte geschlafen. Tief und fest. Wie ein Stein.

»Scheiße!« Johannes trat gegen die Küchentür. »Verdammte Scheiße!«

»Reiß dich zusammen!« Frau Lebrecht schluckte Schuld und

Scham hinunter. Jetzt nicht, dachte sie, jetzt auf keinen Fall. Sie griff nach der Schleife, die die Schürze hinter ihrem Rücken zusammenhielt. »Sie kann nicht weit sein. Vermutlich geht sie nur ein bisschen spazieren!« Sie wusste selbst nicht, woher diese Ruhe kam. Johannes hatte völlig recht. Es war eine Katastrophe. Und doch weigerte sich etwas in ihr, in Panik auszubrechen.

»Das darf nicht passieren!« Johannes starrte seine Mutter wütend an.

»Es ist nicht meine Schuld«, sagte sie. »Hätte ich sie einschließen sollen?«

»Meine etwa?«, brüllte Johannes.

»Hör auf!« Sie packte ihn an den Oberarmen. »Ich war hier, du warst hier. Und es ist trotzdem passiert. Wir können uns irgendwann darüber streiten, aber jetzt zieh dir lieber Schuhe an. Wir finden sie, sie kann nicht weit sein!«

Für eine Sekunde war sie froh, dass sie die Tablette genommen hatte. Ohne diese blöde Tablette hätte sie das hier nicht geschafft, dachte sie.

Johannes stand eine Sekunde da und starrte sie verblüfft an. Dann drehte er sich um und lief in den Flur.

21

»Er kommt durch«, sagte Brigitte Nikolaisen und sah Sophie trotzig an, fast als habe sie etwas anderes behauptet. Sie saßen in dem abgeschabten Aufenthaltsraum nahe der Intensivstation. Es war nicht schön, aber allemal besser als ein Gespräch auf dem Flur. Sophie hatte Kaffee besorgt, der nun auf dem Resopaltisch ungetrunken seine Hitze abdampfte. »Er wird das schaffen.«

»Ja«, sagte Sophie, »das wird er.« Sie zögerte kurz. »Was ist da vorgefallen?«, fragte sie dann. Sie musste immerhin versuchen, mit der Frau zu reden. Obwohl die nicht wirkte, als habe sie Lust oder Kapazitäten, sich mit ihren Fragen zu befassen. »Was ist da vorgefallen zwischen Ihrem Sohn und dem Kaplan?«

Frau Nikolaisen verzog das Gesicht. »Ich habe diesem Mann vertraut. Ich dachte, er will uns helfen. Und jetzt hat er versucht, mein Kind zu töten! Aber Falk schafft das, er kommt durch. Der Arzt hat gesagt, dass die Chancen gut stehen.« Sie sah auf ihre Armbanduhr. »Ich muss zurück«, sagte sie. »Ich muss da sein, wenn er aufwacht.«

Sophie unterdrückte ein Seufzen. Sie verstand es ja, sie sah ein, dass diese Frau im Moment nicht wirklich in der Lage war, mit ihr über diese Dinge zu reden. Sie hatte kein Recht, sie zu quälen. Fernzuhalten von ihrem Sohn. Frustrierend war es trotzdem.

Sie zog ihre Karte aus der Tasche. »Rufen Sie mich an«, sagte sie. »Sobald er zu sich kommt. Wenn Ihnen etwas einfällt. Rufen Sie mich jederzeit an.« Sie erhob sich.

Trotz ihrer Ankündigung, zurück zu Falk zu wollen, blieb Frau Nikolaisen sitzen. Sie griff nach einem der Pappbecher, trank einen Schluck der Brühe, die mittlerweile höchstens noch lauwarm sein konnte, und verzog das Gesicht. »Er kommt durch«, sagte sie wieder.

Sophie nickte. »Ganz bestimmt«, sagte sie. Und floh.

Vor dem verschlossenen Eingang zur Intensivstation sprach eine Schwester mit einem Jungen. »Das ist leider unmöglich. Nur direkte Verwandte dürfen zu ihm, solange er hier auf Station

liegt. Falk braucht jetzt viel Ruhe, es geht leider nicht anders.«
Sie sprach in dem ruhigen und bestimmten Ton, den nur Kran-
kenschwestern zustande brachten. Alarmierend und beruhigend
zugleich. »Es geht ihm sicher bald besser«, sagte sie. »Ich sage ihm,
dass du da warst. Niklas, richtig?«

Der Junge nickte.

»Niklas!« Sophies Stimme hallte zu laut über den stillen Flur.
Der Junge sah sie erschrocken an. »Entschuldige«, sagte sie. »Du
bist mit Falk befreundet, oder? Sophie Lange ist mein Name. Ich
bin von der Polizei. Hast du vielleicht einen Moment Zeit?«

Der Junge wich ein winziges Stück zurück. »Ich weiß nichts«,
sagte er. »Ich habe keine Ahnung, was passiert ist. Ich verstehe
das alles nicht.«

»Ich würde einfach gern kurz mit dir reden.« Sophie versuchte,
den Ton der Krankenschwester, die mittlerweile verschwunden
war, nachzuahmen. Es schien leidlich zu gelingen.

»Ich weiß nichts.« Der Junge sah sie an. »War das wirklich der
Kaplan?« Er wirkte hilflos.

»Es sieht so aus. Wir ermitteln noch, wir versuchen heraus-
zufinden, was genau geschehen ist. Und warum.«

»Scheiße!«, stöhnte Niklas. »Verdammt, ich … ich kann Ihnen
wirklich nicht helfen. Ich muss außerdem los. Ich muss in die
Schule, ich hab Leistungskurs in der Zweiten, Chemie, und wir
schreiben nächste Woche Klausur. Sie lassen mich sowieso nicht
zu Falk.«

»Niklas, du brauchst keine Angst zu haben. Du kannst mir
vertrauen!«

Der Junge hob den Kopf und sah ihr direkt in die Augen.
»Ach ja? Na großartig. Und warum genau sollte ich das tun?«,
fragte er, klang auf einmal feindselig. »Vor zwölf Stunden hätte
mir noch jeder versichert, dass ich dem Pfaffen vertrauen kann.
Klar. Kann halt sein, dass ich am Ende im Koma liege, so wie
Falk jetzt. Aber ist ja egal …«

»Ich glaube, dass Falk niemandem vertraut hat«, sagte Sophie.
»Und es kann durchaus sein, dass das ein Grund dafür ist, dass er
jetzt …« Sie atmete tief durch. Sie musste ruhig bleiben.

Der Junge räusperte sich. »Er ist durchgeknallt.« Er sprach

leise, so leise, dass Sophie unwillkürlich die Luft anhielt, um ihn zu verstehen. »Er ist immer weiter durchgeknallt, jeder konnte das sehen. Er war so scheißwütend. Das hat genervt. Mich hat das genervt. Ich hatte keinen Bock mehr auf ihn. Obwohl er eigentlich mein Freund ist.«

»Wie meinst du das? Warum ist er durchgeknallt?«

Niklas versuchte sich an einem Lachen, scheiterte kläglich. »Weil sein Leben beschissen war. Sein Vater haut ab und sucht sich eine neue Familie. Seine Mutter war völlig fertig, die hatte nur noch mit sich zu tun. Er hat zu viel gesoffen, er hat zu viel gekifft, er hat nur noch geschwänzt, keine Chance, dass er so das Abi schafft. Und seine Mutter kam überhaupt nicht gegen ihn an. Dann hat der Pfaffe sich eingemischt, mit seiner beschissenen Mediation, und alle waren sich einig, dass er zu seinem Vater ziehen sollte. Den hasst er aber, das wollte er nicht, und da war er natürlich richtig sauer. Nicht nur auf den Pfaffen und seinen Alten, sondern echt auf alle. Auch auf mich, auf uns, dabei waren wir eigentlich Freunde. Nur konnte ich diese blöde Leier irgendwann nicht mehr hören. Ich hatte überhaupt keinen Bock mehr auf ihn, und jetzt stirbt er vielleicht.«

Er hob die Faust und schlug gegen die Wand des Flurs. Eine kraft- und hilflose Geste, eine, die Sophie kurz das Herz abschnürte. »Verdammt, ich muss jetzt los. Ich komm zu spät, ich muss echt in die Schule.«

»Ich fahr dich«, sagte Sophie, froh, dass sie nach der anstrengenden Nacht ausnahmsweise ihr Fahrrad verschmäht und einen Dienstwagen genommen hatte. »Komm schon, ich muss sowieso in die Richtung.«

***

Elisabeth erwachte und wunderte sich, dass sie noch immer allein war. Dann fiel ihr ein, dass er ja nicht wissen konnte, dass sie hier oben war. Er war sicher schon längst zurück. Saß in der Küche und aß etwas. Sie eilte die Treppe hinunter, aber auch in der Küche war niemand zu finden. Das Haus war leer. Ein längerer Termin, dachte sie. Aber das machte nichts. Sie hatte Zeit. Sie hatte alle Zeit der Welt. Sie konnte sich nützlich machen. Es war an der Zeit, dass jemand für Ordnung sorgte.

Sie wanderte durchs Erdgeschoss und betrachtete kritisch den schmutzigen Boden. Es sah aus, als sei eine Horde Elefanten mit Schlammstiefeln durchs Haus getrampelt. Der Matsch war getrocknet. Sie musste nach einem Staubsauger suchen. Oder nach einem Besen. Sie würde den Dreck wegmachen. Damit er merkte, wie schön es werden würde, wenn sie endlich weg waren. Sie und er und ihr Kind. Eine Familie. Er konnte in Ruhe arbeiten, während sie sich um alles kümmerte. Er hatte dann ja einen neuen Job. Einen in der Jugendarbeit vielleicht. Das tat er gern. Und sie auch. Vielleicht konnten sie zusammenarbeiten. Sie konnte Freizeiten organisieren. Gruppenstunden leiten, so wie hier.

Sie konnte das Baby mitnehmen. Aber sie würde es nicht übertreiben am Anfang. Sie konnte vielleicht einfach Kuchen backen für die Gruppennachmittage. Oder alle Kinder zum Grillen in ihren Garten einladen. Um ihren Mann zu unterstützen. So, wie man das tat in einer ganz normalen Familie.

Sie fand den Staubsauger in einer Abseite im Flur. Erst saugte sie die Küchenfliesen, dann den Flur und den Teppich im Wohnzimmer. Die trockenen Matschbrösel verschwanden einfach im Rohr des Staubsaugers. Sie betrat das Arbeitszimmer. Es war schrecklich staubig. Die Regale und der Schreibtisch. Er brauchte wirklich dringend jemanden, der sich um ihn kümmerte, dachte sie lächelnd. Jemand, der ihm solche Dinge abnahm.

Sie gähnte. Sie war schon wieder müde. Aber sie würde noch ein bisschen Ordnung schaffen. Wenn er bis dahin noch nicht wieder zurück war, würde sie sich noch einmal hinlegen. Sie brauchte Ruhe. Wenn er zurückkam, würde er sehen, wie schön es war, sie dazuhaben. Er würde merken, dass er keine Angst zu haben brauchte.

Elisabeth hielt kurz inne. Der Gedanke war neu. Neu und gleichzeitig alt. Sie bemerkte, dass sie nie gewagt hatte, ihn zu Ende zu denken. Bis jetzt. Er hatte Angst. Jan hatte Angst, und sie hatte Angst vor seiner Angst. Dabei war das dumm. Es war überflüssig. Denn die Angst war normal. Ein neues Leben zu beginnen, das war ein Abenteuer. Ein Risiko. Aber sie waren perfekt zusammen, sie liebten sich. Er würde schnell merken, dass alles gut war, wunderschön. Seine Angst würde sich in Luft auflösen.

Elisabeth lächelte. Sie räumte den Schreitisch frei und wischte ihn ab. Die kunstlederne Schreibtischunterlage war klebrig. Sie brauchte einen feuchten Lappen. Am besten brachte sie das Ding in die Küche, um es gründlich sauber zu wischen. Sie hob die Unterlage hoch. Da lag ein Brief. Sicher aus Versehen dorthin gerutscht. Bestimmt hatte er ihn schon gesucht. Sie wollte ihn nicht lesen. Sie wollte ihn nur nehmen, an den richtigen Ort legen. Es war eigentlich nur ein flüchtiger Blick auf die erste Zeile. Eine Zeile, dann noch eine, und dann hörte etwas auf zu funktionieren. Dann wurde alles ganz kalt im Kopf, und sie las. Zeile und Zeile. Bis zum Schluss.

Eisig kalt. Sie zitterte. Verstand, was sie las, ohne es sich erklären zu können. Ein Missverständnis, versuchte sie zu denken, das war ein dummes Missverständnis. Aber sie wusste es besser. Sie stand auf. Das Blatt flatterte aus ihrer Hand zu Boden. Ihre Beine bewegten sich. Formten Schritte zur Tür, führten sie nach draußen, durch den Flur, durch die Haustür, auf die Straße.

∗∗∗

Jan Wegener hatte geschlafen. Er hatte geträumt. Von seiner Mutter. Von damals, als er noch klein gewesen war. Er hatte in ihr faltiges Gesicht geschaut. Es war immer faltig gewesen, in seiner Erinnerung jedenfalls. Sie war schon alt gewesen, als er auf die Welt kam, wesentlich älter als andere Mütter. Ihr Wunder, so hatte sie ihn immer genannt, ihr Wunder aus Gottes unerschöpflicher Gnade.

Er hatte geträumt, dass sie in der Küche stand, am Herd, und in einem Topf rührte. »Sagt an, wer ist doch diese, die auf am Himmel geht«, sang sie dabei, »die überm Paradiese als Morgenröte steht?« Marienlieder, sie hatte immer Marienlieder gesungen. Sie hatte nie aufgehört, der Jungfrau zu danken für ihr Wunder. Ihr persönliches Wunder – ihren einzigen Sohn.

Sein Vater war kurz nach seiner Geburt gestorben, zu früh, zu jung, danach hatte sie nur noch ihn gehabt, ihr Wunder. »Sie ist die edle Rose, ganz schön und auserwählt, die Magd, die makellose, die sich dem Herrn vermählt ...«, sang sie, und Wegener kniff die Augen fest zusammen. Weiterschlafen wollte er, einfach weiterschlafen. Zurückgehen dorthin, in die Küche, zu seiner Mutter, in die Zeit, als alles einfach war. Die Zeit, als ihre Augen gestrahlt hatten, nachdem er gesagt hatte, dass er Priester werden wollte. Geweint hatte sie vor Glück. Vor Stolz.

Heute war sie in diesem Heim. Ihr Gehirn war ein Schwamm. Sie wusste nicht, wer sie war. Sie wusste nicht, wo sie war. Sie vergaß alles. Erkannte niemanden. Außer ihm. Wenn Jan kam, strahlte sie. Sie nannte ihn beim Namen. »Das ist mein Sohn«, sagte sie zu den Pflegerinnen. »Er ist Priester!« Das wusste sie, daran erinnerte sie sich, das war es, worauf sie bis heute stolz war. Wenn sie ihn so sehen müsste, dachte er. In dieser Zelle, auf dieser Pritsche. Er rollte sich auf den Rücken und starrte an die Decke. Sie war grau, trostlos, so wie alles in dieser Zelle. Er musste hier weg. Er brauchte einen Anwalt.

Der erste Brief des Johannes fiel ihm ein. Johannes, dachte er, ausgerechnet. *»Wer nicht liebt, bleibt im Tode. Jeder, der seinen Bruder hasst, ist ein Menschenmörder, und ihr wisst, dass kein Menschenmörder ewiges Leben bleibend in sich hat.«*

Menschenmörder, dachte er, und ein heftiger Schmerz fuhr ihm in den Magen.

Wie hatte es so weit kommen können? Wann hatte all das angefangen? Die sündhaften Gedanken, die Zweifel? Wann hatte er den ersten Schritt gemacht auf diesem Weg, dem falschen Weg, der ihn hierhergeführt hatte? In eine Zelle, wie ein Verbrecher, nein, er war ein Verbrecher, das hier war kein Irrtum.

Ein Unfall, dachte er verzweifelt. Es war doch Notwehr.

»Wer ist der Lügner, wenn nicht der, welcher leugnet, dass Jesus der Christus ist? Das ist der Widerchrist, der den Vater und den Sohn leugnet.«

Sein Geist versuchte verzweifelt, die Worte des Johannes festzuhalten. Aber sein Geist verhakte sich an den Worten, die schmerzten. *Lügner. Menschenmörder.*

Ein Mann war tot. Ein Kind war fast gestorben. Die Wände kamen näher und näher. Er hatte das doch nicht gewollt.

Menschenmörder, dachte er. Es war kein Unfall. Er erinnerte sich. Und er ließ sie zu, die Erinnerung. Er hatte keine Kraft mehr, sich zu verschließen. Er erinnerte sich an den Zorn, diesen allmächtigen Zorn. An das Gefühl, wie der Hammer schwer und gut in seiner Hand lag. An den Wunsch, ihn zu bestrafen, diesen Eindringling. Diesen Sadisten, der seiner geliebten Katze so etwas antat. Kein Unfall. Keine Notwehr, dachte er. Er sprang auf. Sank auf die Knie und verbarg sein Gesicht in den Händen.

»*Confiteor Deo omnipotenti* …«, wisperte er, »… *quia peccavi nimis cogitatione, verbo, opere et omissione: mea culpa, mea culpa, mea maxima culpa* …«

***

Nachdem Sophie Niklas an der Schule abgesetzt hatte, rief sie Christian an. Sie berichtete in Kurzform, was der Junge ihr erzählt hatte. Eine Geschichte, die auf traurige und überflüssige Weise Sinn ergab, eine Geschichte von Verletzung, Frustration und dem Gefühl, von Gott und der Welt verraten zu sein. Ein pubertäres Drama, das in verzweifeltem Hass gipfelte, dem dringenden Wunsch, jemanden zu bestrafen.

Eine, die zu einem überflüssigen und tragischen Ende führte.

Das schien Christian genauso zu sehen, denn er quittierte ihren Bericht mit einem tiefen und resignierten Seufzer. »Ich lasse ihn vorerst schmoren«, sagte er dann. »Irgendwann wird Wegener zur Vernunft kommen und mit uns reden. Vielleicht kriegt sich auch Waldbroich ein. Der Idiot will partout keinen Anwalt. Er ist entschlossen, brav in seiner Zelle zu hocken, bis er ehrenhaft und ohne Makel entlassen wird. Seine Frau läuft Amok, sie tut, als wäre das meine Schuld. Und die Staatsanwältin ist alles andere als entzückt. Ich glaube, ich hasse meinen Beruf. Ich habe Hunger. Kannst du mir vielleicht eine Pizza mitbringen auf dem Rückweg?«

»Mach ich. Salami, Spinat, extra Käse, richtig?« Sie stellte sich sein fassungsloses Gesicht vor, grinste zufrieden. »Ich hab noch was zu erledigen«, sagte sie dann. »In einer Stunde bin ich spätestens da, okay?«

Sie ließ den Wagen an. Fuhr das kurze Stück bis zur Seniorenresidenz und suchte sich einen Parkplatz. Der Himmel war noch immer dicht bewölkt, die Hitze der vergangenen Tage einer unfreundlichen grauen Kühle gewichen. Trotzdem vermisste sie ihr Fahrrad. Sie würde sich nie an Autos gewöhnen, es mangelte ihr an Sauerstoff, wenn sie in so einer Kiste eingesperrt war.

Agathe hockte noch immer in ihrem Sessel und schien sich nicht von der Stelle bewegt zu haben. Sophie unterdrückte die leise Enttäuschung. Es war den Versuch wert gewesen, ja, und sie konnte wirklich nicht verlangen, dass eine alte Frau wie Agathe das erledigte, wozu ihr selbst die Zeit fehlte. Es war möglicherweise auch besser so.

Sie legte die Schachtel mit den rosa verpackten Kirschwasserpralinen auf den Tisch, die sie am Kiosk gegenüber gekauft hatte. Musterte dann prüfend Louis, der sich ebenso wenig bewegt zu haben schien wie seine Aufpasserin. »Bist du sicher, dass er in Ordnung ist?«

»Er war wach, der Höllenköter«, maulte Agathe. »Er war genauso lange wach, wie er gebraucht hat, meinen Teppich vollzupissen. Das ist das letzte Mal, dass ich mir das Vieh aufdrängen lasse, das sag ich dir. Dieser Hund ist keinen Pfifferling wert. Alles, was er tut, ist fressen, kotzen und pinkeln. Das ist nicht die Gesellschaft, die ich mir wünsche. Danke für die Pralinen. Isst du mit mir Mittag?« Sie sah Sophie hoffnungsvoll an.

»Eigentlich furchtbar gern, aber ich muss zurück zum Präsidium. Christian wartet, wir haben alle Hände voll zu tun …«

»Natürlich. Trallala. Und natürlich wirst du mir jetzt nicht erzählen, mit was ihr eure Hände voll habt. Aber ist mir egal. Ist schon in Ordnung, ich verstehe, dass alle wichtige und dringliche Dinge zu tun haben und keiner Zeit, sich um alte, einsame Frauen zu kümmern. Du bist eine wichtige Polizistin. Britta ist eine wichtige Turnlehrerin und fährt zu wichtigen Tagungen. Und Margot ist eine wichtige Arbeitslose, die mir nicht verrät, was sie treibt. Sie kommt rüber, hat sie gesagt, sobald sie fertig ist, mit was auch immer. Das ist Stunden her. Stunden!«

»Sie kommt sicher gleich«, bemerkte Sophie lahm. »Und ich bin dann auch mal weg. Ich melde mich später, vielleicht komme ich heute Abend noch mal vorbei …«

»Sekunde, Frolleinchen! Auch wenn dein lächerlich einfacher Auftrag nur Beschäftigungstherapie war, um mich davon abzuhalten, mich vor Langeweile im Klo zu ertränken – du musst dir das Ergebnis wenigstens anhören.«

»Du hast …? Ich meine …« Sophie starrte sie ungläubig an.

»Stammel nicht. War ja nun keine große Sache, das hat mich ein schlappes Viertelstündchen gekostet. Bring mir mal den Laptop, ich hab keine Lust, aufzustehen.«

Agathe deutete auf das edle, dünne Gerät, das auf dem Tisch stand. Sophie brachte es ihr, Agathe stellte es auf ihren Schoß und klappte den Bildschirm hoch. Emsig tippten die dürren Finger, in Windeseile erschien ein Bild. Das Bild, das Gesicht, das Sophie aus den unsäglichen Bildern herauskopiert und vergrößert hatte.

»Voilà – da ist die Dame!«

Sophie starrte auf den Bildschirm. Sie sah eine Frau, voll bekleidet natürlich, recht elegant und geschmackvoll, trotzdem unverkennbar dieselbe, die auf den unsäglichen Fotos abgebildet war. Sie lächelte routiniert an der Seite des Mannes, der nicht nur Sophie, sondern wohl jedem, der hin und wieder die »Tagesschau« sah, bekannt war.

»Donnerlittchen«, ächzte sie. »Kein Wunder, dass er sich so anstellt.«

»Wer?«, verlangte Agathe zu wissen. »Wer und warum? Was soll das? Ich will das jetzt wissen. Das kostet mehr als ein paar Schnapspralinen. Ich habe ein Recht auf Information, wenn ich euch schon die ganze Arbeit abnehme.«

»Tut mir leid, Agathe«, sagte Sophie. »Ich kann dir das noch nicht sagen. Irgendwann, ich verspreche es. Aber jetzt muss ich los, ganz schnell …«

»Undankbares Pack!«, zeterte Agathe. »Ich dachte, du bist nett. Aber glaub nicht, dass du damit durchkommst. Du bist genauso eine blöde Kuh wie Britta und Margot … und irgendwann werdet ihr schon sehen, was ihr davon habt!«

»Und du bist ein Schatz«, erwiderte Sophie fröhlich und rannte, verfolgt von Agathes Schimpftirade, aus dem Zimmer.

**

Ab und zu kam jemand Barbara Lebrecht entgegen. Menschen, die sie kannte oder nicht kannte, sie wusste es nicht. Sie nickte grüßend, wortlos, freundlich. Tat so, als wäre alles normal. Als wögen ihre Beine nicht eine Tonne, als fiele nicht jeder Atemzug schwer. Als schäme sie sich nicht für ihr Äußeres. Sie hatte sich nicht einmal gekämmt. Sie trug diese alte braune Hose, die furchtbare Bluse. Sie hatte doch das Arbeitszimmer ausräumen wollen, hatte sich entsprechend gekleidet, bevor sie den Fehler mit der Tablette gemacht hatte, eingenickt war.

Fehler rächten sich, alle Fehler. Die Leute tuschelten, sie starrten sie an, raunten heimlich ihren Namen, den Namen der schmutzigen, ungepflegten Frau mit dem ermordeten Mann, der Frau, die nicht einmal imstande war, auf ihre Tochter aufzupassen.

Obwohl die Leute das ja nicht wussten, nicht wissen konnten, noch nicht. Noch ahnte keiner, wie umfassend ihr Versagen war.

Niemand sprach sie an. Niemand wollte mit ihr reden. Das, was sie ausstrahlte, schreckte die Menschen ab. Angst, Verzweiflung, Gewalt, die Art von Unglück, die man mied, als wäre es ansteckend. Sie ging schnell, tat zielstrebig. Sie verbarg ihre Orientierungslosigkeit. Keine Spur von Elisabeth, sie wusste nicht, wo sie hingehen sollte. Sie hatte Johannes zum Haus des Kaplans geschickt. Der Gedanke, sie dort zu finden, erfüllte sie mit Schrecken. Wenn Elisabeth erfuhr, was passiert war, würde es eine Katastrophe geben. Dann wäre alles zu Ende.

Sie blieb stehen. Der Gedanke schien auf einmal gar nicht so fürchterlich. Zu Ende, dachte sie. Ruhe, Frieden. Sie blickte auf zum Himmel. Grau und verhangen. Sie fühlte eine unbestimmte Sehnsucht. Nach einer Tablette, nach zwei, nach vielen Tabletten, genug, um endgültig Ruhe zu finden. Dann wurde ihre Brust eng. Schlagartig verschlossen sich ihre Bronchien. Ihr wurde schwindelig, Nebel trübte ihren Blick.

»Hallo!« Jemand packte sie am Arm. »Ruhig atmen, Frau Lebrecht«, sagte eine Stimme.

Sie keuchte, spürte, wie ihr der Schweiß ausbrach. Binnen Sekunden war ihre schäbige Bluse nass.

»Ruhig«, sagte die Stimme, »ganz ruhig, gleichmäßig, ein und aus, ein und aus ... ja, so ist es besser ... Kommen Sie, setzen Sie sich.«

Sie ließ sich von der fremden Hand und der fremden Stimme zu einer kleinen Mauer führen. Sie konzentrierte sich auf ihre Atmung. Langsam. Ruhig. Ihr Lungengewebe öffnete sich wieder. Mit jedem Atemzug gelangte mehr Sauerstoff in ihren Körper.

»Danke«, sagte sie, klang noch etwas atemlos. »Danke, es geht schon wieder.«

Sie sah die Frau an, die neben ihr stand. Ihr Blick war besorgt.

»Wer sind Sie? Woher kennen Sie meinen Namen?«

»Ich bin Margot Pütz«, erwiderte die Frau. »Die Freundin von Britta Brandner. Sie hat Sie angerufen, erinnern Sie sich? Sie hat Ihnen meine Nummer gegeben, weil sie nicht da ist. Frau Lebrecht, ich bringe Sie jetzt besser nach Hause. Oder soll ich einen Arzt rufen?«

»Nein!« Sie meinte das, sie meinte es ernst, denn plötzlich wurde ihr klar, dass Elisabeth bestimmt längst zurück war. Zu Hause wartete auf sie, ihre Mutter. Sie hätte die Tablette nicht nehmen dürfen. Diese verdammte Tablette, die tat, was sie sollte. Die sie ruhig machte, viel zu ruhig, um aufzupassen.

Sie stand auf. Ließ sich von der Frau unterhaken. Sie ging vorwärts. Schritt für Schritt, gestützt von der Fremden, deren Berührung zu ihrem eigenen Erstaunen nicht einmal unangenehm war. Sie erinnerte sich, wie Wolfram sie einst so untergehakt hatte, gestützt, geführt, damals, als sie schwanger war, mit Elisabeth und Johannes, Zwillingen, die sie riesig machten, schwer, behäbig. Er hatte das nicht getan, weil er sich freute. Er wollte sie nicht, nicht die Kinder und nicht sie selbst, unförmig wie ein Wal, und doch hatte er getan, was er für seine Pflicht hielt. Er hatte sie gestützt. Und er war geblieben.

Auf einmal sah sie sein Gesicht vor sich. Sie hatte nicht viel an ihn gedacht, seit er tot war. Sie fühlte sich schuldig, deshalb.

Jetzt war er da, ganz nah. Sie sah sein Gesicht, verzerrt von Wut. So wie an diesem Sonntagabend, letzten Sonntag, es war noch nicht lange her, obwohl es sich so anfühlte. Er hatte gebrüllt. »Du hast es gewusst«, hatte er gesagt, »das ist alles deine Schuld. Ein Flittchen, eine Hure«, hatte er gebrüllt, »deine Tochter, genau wie du damals, das ist alles deine Schuld.« Er hatte viele schlimme und ungerechte Dinge gesagt.

»Nein«, murmelte sie. »Es war nicht meine Schuld. Ich kann nichts dafür, ich kann doch nichts dafür.«

»Nein«, hörte sie die Stimme dieser Frau, die noch immer so dicht neben ihr war. »Bleiben Sie ganz ruhig. Es ist nicht Ihre Schuld.« Dabei konnte die Fremde doch gar nicht wissen, wovon sie sprach. Es war merkwürdig, aber sie fühlte sich zu müde, um darüber nachzudenken. Sie hatte genug damit zu tun, weiterzugehen, Schritt für Schritt.

»Ich kann doch nichts dafür!«, sagte sie laut und starrte auf die Tür. Ihre Haustür. Ihr Haus. Sie hatte es geschafft. Sie war zu Hause. So wie Elisabeth, dachte sie. Sie ist bestimmt zu Hause, sicherlich ist sie längst zu Hause. Mit zitternden Fingern zerrte sie den Schlüssel aus der Tasche. Sie hatte Mühe, ihn ins Schloss zu bekommen. Es war nicht ihre Schuld. Sie hätte nichts tun können, gar nichts!

Sie trat in den Flur und lauschte kurz.

Die Frau folgte ihr.

Ein leises Geräusch drang an ihr Ohr. Es klang, als schnaufe ein Tier. »Elisabeth?«, rief sie leise. »Johannes?« Keine Antwort. Aber wieder das Geräusch. Es machte ihr Angst. Sie zwang sich, zur Treppe zu gehen. Hinaufzusteigen.

Johannes saß vor Elisabeths Zimmertür. Er kauerte am Boden, den Rücken gegen die Tür gelehnt. Er weinte.

»Johannes!« Ihre Stimme brach. Sie räusperte sich. »Was ist?«

»Sie macht nicht auf«, krächzte er und sah sie an. Tränen liefen über sein Gesicht. »Sie macht einfach nicht auf!«

In seinen Augen lag weder Wut noch Feindseligkeit. Kein Vorwurf. Leer, dachte Barbara, gebrochen.

»Sie hat abgeschlossen!«, sagte ihr Sohn.

Sekundenschnell fiel alle Betäubung von ihr ab. Mit beiden

Fäusten hämmerte sie gegen die Tür und schrie Elisabeths Namen. »Mach auf«, brüllte sie. »Mach sofort die Tür auf!«

»Sie hört nicht …« Johannes, der aufgestanden war, betrachtete die Szene unbeteiligt.

Barbara zögerte nicht lange. Obwohl sie sich wenig davon versprach, nahm sie Anlauf und warf sich mit der Schulter gegen die Tür. Nichts geschah. Johannes starrte sie fassungslos an. Dann hielt er sie fest, bevor sie es erneut versuchte.

»Zusammen«, sagte er. »Wir versuchen es zusammen.«

Sie nickte. Sie zählte auf drei, und gemeinsam warfen sie sich gegen die Tür. Sie knackte ein bisschen. Beim dritten Versuch gab das billige Schloss endlich nach, und sie standen im Zimmer.

Elisabeth lag auf dem Bett, und auch ohne den Anblick der leeren Pillenpackungen auf dem Nachttisch wäre offensichtlich gewesen, dass etwas nicht stimmte. Johannes heulte auf. Er stürzte sich auf seine Schwester, riss sie hoch und schüttelte sie.

»Elisabeth, Elisabeth, bitte! Bitte nicht!«, schrie er. Seine Mutter wartete nicht. Sie rannte nach unten zum Telefon. Da stand allerdings schon diese Frau, die sie kurz vergessen hatte. Die aber noch da war, den Hörer in der Hand hielt und das Richtige sagte.

22

»Jeder, der seinen Bruder hasst, ist ein Menschenmörder, und ihr wisst, dass kein Menschenmörder ewiges Leben bleibend in sich hat.«

Wegener versuchte, die Worte aus seinem Kopf zu verbannen und sich auf den Anwalt zu konzentrieren. Er blickte in das aufgeschwemmt wirkende Gesicht des Fremden, dessen Namen er schon wieder vergessen hatte. Ein Mann, der auf ihn einredete, dabei unangenehm emotionslos wirkte. Ein Fremder und doch der einzige Mensch auf der Welt, der jetzt auf seiner Seite war.

»Ich bin kein Mörder.« Er hatte das schon mehrfach gesagt. »Es war ein Unfall.« Die Worte kamen mechanisch, so wie der Drang, sie immer wieder auszusprechen.

Der Anwalt schien zu seufzen. »Kein Unfall«, sagte er. »Notwehr. Das ist ein Unterschied. Der Junge lebt. Wir konzentrieren uns auf die Bedrohungssituation. Sie müssen mir erzählen, wie sich die Sache abgespielt hat, jedes Detail ist wichtig.«

»Er wollte sie töten«, sagte der Kaplan. Etwas in seinem Kopf schreckte zurück vor der Erinnerung. Er wollte nicht daran denken. Aber er musste daran denken. »Dieser Junge … Falk … er hat meinen Tiger gequält …« Sein Kopf tat weh. »Ich muss hier raus«, sagte er. »Ich muss hier weg. Ich werde verrückt hier. Ich verliere den Verstand.«

Der Anwalt warf einen Blick auf die Uhr. Nicht unauffällig, er versuchte nicht einmal, seine Ungeduld zu verbergen. »Vergessen Sie die Katze«, sagte er. »Das bringt uns nicht weiter. Konzentrieren Sie sich! Sie sind aufgewacht und in den Garten gegangen. Er hatte den Hammer in der Hand. Er hat Sie bemerkt, ist auf Sie zugekommen. Mit dem Hammer. Er wollte Sie angreifen. Sie haben sich gewehrt, die Sache ist eskaliert.«

»Nein!«, sagte Wegener. »Nein, so war das nicht.«

Der Anwalt sah ihn an, als sei er ein dummes, kleines Kind. »Herr Wegener, genau so war es. Sie wollen hier raus, richtig? Dann sollten Sie auf mich hören und mit mir zusammenarbeiten.«

Jan starrte ihn an. Er sah den Mund, schmale, farblose Lippen.

Mein Schicksal liegt in den Händen dieses Mannes, dachte er. Eines Mannes, den ich gar nicht kenne. Der hier ist, um die Suppe auszulöffeln, die ich mir eingebrockt habe. Und der nicht einmal die Hälfte weiß von meiner Schuld. Feigling, dachte er weiter, was bist du für ein erbärmlicher Feigling.

Ein Ekelgefühl überkam ihn. Er ekelte sich vor diesem Mann. Und noch viel mehr vor sich selbst. »Jeder, der seinen Bruder hasst, ist ein Menschenmörder, und ihr wisst, dass kein Menschenmörder ewiges Leben bleibend in sich hat‹!« Die Worte kamen einfach so aus seinem Mund.

Der Anwalt starrte ihn an. »Geht es Ihnen gut? Brauchen Sie einen Arzt?«

Jans Kopf sank auf die Tischplatte, und er fühlte sich auf einmal so kraftlos, dass er bezweifelte, ihn je wieder heben zu können.

***

Wie ein Film spulte sich das Geschehen vor Johannes' Augen ab. Sanitäter, die ins Haus stürmten. Sie mitnahmen, wegbrachten, keine Chance, auch nur ein Wort zu sagen. Seine Mutter in einer fremden Rolle. Knapp und sachlich beantwortete sie die Fragen, wirkte ruhig und gefasst, obwohl ihr Gesicht verzerrt war und er die Angst in ihren Augen sah.

Sie war ihm fremd, diese Frau, die alles im Griff zu haben schien. Sie fuhr mit, folgte der Trage, draußen verklang ein Martinshorn, und dann war sie weg. Dann war da nur noch diese andere Frau, die er nicht kannte. Er hatte keine Ahnung, wer sie war und was sie wollte. Es interessierte ihn nicht. Sie fragte, ob alles in Ordnung sei, ob sie etwas tun könne.

Er schickte sie weg. Suchte den Schlüssel und verließ das Haus. Er schloss ab, versuchte, dieses unwirkliche Gefühl abzuschütteln. Obwohl er nicht glauben wollte, dass all das echt war. Realität.

Es war nicht weit bist zum Marienhospital. Er ging bergauf, er ging schnell, er beeilte sich, rannte immer wieder, bis er Seitenstiche bekam und wieder langsamer gehen musste.

Die Frau, die an der Pforte saß, wirkte müde und gereizt. Erst als er ihr erklärte, worum es ging, wurde sie etwas freundlicher.

Sie nannte eine Etage, sah ihn mitleidig an. »Ich rufe an, damit dich oben jemand abholt.«

Im Aufzug stank es nach Desinfektionsmittel. Johannes lehnte sich an die kühle Metallwand und stellte sich vor, wie viele kranke Menschen schon an genau dieser Stelle gelehnt hatten. Menschen, die jetzt schon tot waren. Einfach gestorben. Einfach so. Aber Elisabeth war nicht gestorben. Sie war in der Psychiatrie. Nicht auf der Intensivstation. Johannes verstand, dass das ein gutes Zeichen war. Sie lebte. Und es ging ihr nicht allzu schlecht. Die Erleichterung machte ihn ganz schwach.

Eine Schwester erwartete ihn. »Ihre Mutter ist bei ihr drin«, sagte sie nach einer kurzen Begrüßung. Sie sprach sanft und langsam, so als wäre er ein kleines Kind. »Kopf hoch! Sie wird wieder. Aber sie ist noch schwach. Ihr Körper hat einiges zu tun. Sie können für ein paar Minuten rein. Aber regen Sie sich nicht auf. Keine Vorwürfe, keine Fragen! In Ordnung?«

Johannes nickte. Die Schwester öffnete die Tür zu Elisabeths Zimmer. Sie lag im Bett, und die Farbe ihres Gesichts hob sich kaum von der des weißen Kopfkissens ab. Ihre Augen waren halb geschlossen. Ohne auf seine Mutter zu achten, die neben ihr saß und ihre Hand umklammert hielt, stürzte er auf sie zu. Er konnte nichts sagen. Er nahm sie in die Arme und drückte fest zu.

»Aua, du tust mir ja weh!« Elisabeth lächelte. Die Schwester, die an der Tür gewartet hatte, schien zufrieden und verschwand.

»Es geht ihr besser«, sagte seine Mutter.

»Lass uns allein!«, befahl Johannes barsch.

Frau Lebrecht sah Elisabeth unsicher an.

»Geh ruhig, Mama. Geh. Es geht mir gut. Ich möchte mit Johannes reden. Hol dir einen Kaffee. Und etwas zu essen, ja?«

Sie zögerte, stand dann aber auf und verließ langsam das Zimmer.

Johannes setzte sich auf ihren Stuhl und sah seine Schwester an. »Elisabeth, mach so was nie wieder! Du hast mir so einen Schrecken eingejagt!«

»Du verstehst das nicht«, sagte Elisabeth. Tränen standen in ihren Augen. »Du verstehst es einfach nicht. Ich muss doch gehen!«

Sie hielt inne, zögerte einen Moment. Dann seufzte sie. »Ich war bei ihm, weißt du? Ich habe diesen Brief gefunden. Es war Zufall, ich habe nicht geschnüffelt, aber ich habe ihn gefunden. Er lässt sich versetzen. Johannes, er geht alleine weg. Ohne mich! Ich habe es erst nicht verstanden. Aber dann habe ich es doch verstanden. Weil es ganz einfach ist, auch wenn es wehtut. Wenn er allein geht, dann muss ich das auch. Ich kann nicht bleiben, Johannes. Das verstehst du doch. Ich kann nicht bei dir bleiben!«

Hinter ihrer Blässe und Schwäche konnte Johannes eine Entschlossenheit sehen, die ihm eine Gänsehaut über den Rücken jagte. »Was redest du da?«

»Ich soll hierbleiben, erst mal. Ich soll mit diesen Ärzten reden. Sie verstehen nicht, dass mir kein Arzt helfen kann, Johannes. Er geht weg. Weg von mir und dem Baby. Bevor es auch nur auf der Welt ist.«

»Elisabeth, du verstehst das falsch!« In Johannes' Kopf drehte sich alles. Nach und nach meinte er, sich zusammenreinem zu können, was geschehen war. Sie hatte keine Ahnung, was wirklich vorging. Das war gut. Leider war der Rest alles andere als gut. Sie durfte nicht hierbleiben. Sich vollstopfen lassen mit Pillen. Reden mit den Psychoheinis.

»Das ist ein Missverständnis«, sagte er also leise. »Elisabeth, du hast das alles falsch verstanden.«

»Ich habe den Brief gefunden«, widersprach sie. »Es stand doch da. Er lässt sich versetzen. Eine neue Stelle. Eine andere Gemeinde. Und das heißt, dass er ohne mich geht. Er kann mich kaum mitnehmen, nicht wahr? Wenn er ein Pfarrer sein will.«

»Nein. Das … du hast das falsch verstanden. Er nimmt dich mit. Das … äh … er hat mir das gesagt. Er würde dich nie verlassen. Er kann doch nicht ohne dich sein. Das ist nur ein Trick. Eine Formsache, verstehst du?«

Sie sah ihn an. Noch lagen Zweifel in ihrem Blick. Aber er spürte, dass es nicht schwierig sein würde, sie zu überzeugen. Sie wollte es schließlich, sie wollte glauben, dass sie sich irrte. Er hatte keine Wahl. Hier konnte sie nicht bleiben.

»Hör zu, Elisabeth!« Er beugte sich vor und sprach ganz leise.

Man wusste nie, wer vor der Tür stand. »Du musst dich bereithalten. Es ist alles vorbereitet. Ihr habt nicht viel Zeit. Du darfst auf keinen Fall die Tabletten nehmen, die sie dir geben! Und du darfst nicht mit ihnen reden. Sie tun so, als wollten sie dir helfen. Aber in Wirklichkeit belügen sie dich. Sie können dir nicht helfen. Selbst wenn sie das wollten! Verstehst du, was ich sage?«

Sie nickte stumm.

»Warte einfach. Ich gehe wieder zu ihm. Ich helfe ihm bei der Vorbereitung. Ich kümmere mich um alles. Du musst einfach warten. Keine Pillen, kein Wort. Sonst sperren sie dich ein.«

Für einen Moment war ihr Gesicht vollkommen schlaff. Dann strafften sich langsam die Mundwinkel. Zogen sich nach oben. »Oh mein Gott«, sagte sie, und Tränen schimmerten in ihren Augen. »Wie konnte ich nur? Ich … Johannes, ich habe wirklich gedacht, du lässt mich nicht gehen. Dabei bist du so lieb. Du und auch Jan. Wie konnte ich glauben …? Oh, erzähl es ihm nicht! Bitte, Johannes, sag ihm nicht, dass ich so etwas Dummes gedacht habe. Er wäre sicher enttäuscht, wenn er wüsste, dass ich so gezweifelt habe an ihm!«

Sie setzte sich auf und schlang die Arme um ihren Bruder. »Fast hätte ich alles verdorben. Die Tabletten … all die Tabletten … ich habe nicht an das Baby gedacht! Ich habe gar nicht an unser Baby gedacht! Womöglich ist ihm etwas passiert. Wegen der Tabletten. Womöglich habe ich das Baby umgebracht!«

»Nein.« Johannes hielt sie fest und tätschelte ihren Rücken. »Dem Baby geht es gut. Das haben sie gesagt. Ich habe es gehört. Am besten ist, wenn du das Baby gar nicht erwähnst.«

Sie wich ein Stück zurück und starrte ihn an. »Sie wollen es mir wegnehmen, nicht wahr?« Sie begann zu weinen.

»Schschschsch.« Er zog sie wieder an sich und wiegte sie sanft. »Niemand kann es dir wegnehmen. Es ist alles in Ordnung. Tu einfach, was ich sage. Warte auf mich. Alles wird wieder gut. Das verspreche ich dir.«

★★★

Wieder lag Wegener auf der Pritsche, wieder starrte er die fleckige Decke an. Wieder rückten die Wände näher.

»*Deus, in adiutorium meum intende* – Gott, merke auf meine Hilfe – *Domine ad adiuvandum me festina* – Herr, eile mir zu helfen.« Leer hallte das Flüstern an den kahlen Wänden nieder. Gott hörte ihn nicht.

Er hatte sich eine Bibel bringen lassen. Unberührt lag sie da. Er konnte sie nicht anfassen. Er dachte an Elisabeth. Hob die Hände zum Kopf, presste sie fest gegen die Schläfen. Als könne er so verhindern, dass sein Schädel barst, einfach zerplatzte. Sie war ein Kind, genau wie Falk. Ein Kind geschändet, das andere fast getötet.

Es hatte sich nicht so angefühlt, natürlich nicht. Er dachte an ihren Körper, den Duft, daran, wie sie ihn verwirrte, wenn sie in der Nähe war. Er dachte an den Moment, diesen ersten Moment, als sie allein waren. Sie hatte die Initiative ergriffen. Sie hatte ihn geküsst, auf eine Art, die ihn überraschte und doch nicht überraschte. Nichts war gegen ihren Willen geschehen, ganz im Gegenteil, und doch war es Schande, die er über sie gebracht hatte. Über sie und sich selbst. Sie hatte es gewollt, er hatte es gewollt, aber sie war ein Kind, sie war doch erst siebzehn.

Er hatte sich eingeredet, dass das nicht wichtig war. Er war kaum zehn Jahre älter als sie. Und doch hatte ein Teil von ihm immer gewusst, dass es darum nicht ging. Sie war seinem Schutz befohlen. Auch wenn sie ihn so küsste. Wie ihn nie zuvor eine Frau geküsst hatte.

Sein Blick fiel auf die Bibel. »*Denn alles, was in der Welt ist, die Lust des Fleisches und die Lust der Augen und der Hochmut des Lebens, stammt nicht vom Vater, sondern es stammt von der Welt.*«

Er hatte Liebe und Lust verwechselt. Nicht weil er naiv war, sondern weil er den Unterschied nicht hatte sehen wollen. Hätte er Elisabeth so geliebt, wie es Gottes Wille war, dann wäre nichts von alldem geschehen.

Er war schwach, immer schwach gewesen. Sein Wille, sein Glaube, schwach. Sein Weg der des Feiglings. Er hatte die Berufung nie wirklich verspürt, hatte sie sich nur angemaßt. Es hatte seine Mutter so glücklich gemacht. War ihm erschienen wie ein gerader, einfacher Lebensweg. Er hatte geahnt, dass in ihm zu viel Schwäche war, zu wenig Menschenliebe. Er hatte diese Zweifel einfach ignoriert.

Sein Brustkorb krampfte sich zusammen. Er weinte schon wieder. Trocken und heiser klangen die unterdrückten Schluchzer durch die kleine Zelle. Von der Tür hörte er ein leises Geräusch. Ob sie ihn beobachteten?

Er sah sich um in der Zelle. Man hörte das immer wieder. Menschen brachten sich um in der Zelle. Vielleicht war das der Ausweg. Sich davonschleichen, aus dem Leben stehlen. Es würde passen zu ihm, dem Mann, der sich einredete, es sei nichts Schlimmes an dem, was er tat. Er dachte an Falk, an diesen Moment, der nichts mit Notwehr zu tun gehabt hatte. Er hatte zugeschlagen, mit Kraft und Macht, weil er ihn bestrafen wollte. Diesen Jungen, dieses Kind. Er hatte ihm wehtun wollen.

Und jetzt wollte er davonlaufen. Obwohl er wusste, dass das unmöglich war. Er konnte dem irdischen Gericht entkommen, aber nicht Gott. *»Confiteor Deo omnipotenti, quia peccavi nimis cogitatione, verbo, opere et omissione: mea culpa, mea culpa, mea maxima culpa!«* Obwohl die Worte kaum hörbar aus seinem Mund drangen, tat sein Hals weh.

Und dann geschah es. Wie ein Schleier hob sich die Verzweiflung. Die Angst und die Trauer wichen von ihm. Alles war klar. Alles lag vor ihm. Er griff nach der Bibel. *»Und wenn jemand sündigt, haben wir einen Beistand beim Vater, Jesus Christus, den Gerechten. Und er ist das Sühnopfer für unsere Sünden, aber nicht nur für die unseren, sondern auch für die der ganzen Welt«*, las er.

Und er war getröstet. Sein Leben war zerstört. Und das war der Preis, erkannte er. Das war die Sühne. Der Herr zeigte ihm den Weg.

Er dachte an seine Mutter. Sie würde nichts von alldem erfahren. Ihr Gehirn konnte das nicht mehr aufnehmen. Für sie bliebe er das, was er war. Ihr Wunder, ihr Sohn, der Priester. Gott ist gnädig, dachte er.

Er stand auf und fiel auf die Knie. Er legte den Kopf in den Nacken und blickte hinauf zur fleckigen Decke. Dann ließ er den Kopf sinken, den Oberkörper, bis er lang auf dem kalten und schmutzigen Beton lag. Er lag mit dem Gesicht nach unten, streckte die Arme weit nach rechts und links. Er lag da. Er weinte nicht. Er betete nicht. Er lag einfach da und betrachtete sein Leben. Und er hatte weder Mitleid noch Sympathie für den übrig, den er da sah.

★★★

»Jetzt setz dich endlich auf deinen Hintern!«, schnauzte Agathe. Margot beachtete sie gar nicht, sondern fuhr fort, wie ein unruhiger Tiger Kreise durch das kleine Wohnzimmer zu ziehen.

»Vielleicht sollte ich hinfahren«, sagte sie. »Ins Krankenhaus. Aber ich will ihr nicht auf die Pelle rücken. Ich kenne die Frau gar nicht …«

»Das ist richtig. Und darum kannst du jetzt aufhören. Nimm dir eine Schnapspraline, das beruhigt die Nerven. Das Mädchen ist in guten Händen. Du hast getan, was du konntest. Die im Krankenhaus kümmern sich um alles. Lass uns lieber überlegen, was das bedeutet. Ein Hilferuf, ein lauter Hilferuf, nachdem man den Kaplan verhaftet hat. Ein Schelm, wer Böses dabei denkt.«

»Was meinst du?«

»Margot, jetzt stell dich nicht blöder, als du ohnehin bist. Sie ist verknallt in ihn. Der Alte kommt dahinter, er erwischt sie, der Kaplan bringt den Alten um. Ende Gelände.«

»Ende Gelände? Ich bitte dich! Sie ist siebzehn.«

Agathe lachte. »Ach, wirklich? Hm, ja, jetzt, wo du es sagst … was bin ich für ein Dummerchen. Als würde man mit siebzehn an Sex denken. Lächerlich.«

»Wir sollten Sophie anrufen«, wechselte Margot das Thema. »Sie sollte das wissen. Mit dem Selbstmordversuch.«

»Da hast du ausnahmsweise mal völlig recht. Obwohl – wir könnten auch Wörner anrufen.« Agathe grinste und griff nach dem Telefon.

»Verdammt!« Endlich ließ Margot sich aufs Sofa sinken. »Britta hat gesagt, ich soll mich um sie kümmern. Um Frau Lebrecht. Was mache ich denn jetzt? Ich meine, das ist ganz klar ein Notfall …«

»Schnauze«, herrschte Agathe sie an. »Halt einfach den Mund und lass mich telefonieren.«

***

Das Schweigen war eisig. Dabei versuchte sie, alles so zu machen wie immer. Sie küsste ihn sogar zur Begrüßung auf die Wange, bevor sie sich an den kleinen Tisch setzten, voller Kratzer, aber sauber. Es lag an dem Beamten, dachte Waldbroich. An dem Mann, der in der Ecke des Raumes saß und so gelangweilt wirkte, dass Waldbroich sich fragte, ob sich die Dramen und Tragödien, die sich in diesem Raum abspielten, tatsächlich so sehr glichen, dass es den unbeteiligten Zuschauer langweilte. Er sah Thea an. Sie weiß es, dachte er dann und schob den Gedanken entsetzt beiseite.

»Hast du dir die Sache mit dem Anwalt überlegt?«, fragte sie leise, kaum dass sie saß.

»Kein Anwalt. Ich weiß, du verstehst das nicht. Aber ich werde es dir erklären. Sobald ich hier raus bin. Dann können wir reden. Unter vier Augen.« Er warf dem Uniformierten einen vielsagenden Blick zu.

»Sobald du hier raus bist?« Sie lachte hässlich. »Wann, glaubst du, wird das sein? Du bist ein Idiot, Bernhard! Du brauchst einen Anwalt!«

Er schwieg und sah auf die Tischplatte.

»Denkst du vielleicht auch manchmal an mich? An die Kinder?«, fuhr sie fort. »Ist dir auch nur annähernd klar, was das alles für sie bedeutet?«

»Ich bin unschuldig. Ich habe nichts mit der Sache zu tun. Es wird nicht mehr lange dauern.«

»Nein, das wird es nicht.« In ihrem Blick und Ton lag so viel Verachtung, dass ihm kalt wurde. »Aber das verdanken wir weder dir noch der Polizei.«

Etwas in ihrer Stimme ließ ihn erstarren. »Was meinst du?«

»Sie wird aussagen!« Thea hatte sich über den Tisch nach vorne gelehnt, und ihre Stimme war so leise, dass man sie kaum hören konnte.

»Was?« Die Kälte intensivierte sich.

»Deine Schlampe. Ich habe das geregelt!«

Er starrte sie an. Unfähig, zu begreifen, was er da hörte.

»Du hältst mich wirklich für so dumm, oder? Ich bin doch nicht blind, Bernhard. Es gibt Dinge, die ich nicht so genau wissen will, das stimmt.« Sie lachte freudlos. »Aber ich weiß auch, wann man über seinen Schatten springen muss. Sie war sehr kooperativ. Im Unterschied zu dir versteht sie den Ernst der Lage. Und ich vermute, dass sie weiß, dass sie mir etwas schuldet.«

Abermals lachte sie. »Weißt du, unter anderen Umständen hätte ich sie vielleicht sogar gemocht. Wir sind uns nicht unähnlich. Jedenfalls wird ihr Anwalt sich mit der Polizei in Verbindung setzen. Wir hoffen, dass die Sache sich so klären lässt. Möglichst diskret. Mit einem Skandal ist niemandem geholfen, das werden auch diese Ermittler einsehen.«

Sie schwieg einen Moment, sah ihn an. »Es ist ein bisschen absurd, dass die Sache möglicherweise glimpflich ausgeht, weil sie ist, wer sie ist. Ihr Mann rettet dir womöglich den Hals.«

Glimpflich? Waldbroich schluckte.

»Wenn das erledigt ist, dann vergessen wir die Sache«, fuhr sie fort. »Ich werde es als einmaligen Ausrutscher werten. Einmalig, dass wir uns da richtig verstehen. So etwas wird nie wieder vorkommen. Du wirst sie nie wiedersehen. Wenn es sich nicht vermeiden lässt, bei offiziellen Terminen, wirst du kein persönliches Wort mit ihr wechseln. Ich werde nicht zulassen, dass du alles ruinierst. Haben wir uns verstanden?«

Sie erhob sich, ging zur Tür. »Ich weiß nicht, wie schnell das alles jetzt gehen wird. Ruf mich an, wenn sie dich gehen lassen. Ich hole dich dann ab.«

Ohne einen Abschiedsgruß verließ sie den Raum.

23

Es war lächerlich einfach gewesen. Bis er am Krankenhaus ankam, hatte Johannes sich den Kopf zermartert, wie er die Sache bewerkstelligen sollte. Aber als er ankam, war der Empfang an der Eingangshalle unbesetzt. An der Tür vom Treppenhaus zur Station hatte er gewartet, bis die Nachtschwester in einem der Zimmer verschwand.

Es war kurz nach vier, die meisten Patienten schliefen, das spärliche Personal war entweder im Dämmerzustand oder mit denen beschäftigt, denen es schlecht ging.

Er hatte Elisabeth aufgeweckt. Sie hatte keine Fragen gestellt, hatte sich angezogen und war mitgekommen.

Es dämmerte bereits, und sie konnten ohne Taschenlampe den Waldweg erkennen. Elisabeth lief neben ihm. Sie zitterte ein bisschen und sprach kein Wort. Aber solange sie weiterging, war das egal.

»Wir sind gleich da«, sagte Johannes, als hätte sie gefragt. Einfach, um die Stille zu unterbrechen. Er legte einen Arm um ihre Schultern. »Du hast es gleich geschafft!«

»Wohin gehen wir denn?« Ihre Stimme klang dünn. Kaum zu verstehen über das Geschrei der Vögel, die in den Bäumen erwachten. »Du hast gesagt, wir gehen zu ihm. Du hast gesagt, Jan wartet schon.«

»Wir gehen in ein Versteck!« Johannes blieb stehen und sah seine Schwester an. »Ich habe eine Hütte. Im Wald.« Eigentlich handelte es sich um einen Bauwagen, den er irgendwann zufällig mitten im Kottenforst entdeckt hatte, damals, als er noch mit Falk und Niklas Streifzüge durch den Wald unternommen hatte. Abenteuer, Kinderkram, das war ewig her, aber dieser gammlige Bauwagen war noch da, niemand schien sich dafür zu interessieren. Kein wirklich sicherer Ort, aber fürs Erste würde es genügen.

»Aber du hast gesagt, wir gehen zu ihm!«, sagte Elisabeth nun. Die einfachsten Überlegungen schienen sie immens viel Zeit zu kosten. Das machte Johannes Sorgen. Obwohl es im Moment eigentlich eher zweckdienlich war.

»Er kommt«, sagte er geduldig. »Aber später. Wir müssen doch vorsichtig sein. Sie suchen bald nach dir, und wenn sie dich finden, kriegt er Schwierigkeiten. Dann sperren sie dich ein, vielleicht für immer.«

Sie begann zu weinen. Johannes hasste sich dafür, dass er ihr Angst machte. Aber es war zu ihrem Besten, es ging nicht anders.

Er hatte am Abend vorher alles kontrolliert. Hatte ein Vorhängeschloss mitgenommen. Im Wagen roch es muffig. Durch die behelfsmäßig geflickten Löcher im Dach sickerte die Feuchtigkeit hinein. Die Matratze, die dort lag, fühlte sich kalt und klamm an.

Er holte Plastikfolie aus seinem Rucksack, breitete sie darüber. Elisabeth legte sich bereitwillig hin, er deckte sie mit der Decke zu, die er schon gestern hergebracht hatte.

»Ruh dich aus.«

»Wann kommt er?«

»So bald wie möglich. Du musst Geduld haben, bitte. Am besten, du schläfst noch ein bisschen.«

»Ich habe Hunger!« Jetzt klang sie wie ein mauliges Kleinkind.

Johannes seufzte. Er hatte keine Zeit gehabt, Essen zu besorgen. Und nicht daran gedacht, etwas aus dem Kühlschrank mitzunehmen. Aber er konnte in Richtung Schweinheim gehen, da gab es sicher einen Supermarkt. In einem Viertel, in dem ihn keiner kannte. Niemand würde ihn zur Kenntnis nehmen. Jedenfalls hoffte er das. Vermutlich hatten sie Elisabeths Verschwinden mittlerweile bemerkt. Aber er bezweifelte, dass ihr Bild oder gar seins schon an jedem Laternenpfahl hing. Er wusste nicht, wie viel Aufwand sie betreiben würden, um sie zu finden.

Es spielte keine Rolle. Sie brauchten etwas zu essen. Je früher er sich darum kümmerte, desto besser. Je länger sie verschwunden waren, desto intensiver würden sie suchen. Bestimmt öffnete so ein Supermarkt früh. Er würde genug für ein bis zwei Tage kaufen. Sobald Elisabeth ein bisschen kräftiger war, würden sie aufbrechen. Zum Bahnhof gehen, in den ersten Zug steigen. Erst mal weg. Dann würden sie sich schon durchschlagen. Es gab Leute, die einem halfen, das wusste Johannes. Es würde hart werden am Anfang. Aber es würde schon klappen. Er würde sich einen Job suchen. Sie würden das schon hinkriegen.

Es klang erbärmlich. Kindisch und unrealistisch. Aber es war die einzige Möglichkeit. Die einzige verdammte Möglichkeit, die ihm einfiel.

Er sah auf die Uhr. »Schlaf«, sagte er. »Schlaf ein bisschen. Ich gehe und besorge etwas zu essen.«

Elisabeth sah ihn an. Ihr Blick war merkwürdig leer. Sie nickte. Legte sich zurecht und schloss die Augen. Sie kam ihm ruhig vor. Aber auf eine falsche Art. Sie sah so klein aus, so jung, so zerbrechlich. Gott, er liebte sie. Er würde nicht zulassen, dass ihr etwas passierte. Sie vertraute ihm. Sie würde auf ihn hören. Johannes schluckte. Alles wird gut, dachte er. Und strengte sich an, das zu glauben.

***

Der Kaplan war früh aufgestanden. Er hatte sich die Zähne geputzt und sich gründlich gewaschen – sogar die Haare, so gut es eben ging in dem winzigen Waschbecken in der Zelle. Nun kämmte er sich und warf einen letzten prüfenden Blick in den Spiegel aus Metall, dessen unebene Oberfläche ihm jedoch nur einen verzerrten Eindruck gab. Aber es war nicht so wichtig. Es kam nicht darauf an, wie er aussah. Es kam darauf an, was er tat.

Er hatte Angst vor dem, was auf ihn zukam. Aber das spielte keine Rolle. Er hatte Schuld auf sich geladen. Und diese Last musste er tragen. Selbst wenn er zusammenbrach, würde ihm niemand dieses Kreuz abnehmen. Schuld und Sühne. Buße. Hoffentlich Vergebung. Ihm blieb nur, auf die Macht zu vertrauen, an die er immer geglaubt hatte.

Er hatte das Vertrauen in seinen Schöpfer zurückgewonnen, in dessen Liebe und Barmherzigkeit. Er hob die rechte Hand, schlug das Kreuzzeichen. »Herr, lass deinen armen Diener nicht allein!« Dann trat er zur Zellentür. Er drückte die Klingel und wartete geduldig, bis der Wachmann auf der anderen Seite erschien.

»Guten Morgen«, sagte Wegener höflich. »Entschuldigen Sie

die Störung, aber ich müsste dringend mit Herrn Wörner und Frau Lange sprechen. Ich möchte ein Geständnis ablegen!«

★★★

Christian starrte den Mann an, der da vor ihm saß. Wegener lächelte. Er wirkte entspannt. Erleichtert, fast glücklich, nachdem er das gesagt hatte, was er hatte sagen wollen.

Das, was Christian eigentlich gerne hören wollte. Wäre da nicht dieses Gefühl. Das Gefühl, dass hier etwas ganz und gar nicht stimmte.

»Ich habe Herrn Lebrecht umgebracht«, hatte er gesagt. »Wir hatten Streit. Es war keine Absicht, aber ich habe ihn erschlagen. Es war genau wie bei dem Jungen. Ich war wütend, ich habe die Beherrschung verloren. Ich habe zugeschlagen. Ich wollte ihn nicht töten. Aber ich habe es getan.«

»Wo ist das gewesen?«, fragte Christian. »Wo haben Sie mit Herrn Lebrecht gestritten?«

»In meinem Haus. In meinem Haus natürlich. Das wissen Sie doch!«

»Herr Lebrecht ist am Sonntagabend zu Ihnen gekommen, und es gab Streit?«

»Ja! Er kam zu mir. Er hat mich wütend gemacht. Und dann habe ich es getan.«

»Sie haben ihn geschlagen«, unterbrach Christian ungerührt. »Wie? Mit den Fäusten? Wohin haben Sie geschlagen? Und worum genau ging es in dem Streit?«

Der Kaplan seufzte. »Auf den Kopf eben. Ja, auf den Kopf. Er hat mich provoziert. Und dann war er tot, und ich habe ihn auf den Friedhof geschleppt, um die Sache zu vertuschen.«

»Wie haben Sie das geschafft? Er war größer als sie. Er war schwer.«

»Es ging eben.« Der Kaplan klang ungeduldig. »Ich bin stärker, als ich aussehe.«

»Sie haben ihn ganz allein dort abgelegt und sind wieder gegangen?«

»Muss ich alles wiederholen? Ja! Ja, das habe ich getan! Sie werden sicher verstehen, dass mir die Erinnerung unangenehm ist. Warum quälen Sie mich? Ich habe doch alles gesagt.«

»So einfach ist das leider nicht«, erklärte Christian. »Beantworten Sie meine Fragen. Er kam am Sonntagabend zu Ihnen. Wann genau? Was wollte er?«

»Streiten«, sagte der Kaplan. Seine Stimme zitterte. »Er wollte streiten. Das wollte er immer.«

»Worüber? Herrgott, lassen Sie sich doch nicht alles aus der Nase ziehen! Sie wollten doch gestehen!«, polterte Christian.

Der Kaplan wurde noch eine Spur blasser. »Es ging um … um Jugendarbeit. Ja, um die Jugendarbeit! Er war nicht einverstanden mit dem, was ich tue. Und ich war wütend. Weil er sich eingemischt hat. Immer und immer wieder hat er sich eingemischt. Er hatte kein Recht, sich einzumischen.«

»Was war denn der konkrete Anlass?«

»Wie meinen Sie das?«

»Sonntagabend ist nicht unbedingt eine übliche Zeit, solche Dinge zu klären, oder? Ich meine, auch Sie haben doch da dienstfrei. Ich stelle mir vor, dass sich Herr Lebrecht sehr aufgeregt hat über etwas, dass er sich so spontan entschlossen hat, sie aufzusuchen. Oder waren Sie verabredet?«

»Nein! Nein, ich … ich kann mich nicht genau erinnern.« Der Kaplan biss sich auf die Unterlippe. »Meine Erinnerung ist verwirrt, was angesichts der Schwere meiner Schuld kein Wunder ist«, erklärte er dann und lächelte, zufrieden mit sich selbst.

Christians Faust fuhr auf den Tisch.

Der Kaplan lächelte.

***

Frau Lebrecht stand im Flur des Krankenhauses. Sie hatte erstaunlich gut geschlafen, ganz ohne Tablette. Diese Frau Pütz hatte noch angerufen gestern. Obwohl es ihr noch immer peinlich war, in welchem Zustand diese Frau sie angetroffen hatte, war sie doch voller Dankbarkeit gewesen. Ein neues Gefühl war das, ein gutes Gefühl. Dass da Menschen waren, wildfremde Menschen, die ihr Hilfe anboten. Die sie unterstützten.

Auch die Krankenschwester war furchtbar nett. Sie lächelte. »Es war eine ruhige Nacht. Sie hat durchgeschlafen.« Sie legte einen Arm um ihre Schulter. »Sie erholt sich wieder«, sagte sie. »Ich weiß, dass Ihnen das viel Angst macht. Aber wir kümmern uns um Ihre Tochter. So etwas kommt vor, viel häufiger, als Sie vielleicht denken. Elisabeth braucht Hilfe, aber wir haben hier gute Ärzte, wunderbare Therapeuten. Sie wird das schaffen.«

Frau Lebrecht erwiderte das Lächeln. Der sanfte Druck des fremden Arms tat gut. Und sie glaubte dieser Frau, sie glaubte jedes Wort, das sie sagte. Alles würde gut werden.

»Dann wollen wir mal schauen, ob die junge Dame schon wach ist«, lächelte die Schwester und öffnete vorsichtig Elisabeths Zimmertür. Sie stutzte. Mit wenigen Schritten eilte sie durch den Raum. Sie klopfte an die Badezimmertür. »Elisabeth? Elisabeth, sind Sie da drin?«

Das Bad war ebenso leer wie das Bett. Frau Lebrecht starrte auf die ordentlich geglättete Decke und versuchte zu verstehen. Reingefallen, dachte sie. Das kommt davon. Du kannst keinem vertrauen, dachte sie. Sie dachte an Johannes' Bett zu Hause. Leer. Wie das hier. Ihre Beine gaben nach.

Die Schwester fing sie auf. »Um Gottes willen!« Sie klang, als sei sie den Tränen nahe. Sie bugsierte Frau Lebrecht auf einen Stuhl und rannte davon. Wenige Minuten später brach das Chaos aus. Ärzte und Schwestern rannten über den Flur. Einer betrat das Zimmer. »Wie konnte das passieren?«, brüllte er die Schwester an, die jetzt wirklich weinte.

»Ich weiß nicht«, schluchzte sie. »Ich war allein auf Station. Ich habe alle Stunde nach ihr gesehen. Bis um drei. Sie hat geschlafen, tief und fest. Und um kurz nach drei hatte ich einen Alarm, und das hat länger gedauert, und ...« Sie schluchzte erneut auf. »Vermutlich hab ich danach nicht mehr reingeschaut. Ich habe doch nicht ahnen können ... Sie hatte ein Beruhigungsmittel bekommen. Ich hätte nicht gedacht ...«

Dem Arzt schien sie mittlerweile leidzutun. »Schon gut. Wir müssen sie suchen. Ich denke, wir sollten zunächst die Klinik abchecken. Vielleicht wandert sie irgendwo über die Stationen. Aber wenn wir sie da nicht finden, dann sollten wir die Polizei einschalten. Das Mädchen ist suizidgefährdet. Wir müssen sie so schnell wie möglich finden!«

Reingefallen, dachte Frau Lebrecht wieder, und gleichzeitig wurde ihr klar, dass der Arzt sie gar nicht bemerkt hatte auf ihrem Stuhl in der Ecke. Sonst, so begriff sie, sonst hätte er nicht so geredet. Sonst hätte er Sätze gesagt, in denen die Worte »keine Sorgen machen«, »wir werden sie schon finden« und »kein Grund zur Panik« vorgekommen wären. Sie erhob sich. Ihr Körper fühlte sich taub an. »Finden Sie meine Tochter«, krächzte sie.

Der Arzt fuhr herum. »Was zum Teufel …? Oh, verdammt!« Er sah sie verzweifelt an. »Frau Lebrecht, ich … das tut mir leid, was ich da gesagt habe, es ist nicht halb so schlimm, wie Sie vielleicht denken –«

»Mein Sohn ist auch verschwunden«, unterbrach Frau Lebrecht ihn. »Stehen Sie nicht dumm herum. Finden Sie meine Tochter. Ich werde die Polizei informieren. Und Sie fangen an zu suchen! Denn wenn meinem Kind etwas zustößt, dann werden Sie dafür bezahlen!«

***

Sophie und Christian saßen in dem kleinen Raum, der an das Verhörzimmer grenzte. »Verdammte Scheiße!«, schimpfte Christian.

»Dem kann ich nichts hinzufügen«, erklärte Sophie. »Was machen wir jetzt?«

»Mehr Kaffee trinken. Die Nerven behalten. Und uns zusammenreimen, warum der Idiot das tut. Warum legt er ein falsches Geständnis ab?«

»Er will jemanden schützen?«, schlug Sophie vor. »Johannes?«

»Möglich. Aber warum? Und warum jetzt?«

Sophie seufzte. »Frag Jesus.«

Die Tür zum Flur öffnete sich, ein Kollege streckte den Kopf in den Raum. »Ach, hier steckt ihr. Da ist jemand, der euch sprechen will. Ein Anwalt, ein sehr, sehr, sehr wichtiger Mann – er strotzt vor Wichtigkeit. Und dann hat eine gewisse Frau Pütz angerufen. Sie bittet um Rückruf, klang dringend. Ich soll euch sagen, dass Elisabeth weg ist. Was immer das bedeutet.«

»Was?« Sophie sprang auf. »Wie, weg? Was meint sie mit weg?«

Der Kollege zuckte die Schultern. »Das hat sie nicht gesagt.«

Sophie und Christian tauschten einen Blick. Dann sprangen beide auf. »Sorg dafür, dass der Wegener in seine Zelle kommt«, rief Christian dem Kollegen im Vorbeirennen zu. Der rollte die Augen, während er den beiden kopfschüttelnd nachblickte.

***

Erst waren es nur einzelne Tropfen, aber bald schon rauschte es laut und gleichmäßig auf dem Dach des Bauwagens. Elisabeth lag auf dem Rücken und beobachtete, wie langsam Tropfen durch die geflickten Stellen am Dach drangen, wie sie sich rundeten, bis sie dick genug waren, um mit einem satten Klatschen auf den Boden zu fallen. Sie wusste nicht, wie viel Zeit vergangen war, seit Johannes weg war. Sie lag auf der Matratze und glitt immer wieder zwischen Traum und Wachen hin und her. Es fiel ihr zunehmend schwer, zu unterscheiden, was von außen kam und was von innen.

Irgendwann stand sie auf. Sie ging in dem kleinen Raum auf und ab. Ihr war kalt, fast schlecht vor Hunger. Der Regen trommelte laut auf das Wagendach, aber es klang nicht beruhigend, sondern einfach nur laut. Die Tropfen innen wurden immer größer, erste Lachen bildeten sich auf dem Boden. Elisabeth fühlte sich nicht gut. Sie wollte hier nicht sein, es war hässlich und kalt. Sie war allein. Etwas stimmte nicht.

Als Johannes sie geweckt hatte, im Krankenhaus, da war ihr alles ganz einleuchtend erschienen. Was er gesagt hatte, ergab Sinn. Aber jetzt war es anders, als er gesagt hatte.

Falsch. Sie versuchte, sich zu konzentrieren. Zu verstehen, was so falsch war. Es dauerte eine Weile, bis sie begriff, was sie dabei störte. Ein Geräusch.

Es versprach ihr das, was sie brauchte und wollte. Es kam aus dem Rucksack. Aus Johannes' Rucksack. Das Geräusch hinderte sie am Denken. Sie hockte sich neben den Rucksack und wühlte darin herum, bis sie das Handy in der Hand hatte. Sie hielt kurz inne. Sie hatte Angst. Sie wusste nicht, wovor. Sie drückte auf den Knopf und hob das Telefon ans Ohr.

Da war ihre Mutter. Sie weinte. Elisabeth lauschte einen Moment. »Mama«, sagte sie dann.

»Elisabeth, oh Gott, Elisabeth! Wo bist du, Kind. Wo bist du?«

»Mama«, wiederholte sie erleichtert. »Ich will hier nicht sein. Es ist hässlich und kalt. Ich will hier weg.«

»Ich komme dich holen. Sag mir, wo du bist.«

»Ich weiß es nicht!« Elisabeth versuchte nachzudenken.

»Elisabeth, bleib ganz ruhig, ja? Ist Johannes da?«

»Nein«, wimmerte Elisabeth. »Er ist einfach weggegangen. Er hat mich ganz allein gelassen! Ich glaube, er hat mich angelogen. Er hat doch gesagt, er bringt mich zu ihm. Aber er ist nicht hier. Ich muss doch zu Jan, Mama …« Elisabeth schluckte.

»Das wird sich klären, Elisabeth. Die Polizei wird ihn freilassen. Er wird die Wahrheit sagen, endlich die Wahrheit. Und dann wird sich das alles klären.«

Elisabeth versuchte, die Worte zu begreifen. Polizei? Die Wahrheit? Es lag da, vor ihr, und sie schob es hin und her, und dann war es wie ein Schlag. Ein schrecklicher Schlag.

»Es ist vorbei, Elisabeth! Du musst keine Angst mehr haben«, schluchzte ihre Mutter.

Elisabeth hatte das merkwürdige Gefühl, ihren Körper zu verlassen. Nicht schnell, sondern ganz langsam, Molekül für Molekül. Sie stand neben sich und sah zu, wie sie zerbrach. Erst feine Haarrisse, die länger wurden, immer länger, dann breiter, Risse, die sich gabelten, dann knirschte es, und da waren nur noch Scherben.

Er war bei der Polizei. Er würde die Wahrheit sagen. Sie lachte. *Es ist vorbei, Elisabeth.* Es war so einfach.

Sie drückte einen Knopf und ließ das Handy auf den Boden fallen. Wie hatte sie so dumm sein können? Sie hatte ihnen geglaubt. Und alle logen sie nur an. Jan und auch Johannes. Er hatte nie vorgehabt, ihn hierherzubringen. Er wollte sie für sich. Er wollte sie wegbringen, weit weg von ihm. Er hatte es nie verstanden. Und jetzt war sie hier, und Jan war bei der Polizei. Er wollte sie loswerden. Es war kein Irrtum gewesen, kein Missverständnis.

Mutterseelenallein, dachte sie plötzlich. Ein gutes Wort war das, eines, das sie immer gemocht hatte. Eines der Wörter, die das Gehirn nicht wirklich verstand. Aber das Herz. Und der Bauch. Mutterseelenallein, dachte sie, und der Schmerz hob sich. Er war noch da, aber er lähmte sie nicht mehr. Im Gegenteil. Sie war auf einmal voller Kraft. Es tat weh, aber es tat auch gut. Es war geschehen. Das Schlimmste war geschehen. Und darum musste sie keine Angst mehr haben. Sie ging wieder in die Hocke. Sie wühlte in Johannes' Sachen. Sie hatte es gesehen. Es musste hier irgendwo sein. Sie fand es. Zog das Messer aus dem Rucksack. Aus der Lederhülle. Sie betrachtete eine Weile die saubere, glänzende Klinge. Sie lächelte.

24

Frau Lebrecht schrie ins Telefon. Erst als Margot, die neben ihr stand, ihr den Hörer sanft aus der Hand nahm, kurz lauschte und dann die Verbindung unterbrach, wurde Sophie und Christian klar, dass schon längst niemand mehr zuhörte.

»Wo ist sie?« Obwohl er sich Mühe gab, konnte Christian seine Ungeduld nicht verbergen.

»Sie … sie weiß es nicht. Es ist kalt. Ihr ist kalt. Wir müssen sie finden. Sie klang so … sie klang merkwürdig …« Frau Lebrechts Beine schienen nachzugeben. Sie klammerte sich an Margot, die noch immer neben ihr stand. Die half ihr aufs Sofa.

»Haben Sie irgendetwas anderes gehört? Im Hintergrund? Überlegen Sie ganz genau.« Sophies Stimme klang ruhig. Viel ruhiger, als sie sich fühlte. Sie versuchte, sich auf den Umstand zu konzentrieren, dass das Mädchen am Leben war. Telefonieren konnte. Und dass Johannes in der Nähe war. Johannes würde auf sie aufpassen. Er liebte seine Schwester. Johannes würde dafür sorgen, dass nichts Schlimmes passierte.

Ein Siebzehnjähriger, dachte sie, allein auf der Flucht mit seiner suizidgefährdeten Schwester. Ein verstörter, verängstigter Junge und ein mehr als labiles Mädchen, irgendwo da draußen im Regen.

»Da war nichts.« Frau Lebrechts Stimme zitterte. »Da war gar nichts! Sie ist allein! Sie hat Angst! Wir müssen sie finden!«

Sophie wandte sich an Christian. »Wie lange wird es dauern, das Handy zu orten?«

Christian zuckte die Schultern.

★★★

»»Der von Ihnen gewünschte Teilnehmer ist zurzeit nicht erreichbar …‹«, äffte Agathe zornig in den Hörer. »Verdammt noch mal! Warum rennt ihr alle mit bescheuerten Handys herum, wenn nie einer zu erreichen ist?«

Freitag, Britta hatte gesagt, dass sie Freitag zurückkomme. Jetzt war Freitag. Schon ein paar Stunden. Es würde noch viele weitere Stunden Freitag sein. Leider konnte Agathe sich nicht erinnern, wo diese komische Tagung stattfand. Es interessierte sie im Grunde auch nicht. Aber jetzt wäre die Information hilfreich gewesen, um abzuschätzen, wie lange Britta fahren würde. Es machte Agathe wahnsinnig, hier zu hocken, ganz allein mit dem dicken Köter. Der sie zusätzlich nervös machte, weil er ständig durchs Zimmer rannte, überall schnüffelte und gelegentlich winselte.

Nachdem sie den Anruf bekommen hatte, war Margot losgerannt wie ein aufgescheuchtes Huhn. Sie hatte sich nicht die Mühe gemacht, Agathe Details zu erklären. »Elisabeth ist weg«, hatte sie nur gesagt. »Ich muss sofort zu Frau Lebrecht.«

Trallala, dachte Agathe. Die heilige Margot. Kümmerte sich aufopferungsvoll um wildfremde Menschen und ließ sie hier einfach hocken. Und das, nachdem sie die vierte Nacht in Folge auf ihrem Sofa geschlafen hatte. Und angekündigt, dass sie eine Überraschung für sie habe – eine, die sie für sich behalten wollte, weil sie aus irgendwelchen Gründen erst mit Sophie reden musste. Viel Wind, geheimnisvolle Andeutungen und dann kein Wort und so ein Abgang. Dabei wusste Margot, dass Geduld nicht unbedingt zu Agathes Stärken gehörte. Mit über neunzig hatte man keine Zeit mehr für Geduld.

Sie hatte schon versucht, Sophie anzurufen. Auch ohne Erfolg. Vermutlich hockte auch die bei Lebrechts. Vermutlich hatte sich die ganze Welt bei dieser Frau eingefunden, und nur sie, Agathe, war mutterseelenallein mit dem blöden Hund, der sie wahnsinnig machte. Dabei war sie ein Teil dieser Ermittlung. Sie tat wirklich, was sie konnte. Und ausgerechnet an den dramatischen Stellen schloss man sie aus.

Louis schnupperte an ihren Füßen. Er warf ihr einen Blick zu, so einen Hundeblick, winselte dann wieder und lief zur Tür.

»Ach, Köter«, seufzte sie. »Bist du tatsächlich alles, was mir bleibt?« Sie starrte auf den Schnaps, den sie sich eingeschenkt hatte, um damit den Ärger hinunterzuspülen. Sie merkte, dass sie keine Lust hatte, ihn zu trinken. Griff nach einer Schnapspraline und steckte sie sich in den Mund. Auch die schmeckte nicht wirklich gut.

Es klopfte. Endlich! Agathe sah zur Tür, bereitete eine Schimpftirade vor. Aber es war nicht Margot, es war auch nicht Britta, sondern nur diese Pflegerin. Sie sah sich um. »Oh, ganz allein heute?«, flötete sie dann unschuldig.

»Nein«, fauchte Agathe. »Machen Sie sich keine Hoffnungen. Ich hatte sehr wohl Besuch über Nacht. Der ist nur schon weg.«

Die Frau sah sie prüfend an. »Alles in Ordnung, Frau Hutschendorf?« Sie klang komisch. Freundlich, erkannte Agathe. Irritierend freundlich.

»Natürlich! Alles bestens, es geht mir prächtig, danke der Nachfrage!« Sie bemühte sich, barsch zu klingen.

Die Frau ging in die Hocke, kraulte Louis, der hektisch um ihre Füße wuselte. »Soll ich die Praktikantin fragen, ob sie kurz mit dem Hund rausgeht?«

Agathe sah sie misstrauisch an. »Ich denke, Hunde sind hier verboten.«

Die Frau seufzte, nickte dann. »Sind sie. Aber da er schon mal da ist, kann man vielleicht wenigstens dafür sorgen, dass er nicht wieder in ihr Zimmer macht. Sie wollen ja schließlich mich ärgern, oder? Und wenn es hier drin stinkt, dann ärgern Sie sich sicher mehr als ich mich.«

»Sie meinen, er muss mal?« Agathe musterte Louis interessiert. Das, so bemerkte sie, war tatsächlich möglich. Seit dem Malheur des vergangenen Tages hatte der Köter nichts mehr von sich gegeben. Und auch Hunde mussten müssen, natürlich.

»Es ist nicht zu übersehen, dass er mal muss. Aber es ist kein Problem, wir haben gerade eine reizende Schülerpraktikantin, die freut sich, wenn sie was zu tun kriegt. Ich geh sie suchen –«

»Nein …«, unterbrach Agathe. »Das ist …«, sie räusperte sich. »Danke, das ist nett«, hörte sie sich dann zu ihrer eigenen Überraschung sagen. Es stimmte natürlich, es war nett. Trotzdem gab es eigentlich keinen Grund, das zu erwähnen. Ausgerechnet jetzt einen Kuschelkurs einzuschlagen war alles andere als zielführend. Verdammt, das Alleinsein machte sie weich. »Das kann ich schon selber«, fügte sie also rasch an, so ungnädig wie möglich. »Ich gehe selbst mit ihm raus. Ein bisschen frische Luft wird uns beiden guttun.«

***

Trotz der Wolldecke, die Margot über ihre Beine gebreitet hatte, zitterte Frau Lebrecht am ganzen Körper. Margot legte ihr die Hand auf den Arm. »Wir werden sie finden«, sagte sie. »Sie müssen sich beruhigen.«

»Sie wird es wieder tun. Oh Gott, sie wird es wieder versuchen. Wenn sie stirbt, dann ...«

Frau Lebrechts Stimme brach.

»Johannes ist bei ihr. Johannes passt auf sie auf.«

Diese Aussage schien Frau Lebrecht tatsächlich ein wenig zu beruhigen. Sie seufzte. »Warum laufen sie weg? Wo wollen sie denn hin?«

»Das wird sich alles klären«, sagte Sophie. Sie hockte auf der Kante eines Sessels, wirkte, als bereite sie sich darauf vor, aufzuspringen und aus dem Raum zu stürmen. »Frau Lebrecht, denken Sie noch einmal genau nach. Gibt es irgendeinen Ort, an den sie gehen könnten? Einen Platz, wo Johannes sich sicher fühlt? Ein Versteck? Irgendetwas?«

»Ich weiß es doch nicht! Das sind meine Kinder, und ich weiß nichts über solche Dinge!« Tränen liefen über ihr Gesicht.

»Die Fahndung läuft«, mischte sich Christian ein. »Jeder Streifenwagen hält Ausschau nach den beiden. Machen Sie sich keine Sorgen.« Er stand auf, ging zum Fenster und sah hinaus in den Garten. Dann drehte er sich um, sah Frau Lebrecht an. »Es mag Ihnen unpassend erscheinen«, sagte er, »aber ich habe da noch ein paar Fragen. Wir müssen einige Dinge klären. Ich würde Sie jetzt nicht damit belästigen, aber es ist wichtig. Es ist an der Zeit, die Wahrheit zu sagen.«

Frau Lebrecht gab einen krächzenden Laut von sich. Sie zog ein Taschentuch heraus und wischte sich über die vom Weinen geröteten Augen. »Ich wollte nie ... ich wollte das doch alles nicht. Ich liebe sie doch, ich liebe meine Tochter ... und sie ist nicht so. Keine ... Elisabeth ist doch noch ein Kind!«

Sie schnäuzte sich, schluckte. »Es ist seine Schuld. Es ist alles seine Schuld. Ich habe es schon lange geahnt. Aber ich wollte es nicht wahrhaben. Ich habe mir eingeredet, dass es eine Schwärmerei ist. Der alberne Traum eines Teenagers. Ich hätte doch nie gedacht … er ist ein erwachsener Mann!«

»Wer? Frau Lebrecht, wovon sprechen Sie?«

Sie hob den Blick, sah Sophie an. »Wegener«, sagte sie. »Kaplan Wegener. Ich wollte mit ihm reden. Sobald sich die Gelegenheit ergibt. Ich dachte, ich kann ihm klarmachen, dass es … es ist unrecht. Aber sie war glücklich, so glücklich. Und sie war so weit weg von mir.«

»Sie meinen, Elisabeth und der Kaplan …?« Christian brach ab. Atmete durch. Es gab keinen Grund, den Satz zu Ende zu führen, beschloss er. Überhaupt keinen Grund. »Hat Ihr Mann davon gewusst?«, fragte er dann.

Frau Lebrecht schluckte. Schüttelte hektisch den Kopf.

»Sind Sie da ganz sicher?«

Frau Lebrecht verbarg das Gesicht in den Händen. Ein paar Minuten hörte man nichts als schweres Atmen. Dann senkte sie die Hände. Wieder sah sie Christian an. »Es ist zu spät, nicht wahr? Jetzt hilft das Lügen nicht mehr.« Sie seufzte. »Geahnt hat er es wohl schon eine Weile. Aber er hat nie etwas gesagt. Bis zu jenem Abend. Bis Sonntag. Es war grauenhaft. Er hat abscheuliche Dinge gesagt. Er hat sie Flittchen genannt, Pfaffenhure, aber sie ist doch seine Tochter! Er hat gesagt, das sei alles meine Schuld. Und dann ist er ihr nachgegangen. Ich wollte ihn aufhalten. Aber ich konnte nicht, ich hatte schon mein Schlafmittel genommen. Ich wusste nicht, was ich tun sollte. Ich hatte Angst und habe mir eingeredet, dass das alles nicht wirklich passiert.«

»Er ist zum Kaplan gegangen?«

»Ich weiß es nicht. Er hat gesagt, er holt sie nach Hause. Elisabeth. Ich habe ihn angefleht. Habe gesagt, er soll sich beruhigen. Warten, bis sie kommt, aber er wollte nichts davon hören. Er ist gegangen. Und ich habe mich ins Bett gelegt. Einfach ins Bett gelegt.«

Sie schob die Decke beiseite, erhob sich vom Sofa und begann, durchs Wohnzimmer zu gehen. »Ich habe mich verkrochen.« Es klang, als spräche sie mehr mit sich selbst als mit den Beamten. »Alles wird wieder gut, habe ich gedacht, alles geht ja immer weiter. Er ist ein anständiger Mensch, Kaplan Wegener, habe ich gedacht, er tut meiner Tochter nicht weh. Und dann bin ich eingeschlafen, und am nächsten Morgen war Elisabeth da. Und ich dachte, dass alles gut ist, aber dann war er tot, Wolfram war tot, und jetzt kriege ich endlich die Quittung, das, was ich verdiene. Mein Mann ist tot, und ich werde meine Kinder verlieren. Das Einzige, was gut ist in meinem Leben. Jetzt bekomme ich das, was ich verdient habe.«

★★★

Johannes öffnete die Sperrholztür. Er sah sofort, dass Elisabeth nicht mehr auf der Matratze lag. Er biss sich auf die Unterlippe. Alles war schiefgegangen. Es hatte viel länger gedauert als gedacht, einen geöffneten Supermarkt zu finden. Er war gelaufen, zu lange unterwegs gewesen. Einmal hatte er einen Streifenwagen gesehen, hatte sich schnell in eine Seitenstraße verdrückt, gewartet, bis er endlich außer Sicht war.

Die ganze Zeit hatte er Angst gehabt. Ihm war klar, dass es nicht ging. Er konnte sie nicht so lange allein lassen. Elisabeth war nicht stabil genug. Obwohl er es nicht gern tat – er war froh, dass er die Tür zum Bauwagen abgeschlossen hatte. Sie würde es hoffentlich nicht merken. Sie würde schlafen; wenn er Glück hatte, schlief sie die ganze Zeit.

Aber er hatte kein Glück. Die Matratze war leer. Panik überfiel ihn. Aber dann hörte er sie atmen. Erleichtert trat er in das Halbdunkel des Wagens. »Es tut mir leid, dass es so lange gedauert hat«, sagte er.

Im Augenwinkel sah er die Bewegung. Dann fühlte er den Schmerz. Immer wieder. Er versuchte zu schreien. Ihren Namen zu rufen. Aber es kam kein Laut aus seiner Kehle. Es tat weh, seine Seite, sein Rücken, alles tat entsetzlich weh. Seine Beine gaben nach, und er sank zu Boden. Er konnte sich nicht bewegen. Er konnte nicht sprechen. Aber er konnte sie hören.

»Warum hast du das gemacht?«, sagte Elisabeth. »Ich hab dich doch lieb. Warum hast du mich angelogen?« Sie schien zu seufzen. »Aber jetzt ist es egal. Bald ist es sowieso zu Ende. Ich habe es jetzt verstanden. Und du musst das auch akzeptieren. Ich kann nicht bei dir bleiben, Johannes. Aber wir sehen uns bald wieder. Und ich verzeihe dir. Hab keine Angst, ja? Ich gehe jetzt. Johannes, das verstehst du doch, oder?«

Er versuchte, etwas zu sagen. Aber er brachte nur ein Röcheln hervor. Er schmeckte Eisen. Blut, dachte er, in meinem Mund ist Blut. Ihre Schritte entfernten sich. Die Schmerzen ließen nach. Alles löste sich auf, und er sank in Dunkelheit.

★★★

Elisabeth rannte ein Stück. Aber sie wurde schnell müde. Sie ging langsamer. Regen tropfte von den Bäumen. Aus ihren Haaren. Sie trug nur Jeans und T-Shirt. Es war kalt. Elisabeth sah sich um. Sie war mitten im Wald. Sie hatte keine Ahnung, in welche Richtung sie gehen musste. Erschöpft ließ sie sich auf den nassen Waldboden sinken. Sie zog das Messer aus der Tasche und betrachtete ihre nackten Unterarme. Sie setzte die Klinge an und ritzte in die Haut. Es tat nicht sehr weh. Es brannte nur ein bisschen. Sie hielt inne. Es war zu früh. Es war nicht richtig hier. Ihre Hände zitterten. Ihr ganzer Körper zitterte. Es war zu kalt. Sie stand wieder auf und lauschte. Von irgendwoher hörte sie ein Auto. Und noch eins. Eine Straße, dachte Elisabeth, eine Straße war gut. Sie ging weiter. Von den Bäumen tropfte der Regen, und immer wieder blieb sie an Brombeerranken hängen. Aber sie ging weiter, folgte dem Geräusch. Nach einigen Minuten erreichte sie die Landstraße. Elisabeth lächelte. Jetzt wusste sie, wo sie war. Sie würde bald ins Warme kommen. Hin und wieder blieb sie stehen. Es waren nur wenige Autos unterwegs. Niemand interessierte sich für sie. Elisabeth merkte, dass ihre Kräfte nachließen. Aber sie würde nicht aufgeben. Diesmal nicht. Jetzt würde sie die Sache zu Ende bringen. Elisabeth hatte keine Angst mehr.

★★★

Louis hatte an so ziemlich jede Ecke und jeden Busch, den sie passiert hatten, gepinkelt. Agathe fragte sich, woher er all die Flüssigkeit nahm. Immerhin beließ er es bei Flüssigkeiten. Natürlich hatte Agathe keine Sekunde ernstlich geplant, diese kleinen Plastiksäckchen, die Britta ihr gegeben hatte, zu benutzen, um das zu tun, was sich für einen würdigen Menschen von selbst verbot. Aber sie hatte auch keine Lust, dem Tier dabei zuzusehen, wie es das produzierte, was keiner sehen wollte.

Immerhin schien er seine kleine Alkoholvergiftung gut überstanden zu haben. So gut, dass sie Britta, die sich ohnehin nur furchtbar aufregen würde, nichts davon erzählen musste.

Es gab schließlich genug anderes zu berichten. Theoretisch jedenfalls. Und irgendwann auch praktisch. Margot konnte ja nicht für immer bei der Lebrecht bleiben. Vermutlich war das Mädchen längst wieder da. Sicher würde sie bald auftauchen, mit Sophie, der Fall wäre gelöst, sie würden anstoßen. Dann würde Margot auch endlich ihr geheimnisvolles Geheimnis preisgeben, und die Welt wäre wieder in Ordnung.

Sie sah auf die Uhr. Es war fast zwölf. Bestimmt war Britta jetzt zu Hause.

Sie drückte die Tür zum Treppenhaus auf. Nie war hier abgeschlossen, im Grunde eine Leichtsinnigkeit, dachte Agathe. Sie nahm den Aufzug. Sie hatte das Haus ohne Rollator verlassen, hatte nur den Gehstock aus Eiche mit dem goldenen Knauf, über den Margot sich immer lustig machte, mitgenommen. Sie war erschöpfter, als ihr lieb war.

Oben angekommen, klingelte sie lang und anhaltend. Lauschte in die Wohnung, aus der nur Grabesstille drang. Verdammt! Sie ärgerte sich. Zog erneut das Handy aus der Tasche und wählte Brittas Nummer. »Der von Ihnen gewünschte Teilnehmer ...«, hob die gnadenlose Computerstimmte an. Wütend drückte sie das Gespräch weg.

***

Stunden, so schien es Johannes. Stunden hatte es gedauert. Millimeter um Millimeter bewegte er sich über den Boden. Immer so weit, bis der Schmerz ihn stoppte, die Dunkelheit erneut nach ihm griff. Er wusste nicht genau, warum er das überhaupt tat. Ihm war völlig klar, dass er im Begriff war, zu sterben. Der Gedanke machte ihm komischerweise keine Angst. Ganz im Gegenteil, er war irgendwie beruhigend. Wenn er tot war, dann würde nichts mehr wehtun. Nicht innen und nicht außen.

Und doch war da etwas, was ihn antrieb, vorwärts, immer weiter. Ein Teil, der verzweifelt leben wollte. Trotz allem. Der nicht anders konnte.

Er hatte es fast geschafft. Er streckte die Hand aus. Erreichte das Telefon. Er drückte Tasten. Immer wieder verschwamm alles vor seinen Augen. Es dauerte ewig. Irgendwann hörte er ein Freizeichen. Er wusste nicht, ob er sprechen konnte. Er hörte eine Stimme. Wollte antworten. Er krächzte. Rang nach Luft. Das tat weh. Das Atmen tat furchtbar weh. Er formte Worte. Und hoffte, dass sie einen Sinn ergaben.

★★★

Sophie war leichenblass, als sie den Hörer auflegte. Sie starrte in die Gesichter von Christian, Margot und Frau Lebrecht. Sah Angst, Hoffnung. Sie schluckte. Räusperte sich. »Das war Johannes. Er ist … er ist verletzt. Er braucht Hilfe.«

»Wo ist er?« Christian packte ihren Arm.

»Er konnte nicht gut sprechen«, sagte Sophie leise, in der Hoffnung, dass Frau Lebrecht ihre Worte nicht verstand. »Er hat etwas von einem Bauwagen gesagt …«

In diesem Moment klingelte Christians Handy. Sophie sandte ein Stoßgebet zum Himmel. Sie wurde erhört. »Im Wald, im Kottenforst«, sagte er, nachdem er kurz gelauscht hatte.

Sophie fasste Frau Lebrecht am Arm und zog sie mit sich. Margot folgte ihnen. Niemand protestierte, als sie sich mit auf die Rückbank des Autos setzte. Christian fuhr, während Sophie nach dem Rettungswagen telefonierte. Danach herrschte Stille im Wagen.

Sophie betete stumm, dass sie rechtzeitig kamen. Johannes hatte nicht geklungen, als hätten sie viel Zeit.

Der letzte Teil des holprigen Waldweges war nicht mehr als eine Schlammpiste, aufgeweicht vom Regen.

»Da!« Sophie sah den Bauwagen, der hinter Bäumen und Sträuchern kaum zu erkennen war, zuerst.

»Du bleibst mit ihr hier«, befahl Christian Margot. Frau Lebrecht kauerte auf dem Rücksitz und machte keine Anstalten, sich zu rühren.

Sophie und Christian rannten durch den Regen bis zum Bauwagen. Sophie schnappte nach Luft, als sie die Blutspur sah, die hinter der Tür auf dem Holzboden zu sehen war. Eine kurze Spur, an deren Ende Johannes lag. Bewusstlos, bitte lass ihn bewusstlos sein, flehte sie stumm, während Christian sich neben ihn kniete, nach seinem Puls tastete.

»Er lebt«, sagte er, den Blick auf die zahlreichen Stichwunden am Rücken des Jungen gerichtet. »Er lebt, aber der Puls ist schwach.«

Johannes gab ein Röcheln von sich. Er schlug kurz die Augen auf.

»Johannes, kannst du mich hören?« Christian legte dem Jungen die Hand auf die Schulter. »Wir sind da. Gleich kommt der Rettungswagen. Bleib ruhig, Johannes. Halt durch. Du schaffst das!«

»Elisabeth ...«, krächzte Johannes.

»Sie ist nicht hier. Aber wir werden sie finden. Wir kümmern uns um deine Schwester. Johannes, wer hat dir das angetan? Wer war das?«

»Elisabeth«, wiederholte er.

»Konzentrier dich, Johannes. Wir finden Elisabeth. Aber wir müssen wissen, wer dich angegriffen hat.«

»Sie hat ein Messer.« Der Junge war kaum zu verstehen. »Elisabeth, sie hat ...« Er hustete. Ein Rinnsal Blut, verwässert mit Speichel, lief aus einem Mundwinkel.

»Ruhig, bleib ganz ruhig!« Christian warf Sophie einen hilflosen Blick zu. »Nicht mehr sprechen. Gleich kommt Hilfe.«

Draußen fuhr ein Wagen vor. Wenige Sekunden später waren die Rettungssanitäter da, gefolgt vom Notarzt. Während sie den Jungen eilig stabilisierten und zu ihrem Wagen trugen, zerrte

Sophie eine schockstarre Frau Lebrecht von der Rückbank und verfrachtete sie in den Rettungswagen. Der Fahrer protestierte, aber Sophie ließ nicht mit sich verhandeln.

»Sie ist die Mutter. Sie hat vermutlich einen Schock. Und die da …«, sie gab Margot einen Wink, »die fährt auch mit. Macht euren Job, damit ich meinen machen kann!« Sie seufzte. »Wird er es schaffen?«

Ein Schulterzucken und ein Blick gen Himmel waren die einzige Antwort.

Für einen Moment standen Christian und sie reglos da, standen im strömenden Regen und sahen dem zuckenden Blaulicht nach.

25

Britta war guter Dinge. Ihr Vortrag war wunderbar gelaufen. Die ganze Veranstaltung war ein Erfolg gewesen. Netzwerken, dachte sie, war eine feine Sache. Es tat gut, von Menschen umgeben zu sein, die sich für dieselben Dinge interessierten wie sie. Die diese Dinge ernst nahmen, wertschätzten, sie nicht lächerlich fanden oder machten. All das hatte ihre Stimmung derart gehoben, dass nicht einmal der triste Dauerregen ihr die Laune verderben konnte. Oder gar der Umstand, dass sie den Handyauflader vergessen hatte. Eigentlich hatte es ihr gutgetan, zwei Tage nicht erreichbar zu sein. Nicht zu haben für Beschwerden, Wünsche, Eskapaden. Natürlich hätte sie zwischendurch gern mit Christian gesprochen, aber der war vermutlich ohnehin zu beschäftigt, um zu plaudern.

Die Scheibenwischer quietschten gleichmäßig über die Frontscheibe. Aus dem Radio dudelte leichter Sommerpop. Britta drehte die Lautstärke hoch und sang aus vollem Hals mit. Fast hätte sie die Abfahrt verpasst. Im letzten Moment setzte sie den Blinker, scherte ein wenig halsbrecherisch aus. Sie war müde. Es war spät geworden gestern, sie hatten zusammengesessen, geredet, sie hatten sich viel zu erzählen gehabt. Britta freute sich auf ein Mittagsschläfchen.

Auf der Landstraße war im Unterschied zur Autobahn kaum etwas los. Der Regen fiel nach wie vor dicht und grau, darum bemerkte Britta die Gestalt am Straßenrand erst, als sie fast vorbei war. Sie warf einen Blick in den Rückspiegel, legte dann eine Vollbremsung hin, die auf der nassen Fahrbahn zu einem leichten Schleudern führte. Sie ließ das Fenster hinunter. »Elisabeth?«

Das Mädchen kam näher, beugte sich vor und sah in den Wagen. Sie war völlig durchnässt, ihre nackten Arme waren blutig zerkratzt, das T-Shirt verschmiert. Kurz entschlossen öffnete Britta die Beifahrertür. »Steig ein! Ich nehme dich mit!«

»Nein danke, ich soll nicht mit Fremden fahren …« Sie klang wie ein kleines Kind.

»Ich bin Britta Brandner. Ich kenne deine Mutter. Du hast natürlich recht, aber … Elisabeth, du bist völlig durchweicht. Du hast ja schon eine Gänsehaut. Zu Fuß brauchst du mindestens eine Stunde nach Hause. Du holst dir den Tod. Steig ein, bitte.«

Sie dachte an Frau Lebrecht. »Meiner Tochter geht es nicht gut«, hatte sie gesagt.

»Ich will nicht nach Hause«, sagte Elisabeth. Ich aber, dachte Britta und war kurz in Versuchung, einfach die Schultern zu zucken und weiterzufahren. Sie konnte das Mädchen ja nicht zwingen. Das Mädchen, das klitschnass war und Blut an den Armen hatte. Das zitterte, wie sie jetzt bemerkte. Kein Mädchen, das man einfach im Regen stehen ließ.

»Jetzt komm, steig erst mal ein! Dann sehen wir weiter.«

Elisabeth zögerte noch immer.

»Pass auf, ich hab eine Idee«, sagte Britta. »Du steigst ein, und ich fahr dich irgendwohin, wo du dich aufwärmen kannst. Du kannst mit zu mir kommen, ich mach dir einen Tee und gebe dir was Trockenes zum Anziehen. Wenn du willst, kannst du dich duschen. Und wir versorgen deine Arme, das sieht ja böse aus.«

Genau das, dachte sie, genau das war ein Vorschlag, den jedes zur Vorsicht erzogene Kind ablehnen musste. Aber Elisabeth war siebzehn und nicht elf. Sie war eine junge Frau, die aus dem Regen musste.

Das Mädchen stand da, starrte auf ihre Arme. Sie schien erst jetzt zu bemerken, dass sie verletzt war. Ihr Blick wandte sich Britta zu. »Mir ist kalt«, bemerkte sie beiläufig. »Ich würde gerne mitfahren. Aber Sie müssen mir versprechen, dass Sie mich nicht nach Hause bringen. Versprechen Sie das?«

Britta zögerte. Sie nickte. Eine Notlüge, dachte sie, eigentlich nicht mal wirklich eine Lüge. Wenn es nicht anders ging, dann würde sie Elisabeth eben mit zu sich nehmen. Frau Lebrecht anrufen, wenn sie unter der Dusche stand.

Elisabeth öffnete die Wagentür.

★★★

Sophie saß neben dem Kaplan auf der Rückbank und starrte auf dessen Hände. Sie zitterten. Er machte nicht den Eindruck, als würde er Ärger machen. Trotzdem war Sophie nicht wohl bei dem Gedanken, ihn durch die Gegend zu fahren. Zumal es ihre Idee gewesen war, eine spontane, möglicherweise unausgereifte Idee.

Elisabeth war zur Fahndung ausgeschrieben, man suchte nach ihr. Christian und sie hatten gemeinsam überlegt, was sie tun würde. Sie würde ihn suchen, das schien naheliegend. Zweifellos war sie außer Kontrolle, und wenn es irgendjemanden gab, der zu ihr durchdrang, dann vermutlich Wegener.

Der Mann, den sie liebte. Der Mann, zu dem sie fliehen würde. Das jedenfalls hoffte Sophie. Sie hob den Blick und musterte Wegeners Profil. Fragte sich, was ein junges Mädchen an ihm fand. An diesem Milchgesicht, er sah aus wie ein Schuljunge. Aber Elisabeth war siebzehn, vielleicht war es also genau das.

Sophie beschloss, den Gedankengang zu beenden. Das waren nicht die Fragen, mit denen sie sich zu beschäftigen hatte. Wichtig war, dass Elisabeth auftauchte. Sie mussten sie finden. Elisabeth, die mit einem Messer auf ihren Bruder losgegangen war.

Das Bild von Johannes ließ sich nicht leicht abschütteln. Sophie hätte gern jemanden dabeigehabt, der sich auskannte. Mit Psychologie. Jemanden, der wusste, wie man mit messerstechenden Backfischen umging. Leider war gerade niemand zur Hand.

»Was soll das alles?« Es waren die ersten Worte, die der Kaplan zu äußern wagte, seit sie ihn aus der Zelle ins Auto gezerrt hatten. »Wo fahren wir hin?«

»Wir fahren zu Ihnen nach Hause«, erklärte Christian kurz angebunden. »Es könnte nämlich sein, dass Sie Besuch kriegen.«

Wegener runzelte die Stirn. Dann sah er Sophie an. Seine Augen schimmerten verdächtig. »Was spielen Sie für ein Spiel? Ich habe doch alles gestanden! Ich möchte meinen Anwalt sprechen!«

Es war vermutlich sein weinerlicher Ton, der dazu führte, dass in Sophies Kopf etwas explodierte. Sie packte Wegener am Kragen seines T-Shirts und zog sein Gesicht nah an ihres. »Sie können sich Ihren Anwalt vorerst in die Haare schmieren«, zischte sie. »Genau wie Ihr falsches Geständnis. Ist Ihnen eigentlich klar, was passiert ist, während wir unsere Zeit mit Ihnen und der fröhlichen Märchenstunde vergeudet haben? Elisabeth ist irgendwo da draußen. Sie hat versucht, sich umzubringen. Sie hätte um ein Haar ihren eigenen Bruder getötet. Sie ist irgendwo da draußen, und keiner weiß, was sie als Nächstes tun wird. Und wissen Sie, warum das so ist? Wissen Sie, warum dieses Mädchen gerade durchdreht?«

Sie versuchte, sich zu beherrschen. Vergeblich. »Sie ist siebzehn! Und Sie sind ein katholischer Geistlicher! Sie kommt nicht klar, kapieren Sie das? Sie kommt mit dem, was da passiert ist, emotional und psychisch nicht klar!«

Christian bremste ein bisschen zu scharf. »Sophie!« Mehr musste er nicht sagen. Sophie ließ den Mann los, wandte sich ab, sah aus dem Wagenfenster.

»Ich weiß doch, dass es falsch war«, hörte sie den Kaplan wimmern. »Aber ich … ich liebe sie. Ich liebe sie doch …«

Sophie biss sich auf die Zunge und schwieg.

★★★

Vor der Haustür waren alle Parkplätze besetzt, und so mussten Britta und Elisabeth ein Stück durch den Regen rennen, bevor sie die warme und trockene Wohnung erreichten. Britta führte Elisabeth ins Wohnzimmer.

»Es sieht ein bisschen chaotisch aus«, sagte sie entschuldigend, musterte das Sofa, auf dem Christian augenscheinlich zwischendurch gelegen hatte. Die Kissen waren ineinandergeschoben, auf dem Couchtisch stand eine Flasche Bier, drei viertel voll. »Mein Freund, er hat es wohl eilig gehabt …«

Themenwechsel, dachte sie, Christian war vermutlich kein gutes Thema. »Ich setz mal schnell Wasser auf, für Tee«, fuhr sie hektisch fort. »Und ich hole dir ein Handtuch. Trockene Klamotten, meine Sachen werden dir ein bisschen groß sein, aber du musst raus aus dem nassen Zeug. Willst du duschen? Oder vielleicht ein heißes Bad nehmen? Um wieder warm zu werden?«

»Danke nein«, sagte Elisabeth. »Es geht schon.«

Britta griff nach der Bierflasche und trug sie in die Küche. Dachte kurz und wehmütig an den geplanten Mittagsschlaf. Aber es half ja nichts. Elisabeth musste sich aufwärmen, ein bisschen beruhigen. Und bei der nächsten Gelegenheit würde sie ihre Mutter anrufen. Die machte sich sicher schon Sorgen.

Britta stellte den Kessel auf den Herd, ging dann ins Schlafzimmer und zog eine Jeans und ein T-Shirt heraus. Vielleicht sollte sie doch anrufen, jetzt gleich, von hier, vom Apparat im Schlafzimmer. Elisabeth würde es nicht merken, und Frau Lebrecht wäre beruhigt. Die Überlegung erwies sich als müßig, denn ein Blick auf die Telefonstation zeigte, dass der Apparat einmal mehr nicht da war, wo er sein sollte. Britta nahm sich zum tausendsten Mal vor, ordentlicher mit den Telefonen zu sein, und kehrte mit den trockenen Kleidern zurück ins Wohnzimmer.

Elisabeth stand am Fenster und starrte hinunter auf die Straße.

»Hier«, sagte Britta. »Probier mal, ob das passt!«

Elisabeth drehte sich um und sah Britta aus merkwürdig leeren Augen an.

»Danke schön«, sagte sie dann, lächelte abwesend. In der Küche pfiff der Wasserkessel.

»Trockne dich ab und zieh dich um«, sagte Britta. »Ich bin gleich zurück!«

Während sie Wasser über die Teeblätter goss, überlegte sie, wie sie diese beängstigende Teilnahmslosigkeit durchbrechen sollte. Das Mädchen wirkte schrecklich abwesend, fast wie eine Schlafwandlerin. Vermutlich war es am sinnvollsten, einfach so zu tun, als wäre alles in bester Ordnung. Sie nicht aufzuregen. Vermutlich, dachte Britta, denn alles, was sie über Psychologie wusste, stammte aus fragwürdigen, populärwissenschaftlichen Quellen im Internet. Küchenpsychologie – das reichte sicher nicht. Das Wetter, dachte sie, vielleicht sollte sie einfach über das Wetter reden.

Was für ein Quatsch, dachte sie dann, was für ein Unsinn. Sie würde den Tee holen und ins Wohnzimmer gehen. Dann würde sie das Telefon nehmen und bei Elisabeths Mutter anrufen. Was sollte schon passieren? Selbst wenn Elisabeth nicht nach Hause wollte, sie würde einsehen, dass ihre Mutter wissen musste, wo sie war.

Sie hörte Schritte. Bevor sie sich umdrehen konnte, spürte sie einen heftigen Schlag auf ihrem Hinterkopf. Während sie noch versuchte, das zu verstehen, wurde ihr schwarz vor Augen.

★★★

Das Siegel an der Haustür war zerrissen. Christian und Sophie tauschten einen Blick, bevor Sophie den Schlüssel aus der Tasche holte. Sie betraten den Flur. Lauschten einen Moment. Es war totenstill.

»Ich geh nachsehen.« Christian setzte sich in Bewegung.

»Warum sind wir hier?« Der Kaplan traute sich offenbar nicht, seine Stimme über Flüstern zu heben. Er stand an der Schwelle und starrte in seinen eigenen Flur, als handele es sich um eine Folterkammer.

»Wir gehen davon aus, dass sie Sie sehen will«, erklärte Sophie. »Wir hoffen, dass sie hierherkommt. Die Kollegen suchen überall nach ihr. Sie drehen jeden Stein um. Sie behalten jede Brücke im Auge, die Eisenbahnstrecken. Wir können nur hoffen, dass das reicht …«

»Sie meinen … was sagen Sie da?«

»Sie hat versucht, sich umzubringen. Sie ist äußerst labil. Sie wird es möglicherweise wieder versuchen.«

Christian kam die Treppen herunter. »Keiner hier«, sagte er.

»Wenn sie stirbt …« Die Stimme des Kaplans brach. Er schluchzte auf. »Gott, wenn sie stirbt, dann ist das allein meine Schuld.«

»Ja, das sehe ich genau wie Sie«, murmelte Sophie, während Christian die Haustür schloss.

★★★

Sie war am Leben.

Brittas grundsätzlich positive Erkenntnis im Moment des Erwachens verlor leider rasch an Attraktivität. Sie war am Leben, ja, aber sie saß auf einem der Stühle am Wohnzimmertisch, festverzurrt mit der Wäscheleine, die sie vor Urzeiten gekauft,

anlässlich des Umzugs in eine Kiste gepackt und wieder heraus-
genommen hatte, um sie achtlos in eine der Küchenschubladen
zu stopfen, weil sie eigentlich keinerlei Verwendung dafür hatte.
Man sollte die Dinge wegwerfen, dachte sie, nutzlose Dinge
muss man wegwerfen, bevor sie sich gegen einen wenden. Sie
versuchte, die Hände zu bewegen, aber der Knoten war fest. Sie
wunderte sich, wie Elisabeth es geschafft hatte, sie von der Küche
hierherzubringen, auf den Stuhl zu setzen und zu fesseln. Das
erforderte mehr Körperkraft und Geschick, als sie dem Mädchen
zugetraut hatte. Irgendwo hatte sie mal gelesen, dass Wahnsinnige
zuweilen enorme körperliche Kräfte zu aktivieren vermochten.
Kein tröstlicher Gedanke, ganz und gar nicht.

Sie sah die nassen Kleider des Mädchens auf dem Boden liegen.
Elisabeth saß auf dem Sofa. Sie trug Brittas Jeans und das T-Shirt,
hatte sich das Handtuch wie einen Turban um die nassen Haare
geschlungen. Sie trank in aller Seelenruhe Tee.

Britta stöhnte leise, und Elisabeth fuhr hoch. »Gott sei Dank!«,
rief sie und klang ehrlich erfreut. »Ich dachte schon, Sie seien
tot!«

»Was soll das?« Britta fiel nichts Klügeres ein.

Elisabeth lächelte freundlich. »Der Tee ist lecker«, erklärte sie.
»Und mir ist schon richtig schön warm. Gucken Sie, sogar die
Hose passt. Na ja, ein bisschen zu weit. Aber es geht. Ich fühle
mich schon viel, viel besser. Sie sind wirklich eine sehr nette
Frau!«

Britta atmete tief durch. »Schön«, sagte sie. »Schön, dass du
dich besser fühlst. Aber mach mich doch bitte los, Elisabeth. Die
Fesseln tun mir weh. Ehrlich gesagt verstehe ich auch nicht, was
das soll. Es ist doch nicht nötig, dass du mich fesselst. Ich bin
doch auf deiner Seite.«

Elisabeths Stirn legte sich in Falten. »Nein«, sagte sie und klang
bedauernd. »Das stimmt doch nicht. Sie lügen mich an, so wie
alle. Sie haben versprochen, niemandem Bescheid zu sagen.«

»Das habe ich nicht. Elisabeth, ich habe niemandem gesagt,
dass du hier bist.«

Die Falten zogen sich weiter zusammen. Das Mädchen legte
den Kopf zur Seite, musterte Britta misstrauisch.

»Du warst doch die ganze Zeit hier, beim Telefon. Und mein Handy ist leer, selbst wenn ich gewollt hätte, ich hätte niemanden anrufen können.«

»Es ist egal.« Elisabeth klang unwillig. »Es ist sowieso egal.«

»Nein! Nein, das ist es nicht! Bitte, Elisabeth. Mach mich los! Ich habe dich nicht angelogen. Ich will dir doch helfen!«

»Ach Gott …« Elisabeth biss sich auf die Unterlippe. »Das ist nett. Aber Sie können das nicht«, sagte sie. »Sie können mir gar nicht helfen. Dazu ist es viel zu spät.« Es klang sachlich. Die Feststellung eines bedauerlichen Umstandes.

»Wozu soll es denn zu spät sein? Elisabeth, du kannst mir alles sagen. Egal, was es ist, wir kriegen das hin. Denk an deine Mutter. Sie macht sich bestimmt schon schreckliche Sorgen um dich.«

»Nein, das glaube ich nicht«, sagte Elisabeth, die wieder ans Fenster getreten war. »Ich glaube, sie ist sehr böse auf mich. Meine Mutter. Fürchterlich böse!«

»Ganz sicher nicht. Sie liebt dich doch. Das weißt du, oder?«

»Klar liebt sie mich. Aber sie liebt auch Johannes. Sie streiten dauernd, aber sie liebt ihn trotzdem. Sie wird sehr böse auf mich sein, weil ich ihn umgebracht habe.«

Britta stockte kurz der Atem. Dann wurde ihr übel. Falsch verstanden, dachte sie, ich habe das falsch verstanden. Ihr Magen hob sich.

»Keiner wird das verstehen.« Elisabeth wandte sich wieder Britta zu. »Es ist auch wirklich, wirklich schwer zu erklären. Ich habe ihn lieb. Aber er hat mich angelogen. Er hätte mich nicht anlügen dürfen.«

Sie klang weinerlich, und ihr Gesicht verzog sich schmollend. »Ich wollte ihn ja gar nicht umbringen«, sagte sie. »Es ist einfach passiert. Und darum kann ich jetzt nicht nach Hause. Und ich kann auch nicht zurück ins Krankenhaus. Ich kann nicht zu Jan, weil er bei der Polizei ist. Und die sperren mich ein, ins Gefängnis, ich will aber nicht ins Gefängnis.«

»Nein«, keuchte Britta. Riss sich zusammen, kontrollierte ihren Atem. »Du bist siebzehn. Niemand sperrt dich ein. Jan wird dich beschützen. Es wird nichts Schlimmes passieren.«

Elisabeth winkte ab. »Es ist schon sehr viel Schlimmes passiert. Niemand kann das aufhalten. Aber das verstehen Sie nicht.«

»Dann erklär es mir«, flehte Britta. Ihr Kopf dröhnte. Zeit. Sie musste Zeit schinden. Bis ihr eine Lösung einfiel. Oder bis ein Ritter auf einem weißen Pferd in ihr Wohnzimmer galoppiert kam und sie rettete. »Bitte, erklär es mir!«

Elisabeth setzte sich wieder aufs Sofa. Sie griff nach ihrer Teetasse und nippte daran. »Es ist nicht so einfach«, sagte sie. »Aber Sie sind nett. Deshalb hatte ich ja Angst, dass Sie tot sind. Sie haben mir geholfen. Aber es ist so kompliziert. Es geht so durcheinander. Ich bin so durcheinander. Darum habe ich ja auch Johannes geglaubt. Und Jan. Obwohl mich alle angelogen haben.«

»Ich habe dich nicht angelogen«, krächzte Britta.

»Noch nicht! Aber ich kann es Ihnen ansehen. Sie denken auch, dass ich ins Gefängnis muss. Vielleicht haben Sie ja sogar recht. Ich habe Johannes umgebracht. Und vielleicht das Baby. Das ist das Allerschlimmste, wissen Sie? Ich habe nicht an das Baby gedacht. Ich habe die ganzen Tabletten genommen, und das ist schlecht für das Baby. Ich habe es umgebracht. Ich kann das jetzt fühlen. Ich habe eine Leiche in meinem Bauch, wissen Sie? Das arme Ding. Es war noch so klein. Aber es ist nicht meine Schuld. Sondern seine. Er hat mich angelogen. Immer!«

»Wer? Wer hat dich angelogen?«

»Jan! Er hat doch gesagt, er liebt mich. Er hat gesagt, er geht mit mir weg. Aber er hat gelogen.« Elisabeth klang zornig. »Dabei war es auch sein Baby!«

»Du musst zu einem Arzt gehen, Elisabeth. Bestimmt ist das Baby am Leben.« Britta war nicht willens, eine Chance ungenutzt verstreichen zu lassen.

»Es ist tot! Es ist in meinem Bauch! Glauben Sie, ich merke nicht, dass es tot ist?«

Elisabeth warf ihr einen bösen Blick zu. Dann bückte sie sich zu dem Berg nasser Kleider. Sie zog das Messer hervor. Britta versuchte, ruhig zu atmen. Elisabeth lehnte sich zurück und betrachtete gedankenverloren die blutbeschmierte Klinge. »Ich kann nicht ins Gefängnis. Aber ich habe das Baby umgebracht. Und Johannes. Den Teufel.«

»Du denkst, Johannes ist der Teufel?« Britta schaffte es kaum noch, einen klaren Gedanken zu fassen. Ihre Augen klebten an dem blutigen Messer.

»Johannes? Nein, was für ein Unsinn! Johannes ist kein Teufel. Er hat sich mit ihm angelegt, immer wieder. Ich nicht. Ich hatte ja Jan. Ich liebe ihn so sehr, wissen Sie? Es ist Sünde, hat er gesagt, wir dürfen das nicht tun. Aber das stimmt nicht. Es war wunderschön und gut und richtig. Und dann kam der Teufel und wollte alles kaputtmachen.«

Sie brach ab und schloss die Augen. Dann seufzte sie und schwieg.

»Natürlich ist das keine Sünde.« Brittas Hirn fühlte sich an wie ein Schwamm. »Liebe ist etwas Wunderbares. Und du darfst nicht aufgeben. Ihr liebt euch, und darum musst du kämpfen, Elisabeth.« Groschenheft, Kitschroman, Küchenpsychologie, dachte sie, ich rede um mein Leben, und heraus kommt nur Schwachsinn.

Das Schrillen des Telefons unterbrach die rasenden Gedanken. Elisabeths Augen weiteten sich vor Schreck. »Wer ist das?«

»Ich weiß es nicht«, antwortete Britta. »Ich habe keine Ahnung.«

★★★

Agathe lauschte dem Tuten, das schon zu lange dauerte, um Erfolg zu versprechen. Sie hockte im Café, trank die dritte Tasse Kaffee. Nachdem Brittas Handy ihr noch immer nichts weiter angeboten hatte als die dusselige Computeransage, versuchte sie es erneut bei ihr zu Hause. Es war halb drei, langsam musste sie doch zurück sein.

Obwohl es verdammt lange tutete mittlerweile. Agathe wollte das Gespräch eben unterbrechen, als sie die Stimme hörte.

»Brandner?«

»Na, das wird aber Zeit. Wo treibst du dich rum? Kann ich vorbeikommen? Den Köter bringen? Er stinkt. Er pisst alles voll.«

»Ach, guten Tag, Frau Meier«, drang es an ihr Ohr.

»Britta? Hörst du mich? Ich bin's, Agathe. Ich hab eine Menge

Neuigkeiten, hier geht die Post ab, seit du weg bist. Elisabeth hat versucht, sich umzubringen, und dann ist sie aus dem Krankenhaus getürmt und –«

»Das ist nett«, flötete Britta. »Aber ich fürchte, heute ist es ganz schlecht.«

»Britta? Hallo? Ist da noch jemand in der Leitung?«

»Nein, ich fürchte wirklich, das ist unmöglich. Es geht mir einfach nicht gut. Die Grippe vielleicht. Aber morgen bin ich sicher schon wieder auf dem Damm.«

»Bist du besoffen?«

»Selbstverständlich! Natürlich holen wir das nach. Aber ich fürchte, ich habe auch Fieber.«

»Das fürchte ich allerdings auch!« Agathe hörte ein Knacken und dann ein Tuten. Ungläubig starrte sie auf ihr Handy. Dann tippte sie sich mit dem Finger an die Stirn und drückte den roten Knopf.

26

Als Elisabeth den Unterbrechungsknopf drückte, wäre Britta am liebsten in Tränen ausgebrochen. Das Mädchen trug den Hörer zurück in die Aufladestation. Britta meinte noch immer, die kalte Klinge des Messers an ihrem Hals zu spüren.

Elisabeth setzte sich wieder aufs Sofa. »Wo waren wir?«, erkundigte sie sich.

Britta atmete. Ein und aus, dachte sie, ein und aus. »Bei Jan. Du hast mir von Jan erzählt.«

»Wir wollten weggehen! Wir beide, zusammen. Irgendwo ganz neu anfangen. Dabei hatte ich ihm das mit dem Baby noch nicht mal gesagt. Es sollte eine Überraschung sein, wissen Sie? Wir gehen weg und werden eine richtige Familie. Ich habe mir das so sehr gewünscht. Johannes wollte das nicht. Er will mich nicht gehen lassen. Vielleicht hat er uns verraten. Vielleicht hat er dem Teufel alles erzählt. Denn er ist gekommen. Er sah aus wie mein Vater, er ist mir nachgeschlichen. Er stand vor dem Fenster, er hat spioniert. Er war nicht nett, mein Vater, der war nie nett. Aber an dem Abend war es anders. Viel schlimmer. Jan hat ihn reingelassen. Das hätte er nicht tun dürfen. Aber dann war er da, in der Küche, er hat diese Sachen gesagt. Schmutzige und böse Sachen. Er hat gesagt, dass er Jan ins Gefängnis bringt. Und dann wollte er ihm wehtun. Er hat gebrüllt und ihn geschlagen und dabei diese Sachen gesagt. Ich wollte nur, dass es aufhört. Dass er den Mund hält. Darum hab ich die Pfanne genommen. Die Bratpfanne …«

Sie kicherte leise. »Sie war schwer. Jan hat Spiegelei gemacht, vorher. Es war ein bisschen wie im Kasperletheater. Wenn der Kasperl dem Krokodil was überzieht, wissen Sie? Aber dann war es nicht mehr lustig, er lag da, und Jan hat gesagt, dass er tot ist. Das habe ich ja nicht gewollt, ich wollte bloß, dass er still ist. Ich hatte Angst, aber ich war auch froh. Und Jan hat Johannes angerufen, damit er uns hilft. Beim Tragen. Er muss weg, hat Jan gesagt. Es war gut, dass Johannes gekommen ist, er hat Jan geholfen und alles so gemacht, dass es gut wird.«

Sie wischte sich mit dem Handrücken über die Augen. Nickte dann nachdenklich. »Das war der Irrtum. Es ist eben nicht so leicht gut geworden. Er ist nämlich noch da, der Teufel. Er hockt irgendwo in mir drin, er lässt mich nicht in Ruhe. Er ist schuld, dass ich das alles gemacht habe, das Schlimme, das mit dem Baby und Johannes. Es ist gar nichts gut geworden. Jan will ohne mich weg, und jetzt sagt er der Polizei alles, und ich werde eingesperrt. Aber das lasse ich nicht zu. Ich gehe woandershin. Ich gehe dahin, wo Johannes jetzt ist und das Baby.«

»Du kommst nicht ins Gefängnis, Elisabeth! Es war doch ein Unfall. Das wird jeder sehen!« Britta merkte, dass ihre Beine unkontrolliert zitterten. Ihr war eiskalt.

Elisabeth warf ihr einen verächtlichen Blick zu. »Was reden Sie da für einen Quatsch? Sie müssen mich einsperren. Ich bringe lauter Leute um. Aber jetzt ist Schluss. Ich hab es schon probiert, draußen im Wald. Es tut nicht sehr weh.« Sie hob die Arme und betrachtete die Schnitte.

Britta rang nach Luft. »Doch, Elisabeth, es tut weh«, stieß sie hervor. »Es tut sehr, sehr weh! Du darfst das nicht tun, hörst du?« Die Vorstellung, hier zu sitzen und mit anzusehen, wie das Mädchen verblutete, machte sie fast wahnsinnig.

»Es tut nicht weh«, beteuerte Elisabeth. »Sie dürfen sich nicht so anstellen. Wenn Sie sich entspannen, dann ist es nicht schlimm. Wir gehen zusammen, Sie und ich. Ich habe nämlich Angst. Ich habe Angst, und Sie sind nett. Und wenn ich nicht allein bin, dann ist alles viel leichter! Ich mache zwei Schnitte, in Ordnung? Und dann fließt das Blut einfach raus. Man wird müde. Das ist alles. Es ist viel besser als Tabletten.«

Britta würgte. Schluckte instinktiv und widerwillig und korrigierte den letzten Gedanken. Gefesselt zuzusehen, wie ein Teenager sich die Pulsadern aufschnitt, erschien ihr auf einmal wie eine nette Alternative zur Realität.

Es klingelte an der Haustür.

***

Agathe wurde langsam ernstlich nervös. Natürlich tendierte Britta zuweilen zu Wunderlichkeiten, aber das hier ging über das normale Maß hinaus. Etwas stimmte nicht.

Sie wählte noch einmal alle Nummern. Margot. Sophie. Sogar Wörners Nummer. Ohne Erfolg. Verräter, dachte sie, wo sind bloß alle, wenn man sie braucht?

Selbst ist die Frau, dachte sie dann. Sie stand auf, ging zum Tresen des Cafés, wo die etwas unterbeschäftigte Servierhilfe stand und aussah, als sehne sie sich nach Abwechslung. Sie kramte einen ziemlich großen Schein aus der Tasche. »Stimmt so«, sagte sie zu der Frau, die ungläubig darauf starrte. »Aber ich würde Sie gern um einen Gefallen bitten. Kann ich den Köter kurz dalassen? Er ist sehr lieb, und eigentlich schläft er nur. Ich muss schnell was erledigen.«

Die Miene der Frau verzog sich unschlüssig, dann blickte sie wieder auf das Geld.

Agathe wartete die Entscheidung nicht ab. Sie umklammerte den Gehstock und stakte, so schnell es ging, aus dem Café.

Noch immer war die Tür zum Hausflur offen. Verdammte Schlamperei, dachte Agathe, unvorsichtig, unverantwortlich. Jeder konnte hinein, Diebe, Mörder, Halunken, so eine offene Tür war ja geradezu eine Einladung für Gesindel. Der Aufzug brauchte erbärmlich lang, und als sie endlich oben ankam, schienen ihre Nerven nur noch aus dünnen Spinnweben zu bestehen.

Ihre Hand näherte sich der Klingel, dann zögerte sie. Legte das Ohr gegen die Tür und lauschte. Da war etwas, Stimmen, sehr leise Stimmen, obwohl sie nicht sicher war. Ihr Gehör war nicht mehr, was es mal gewesen war. Sie presste das Ohr ein bisschen fester ans Holz. Nichts. Alles still.

Sie überlegte, ob sie einfach die Polizei anrufen sollte. Es gab ja noch mehr Bullen als Wörner und Sophie. Sie verfluchte Britta. Warum war sie so bockig gewesen, als sie freundlich um einen Schlüssel gebeten hatte? Verdammter Schlamassel.

Der einfachste Weg, dachte sie. Es war den Versuch wert. Sie streckte wieder den Arm aus. Drückte die Klingel, lang und fest.

***

Elisabeths Hand hatte sich über Brittas Mund gelegt. Erst als das Klingeln verstummt war, nahm sie sie weg. Britta sog gierig Luft ein. Elisabeth betrachtete ihren Unterarm. »Ich kann genau sehen, wo ich schneiden muss«, erklärte sie.

»Elisabeth, nein! Bitte tu das nicht!« Britta überlegte, ob sie schreien sollte. Irgendwer war da, jemand stand vor der Tür. Aber sie konnte nicht. Ihre Stimmbänder fühlten sich wie gelähmt an, alles, was sie zustande bekam, war dieses heisere Flüstern.

»Es tut ehrlich nicht weh. Am Anfang brennt es ein bisschen, aber das ist schnell vorbei.«

»Elisabeth, ich will nicht sterben! Verstehst du das? Du hast kein Recht, das zu tun! Ich wollte dir helfen!«

Elisabeth sah sie an. Ihr Blick war liebevoll. »Ich weiß, dass Sie Angst haben. Aber das müssen Sie nicht. Wo wir hingehen, da ist es schön. Wunderschön. Man hat keine Angst mehr dort. Es ist still und friedlich und viel besser als hier. Es wird Ihnen gefallen. Schauen Sie, es ist ganz einfach!«

Sie setzte die Messerspitze an den eigenen Unterarm und führte einen raschen und kräftigen Längsschnitt aus. Blut quoll hervor. Britta stöhnte.

»Es tut überhaupt nicht weh!« Elisabeth lächelte.

Britta wand sich in ihren Fesseln.

»Sie müssen schon stillhalten!« Elisabeths Stimme klang streng. »Sonst schneide ich daneben. Dann tut es doch noch weh!«

»Nein!« Jetzt schrie sie doch. »Nein, nein, nein!«

Aber es half nichts. Immerhin hatte Elisabeth recht. Es tat nicht annähernd so weh, wie Britta angenommen hatte. Lange konnte sie sich allerdings nicht mit dieser Erkenntnis befassen, denn sie verlor fast umgehend das Bewusstsein.

***

Agathes Kreditkarte brach in der Mitte durch. Sie fluchte leise, zog erneut das Portemonnaie aus der Tasche. Visa Gold. Die war vielleicht stabiler. Zuweilen war es durchaus von Vorteil, eine Menge Kreditkarten zu haben.

Sie führte die Karte zwischen Tür und Rahmen. Es hatte eine

Zeit gegeben, da war sie recht geschickt in derlei Dingen gewesen. Aber es war eben ein Unterschied, ob man seinen Schlüssel vergessen hatte oder mit einem derart unguten Gefühl hektisch an Türen herumfummelte, weil man befürchtete … Nein! Sie verbot sich, den Gedanken zu Ende zu denken. Sie musste sich konzentrieren.

Ihre Hand zitterte, und es war kein Wunder, dass die Sache nicht funktionierte. »Reiß dich zusammen, alte Vettel!«, schimpfte sie leise. »Hör auf zu zittern, blödes Weib!« Wie immer, wenn sie sich überfordert fühlte, half ihr die Selbstbeschimpfung, sich zu fassen. »Geht nicht gibt's nicht. Streng dich an, verdammt!«

Langsam führte sie die Karte in Richtung des Schlosses.

Dann hörte sie den Schrei. Brittas Schrei. Ihre Hand zuckte. Die Tür war offen.

Eine Sekunde stand sie wie erstarrt und lauschte. Dann schob sie die Tür ein Stück auf. Lauschte abermals. Es war kein Ton mehr zu hören. Sie drückte sich durch den Türspalt. Noch hatte das Ding nicht geknarrt, aber sie wollte kein Risiko eingehen. Zentimeter für Zentimeter bewegte sie sich durch den Flur. Alles blieb ruhig.

Sie kam zu spät. Der Gedanke überfiel sie mit Wucht. Um ein Haar hätte sie laut gestöhnt. In der Anstrengung, das zu unterdrücken, wurde sie unaufmerksam. Sie stieß mit dem Ellbogen an die Vase mit den Trockenblumen, die auf der Flurkommode stand. Das Geschepper dröhnte ohrenbetäubend durch die stille Wohnung.

Zuerst konnte sie sich nicht rühren vor Schreck. Erst als das Wesen aus dem Horrorfilm auftauchte, kehrten ihre Lebensgeister zurück. Sie sah Blut, Blut an Armen, an Kleidern, sie kannte das T-Shirt, das war Britta, sagte der erste Blick, das war nicht Britta, der zweite.

Sie hatte keine Zeit, diesen oder irgendeinen anderen Gedanken zu Ende zu denken. Sie sah ein Messer. Wollte den Stock schwingen, den blöden Stock, aber der war nicht da. Der stand vor der Tür, sie hatte ihn an die Wand gelehnt, verdammt. Ging denn alles schief heute?

Ihr Bewusstsein verabschiedete sich und überließ dem nackten

Instinkt das Feld. Es war, als würde ihr Arm selbstständig handeln, als er nach dem abscheulichen Schirmständer aus Kupfer griff, den sie Britta und Wörner zum Einzug geschenkt hatte, um sie zu ärgern. Ein Monstrum, wahrlich, und schwer, so schwer, dass ihre Arme schmerzten. Aber sie schaffte es, sie schaffte es trotzdem, das Ding zu heben, es niederkrachen zu lassen. Dabei schrie sie, so laut sie konnte.

Das Wesen lag jetzt auf dem Boden. Es rührte sich nicht. Und es war kein Wesen, es war das Mädchen, Elisabeth, das war Elisabeth Lebrecht!

»Mein Gott!«, stöhnte sie unwillkürlich, als sie das Blut sah, das stetig aus den Armen strömte. Viel Blut war das. Sehr viel Blut.

Sie musste zum Telefon. Sie stellte den Schirmständer auf den Boden. Sie musste Hilfe holen. Sofort. Sie stürmte ins Wohnzimmer. Als sie Britta erblickte, keuchte sie vor Entsetzen. Ihr Kopf hing auf die Brust, und auch da war Blut. Es lief und lief. Agathe griff nach dem Telefon. Sie konnte kaum wählen, so zitterten ihre Hände. Die Ws, dachte sie, konzentrier dich. Wieso, weshalb, warum, nein, anders …

Die Stimme am anderen Ende war ruhig. Und stellte die richtigen Fragen.

Als sie fertig war, beugte Agathe sich vor und übergab sich ausgiebig auf den Wohnzimmerteppich, bevor sie zu Britta eilte und mit zittrigen Fingern begann, die Knoten der Fesseln zu lösen.

27

Christian Wörner saß auf den Stufen im Treppenhaus und heulte.

Sophie und er waren kurz nach dem Rettungswagen eingetroffen, nachdem sie den Kaplan kurzerhand in die Gästetoilette gesperrt hatten. Eine Maßnahme, die eine Menge Scherereien nach sich ziehen konnte, aber Sophie war auf die Schnelle keine bessere Lösung eingefallen. Und Christian war eindeutig nicht in der Lage, einen klaren Gedanken zu fassen.

Zum zweiten Mal an diesem Tag sah Sophie, wie eine Trage hektisch zu einem Rettungswagen gebracht wurde. Zum zweiten Mal entfernte sich ein Blaulicht. Sie versuchte, nicht an Brittas wachsbleiches Gesicht zu denken. Fürchtete, dass sie es Christian dann gleichtun würde. Sich auf eine Stufe hocken und heulen.

Sie setzte sich neben ihn. »Sie kommen durch«, sagte sie leise. »Alle beide. Der Notarzt sagte, dass Agathe rechtzeitig gekommen ist. Komm, beruhige dich ...« Vorsichtig legte sie einen Arm um seine Schulter. War fast überrascht, dass er das zuließ.

Er zog die Nase hoch. »Gott, ich ... entschuldige. Ich bin ... es tut mir leid.«

»Ja, das sollte es«, sagte Sophie. »Es ist wirklich eine Schande, dass du die Fassung verlierst, nur weil deine Freundin gerade dem Tod von der Schippe gesprungen ist. Was bist du nur für ein Waschlappen?«

Er sah sie an, verzog zu ihrer Erleichterung das Gesicht zu einem halbherzigen Grinsen. »Blöde Kuh!«

»Jetzt putz dir die Nase. Ein paar Stiche, ein paar Konserven Blut, und sie ist wie neu.«

»Was sie allein mir zu verdanken hat.« Agathe war aus der Wohnung getreten und baute sich auf dem Treppenabsatz auf. »Denn wenn man die Polizei mal braucht, dann ist sie nicht da. Ich hab euch von Anfang an gesagt, dass der Priester was mit dem Mädchen hat. Aber auf mich hört ja niemand ...«

»Du hast nichts dergleichen ...«, protestierte Sophie.

Christian griff nach ihrem Arm, drückte ihn. »Vergiss es«, sagte er, brachte so etwas wie ein Grinsen zustande.

»Aber ich will mal nicht so sein«, zeterte Agathe weiter. »Wörner, hör jetzt auf zu flennen. Ich werde davon ganz rammdösig. Sag mir lieber, wo der Schnaps steht. Ich brauch einen Schnaps, ich brauche jetzt sofort einen Schnaps.«

Christian zog ein Taschentusch heraus und schnäuzte sich ausgiebig. »Ich auch«, sagte er. »Verdammt, ich auch! Aber wir dürfen nicht in die Wohnung. Die Spurensicherung kommt noch, und —«

»Spurensicherung?« Agathe wirkte auf einmal verunsichert. »Oh, dann müsste ich schnell … ich muss noch rasch …« Sie machte Anstalten, zurück in die Wohnung zu gehen.

Sophie sprang auf und hielt sie zurück.

»Nur ganz schnell …«, sagte Agathe. »Nur rasch … verdammt, ich wisch das schnell … ich meine, eure Spurensicherung in allen Ehren, aber dass ich Schnapspralinen zum Frühstück hatte, wird ja wohl kaum zur Aufklärung irgendwelcher Sachverhalte beitragen.«

Christian grinste. »Da mach dir mal keine Sorgen. Die Damen und Herren haben schon weit Schlimmeres gesehen. Organisier uns lieber einen Schnaps. Und ein Taxi – sobald die Kollegen da sind, will ich ins Krankenhaus.«

✳✳✳

Bevor Britta auch nur den Mund aufmachen und die Besucher begrüßen konnte, stürzte sich Agathe auf sie. »Hast du völlig den Verstand verloren?«, keifte sie. »Wie kann man so blöd sein, so blauäugig? Kann man dich keine Sekunde aus den Augen lassen, ohne dass du Blödsinn anstellst?«

»Agathe, wie schön, dass du da bist. Ganz lieben Dank auch für die Lebensrettung.«

»Sei nicht zynisch!«

»Ich bin nicht zynisch. Ich bin dir durchaus dankbar. Oder sagen wir – ich war dir durchaus dankbar, bis du gerade reingekommen bist …«

Sie drückte die Hand von Christian, der auf ihrer Bettkante hockte, ein bisschen fester.

»Spar dir das, dumme Kuh!« Agathe wischte sich eilig über die Augenwinkel. Warf dann einen vorbeugend empörten Blick in die Runde. »Allergie«, erklärte sie. »ich bin allergisch gegen Krankenhäuser und blöde Kühe. Und ich hab euch von Anfang an gesagt, dass das Mädchen wahnsinnig ist und Unzucht mit dem Priester treibt ...«

»Du hast nichts dergleichen ...«, setzte Sophie an, die gerade von Margot in den Raum gezerrt wurde, brach dann umgehend ab. »Entschuldigung«, murmelte sie. »Ich wollte nicht stören, ich geh dann besser ...«

»Den Teufel wirst du tun«, sagte Agathe.

»Das ist nicht nötig«, sagte Britta im selben Moment. »Das ist wirklich nicht ... ich meine, das ist ... okay, also ...«

Es mochte der Umstand sein, dass sie soeben dem Tode entronnen war. Oder einfach die Tatsache, dass sich Sophies Anwesenheit in diesem Moment ganz richtig und normal anfühlte. Sie lächelte sie an und merkte, dass nun Christian seinerseits den Druck seiner Hand merklich verstärkte.

»Wie geht es Elisabeth?« Britta klang ein bisschen heiser.

»Den Umständen entsprechend«, sagte Margot. »Körperlich wird sie es überstehen. Wie du, es sah schlimmer aus, als es ist. Aber was den Rest angeht ... da liegt vermutlich einiges vor ihr.«

»Und Johannes? Was ist mit Johannes? Sie hat gesagt, sie hat ihn ...« Britta schluckte.

»Es hätte nicht viel gefehlt. Noch können die Ärzte nichts Definitives sagen. Aber sie sind optimistisch, sagt Frau Lebrecht.«

»Grauenhaft.«

Margot seufzte. »Kann man wohl sagen ...«

»Ach, kriegt euch ein!« Agathe vollführte eine ungeduldige Wedelbewegung mit ihren dünnen Ärmchen. »Wozu der Trübsinn? Der Fall ist geklärt. Das Leben ist grässlich manchmal, ein Grund, ein Fläschchen zu öffnen, wenn es mal anders ist.«

»Du bist herzlos, echt«, schimpfte Britta.

»Ich? Das ist ja wohl der Gipfel. Da liegt sie nun und schimpft mich herzlos, mich, die Lebensretterin! Nur weil ich nicht weinen muss beim Gedanken an die Irre, die fast dein Lebenslicht ausgepustet hätte. Du wärst um ein Haar tot gewesen, vergessen?«

»Nein!«, seufzte Britta. »Und ich bin ziemlich sicher, dass du dafür sorgen wirst, dass ich für den Rest meines Lebens täglich drei bis vier Mal daran denke …«

»Ich würde mich ja ärgern über deine Unverschämtheiten«, versetzte Agathe. »Aber ich bin dazu gerade viel zu gut gelaunt. Wegen der anderen Sache. Die ich dir nicht erzählen darf, sagt Margot, die mir natürlich im Grunde nichts zu sagen hat, aber ich will es mir jetzt nicht verderben mit Margot, das wäre saublöd …«

»Agathe!« Margot packte sie am Arm.

»Ich hab es nicht erzählt. Gott ist mein Zeuge, dass ich mit keinem Wort erwähnt habe, dass ich ausziehen darf aus dem Greisenheim!«

Margot seufzte. »Britta, ich … ich wollte das eigentlich in Ruhe mit dir besprechen, aber —«

»Was?«, unterbrach Britta. Ihr war ein bisschen flau. »Ich habe viel Blut verloren«, sagte sie. »Meine Nerven sind ein winziges bisschen angegriffen. Darum schlage ich vor, dass du mir sagst, wovon hier gerade die Rede ist, bevor ich kollabiere!«

»Siehst du, sie will es ja wissen. Kranke Menschen brauchen gute Nachrichten, das weiß jeder«, trumpfte Agathe auf. »Es ist nämlich so, dass Margot eine Wohnung gefunden hat. Wir ziehen zusammen, wir drei, also Sophie und Margot und ich!«

Britta wurde schlecht. »Nein«, ächzte sie. »Nein, bitte, das …« Ihr Blick wanderte zu Sophie. Die sah aus, als würde sie jeden Moment in Tränen ausbrechen. »Tu das nicht!«, sagte sie. »Bitte, Sophie, tu das nicht!«

Sophie schien zu schlucken. »Nein«, murmelte sie. »Also, ich … nicht, wenn du das nicht willst, ich meine … ich würde schon gern, aber ich will mich da nicht reindrängen, bestimmt nicht —«

»Reindrängen? Sophie, es geht hier nicht um mich«, unterbrach Britta. »Es geht um dich. Du kannst nicht mit den beiden zusammenziehen. Das sind die anstrengendsten Menschen des Universums. Du hast keine Ahnung, worauf du dich einlässt!«

Für einen Moment wirkte Sophie verunsichert. Dann verzog

sich ihr Mund zu einem winzigen Lächeln. »Doch«, sagte sie. »Ich fürchte, ich weiß genau, worauf ich mich einlasse.«

Die Tür öffnete sich, und eine Krankenschwester betrat den Raum. Sie warf Britta einen fragenden Blick zu.

»Sie können Sie entlassen«, erklärte Agathe. »Sie ist impertinent und undankbar. Ganz die Alte!«

Die Schwester runzelte die Stirn.

»Sie macht nur Spaß«, versicherte Britta. »Wo ist eigentlich Louis?«, wandte sie sich dann an Agathe.

Die riss kurz die Augen auf. »Verdammt, der Köter ...«

»Agathe! Du hast den Hund verloren?«

»Nein. Natürlich nicht. Nur ein bisschen vergessen. Ich sollte vielleicht ... ich glaub, ich sollte schnell –«

»Sie müssen sogar. Und zwar alle. Gehen, meine ich, gleich ist Visite.«

Christian umarmte Britta und drückte sie fest. »Mach so was nie wieder«, flüsterte er.

Britta befreite sich und schnappte nach Luft. »Versprochen«, sagte sie. »Ich schwöre, ich werde nie mehr Leute in die Wohnung lassen, an deren geistiger Gesundheit ich zweifle.« Sie grinste. »Das wird sicher nicht leicht für Agathe«, fügte sie dann hinzu. »Aber irgendwann wird sie das verstehen!«

Sabine Trinkaus
SCHNAPSDROSSELN
Broschur, 240 Seiten
ISBN 978-3-95451-120-4

»*Trinkaus' Romane zeichnen sich aus durch eine gehörige Portion schwarzen Humor, skurrile, aber stets liebenswerte Charaktere, einen prägnanten Stil, der einen nicht mehr loslässt, und einen gut durchdachten Plot.*« Bonner Schaufenster

www.emons-verlag.de

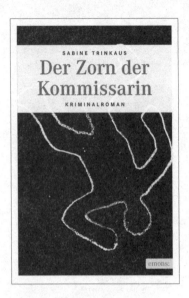

Sabine Trinkaus
DER ZORN DER KOMMISSARIN
Broschur, 368 Seiten
ISBN 978-3-95451-308-6

»Es gelingt der Autorin, die Handlungsstränge zu verweben, und sie entwickelt den absolut logischen, stimmigen Plot zu einem superspannenden Krimi mit eigenwilligen, doch sympathischen Protagonisten.« ekz

www.emons-verlag.de